# 财务会计

理论·实务·课程思政案例

张 倩 王 霞 主 编
凌 雁 林子轶 许碧琼 副主编

上海财经大学出版社

本书由上海财经大学浙江学院发展基金资助出版

### 图书在版编目(CIP)数据

财务会计:理论·实务·课程思政案例/张倩,王霞主编.—上海:上海财经大学出版社,2023.8
ISBN 978-7-5642-4160-5/F·4160

Ⅰ.①财⋯ Ⅱ.①张⋯②王⋯ Ⅲ.①财务会计-高等学校-教学参考资料 Ⅳ.①F234.4

中国国家版本馆 CIP 数据核字(2023)第 064168 号

□ 责任编辑　肖　蕾
□ 封面设计　张克瑶

### 财务会计:理论·实务·课程思政案例

张　倩　王　霞　主　编
凌　雁　林子轶　许碧琼　副主编

上海财经大学出版社出版发行
(上海市中山北一路 369 号　邮编 200083)
网　　址:http://www.sufep.com
电子邮箱:webmaster@sufep.com
全国新华书店经销
江苏省句容市排印厂印刷装订
2023 年 8 月第 1 版　2023 年 8 月第 1 次印刷

787mm×1092mm　1/16　14.5 印张　283 千字
定价:46.00 元

# 前　言

在经济全球化进程中,由于经济环境的不断变化,财务会计基本理论与实务反映的现实问题越来越多。近年来,我国资本市场持续发展,上市公司规模不断扩大,企业加快兼并重组步伐,证券监管机构监管力度不断加强,因此财务会计反映企业经济活动的功能显得越来越重要。

《财务会计:理论·实务·课程思政案例》是高校财会专业"财务会计专题"课程的配套用书,根据财政部和相关立法机构颁布的会计规范性文件和法律、条例编写。本书既适用于高等院校会计学专业学生学习,也可作为会计从业人员、企业管理者、会计专业教师和自学者的参考用书。

本书分为三篇,共八章。第一章至第三章为"第一篇:负债与所有者权益",主要阐述流动负债和非流动负债以及所有者权益基本理论与核算要点;结合课程思政案例和延伸阅读,剖析我国诚信经营企业典型事例、失信惩戒机制、"双碳"目标下绿色债券市场发展取得的重大成就以及多层次资本市场体系等;增强学生的诚信意识,使其树立正确的生态价值观,同时引导学生坚定中国特色社会主义道路自信、理论自信、制度自信、文化自信。第四章为"第二篇:收入、费用与利润",主要阐述新收入准则的基本理论以及会计核算等重要条款,结合课程思政案例和延伸阅读,剖析企业社会责任、品牌价值以及民营企业家优秀事迹,培养学生家国情怀,增强学生社会责任感。第五章至第八章为"第三篇:财务会计理论与实务的其他领域",主要阐述所得税、租赁、债务重组以及破产清算等特殊会计事项和会计核算要点;结合课程思政案例和延伸阅读,剖析递延所得税的确认对会计信息质量的影响以及租赁准则的历史沿革,引导学生树立诚信、法治价值观,以及辩证唯物主义观——用发展的眼光看待会计问题;介绍企业债务重组、个人破产以及个人债务集中清理等制度的背景和"纾困"方式,增强学生风险管理意识,倡导公正、法治、诚信,引导学生树立和践行社会主义核心价值观。

本书的学术价值在于内容贴近我国的会计实践,紧跟会计制度改革的步伐,具有现实性、前瞻性与国际性。本书具有以下三个特点:

第一,重点解读、分析会计理论与会计实务。本书的编写立足于社会主义市场经济建设和国有企业改革实践,同时密切关注国际会计的新动向、新发展,注重吸收国外同类教材的长处。每章设有"知识链接",以促进学生对专业知识的理解。每章末尾设有"复习思考题与练习题",帮助学生巩固所学知识。

第二,注重课程思政案例的研究。案例是经济活动的缩影,为此本书在每章设有取材于现实经济活动的案例,并对案例包含的思政元素进行提炼和挖掘。书中还设有兼具研究性、解释性和探索性的"延伸阅读"。实务性与拓展性相结合的课程思政案例,缩短了书本知识与经济现实之间的距离,扩展了会计知识范围,有助于学生专业素养的提升。

第三,结合课程思政案例协同育人。上海财经大学浙江学院会计系以本书为载体,充分运用"互联网+"平台,开展"专题+案例"互动教学。教学中融入多维度财务会计案例,深入挖掘课程及案例的思政元素,突出价值引领,体现了"以学生为中心"的教学理念。这样既可以使学生掌握财务会计理论,加深对经济现实性的认识,又可以培养学生批判性思维,并提升其分析解决复杂问题的能力与实践创新能力;有助于学生树立正确的人生观与价值观,使其具备良好的会计职业道德素养。

本书由上海财经大学浙江学院会计系张倩、王霞老师担任主编,张倩老师负责全书定稿前的修改和补充工作,王霞老师负责全书提纲的拟定和编撰。上海财经大学浙江学院会计系凌雁、林子轶老师以及宁波市宝略科技(浙江)有限公司财务总监许碧琼女士担任副主编。具体分工如下:凌雁编写第一章、第二章;林子轶编写第三章、第四章;张倩编写第五章至第七章;张倩、王霞共同编写第八章。在各章的案例编写中,许碧琼女士结合实务经验给予了非常宝贵的指导建议。

本书的出版得到了上海财经大学浙江学院发展基金的支持。在编写过程中,上海财经大学浙江学院会计系会计学教研室开展系列教学研讨课、观摩课活动,对编写体例与内容提出了一些意见与建议。我们对此表示衷心的感谢。

随着现代企业制度的建立与不断完善,我国会计法规、准则正处于不断更新之中,期间将有许多会计准则、会计处理方法需要修订。因此,我们应当与时俱进,适时地修订内容、改进教学方法。由于受篇幅限制,加之编者的学识水平有限,本书难免存在疏漏和不足之处,恳请会计界和审计界同仁赐教,以便我们修正与完善。

编 者

2023 年 6 月

# 目 录

## 第一篇 负债与所有者权益

**第一章 流动负债**/ 3

第一节 流动负债概述/ 3

第二节 流动负债重要条款的理解与会计处理/ 5

第三节 本章课程思政案例及延伸阅读/ 27

复习思考题与练习题/ 32

**第二章 非流动负债**/ 33

第一节 非流动负债概述/ 33

第二节 非流动负债重要条款的理解与会计处理/ 35

第三节 本章课程思政案例及延伸阅读/ 58

复习思考题与练习题/ 62

**第三章 所有者权益**/ 64

第一节 所有者权益概述/ 64

第二节 所有者权益重要条款的理解与会计处理/ 66

第三节 本章课程思政案例及延伸阅读/ 76

复习思考题与练习题/ 90

## 第二篇 收入、费用与利润

**第四章 收入、费用与利润**/ 93

  第一节 新收入准则与收入概述/ 93

  第二节 收入确认与计量重要条款的理解与会计处理/ 95

  第三节 费用与利润重要条款的理解与会计处理/ 110

  第四节 本章课程思政案例及延伸阅读/ 115

  复习思考题与练习题/ 120

## 第三篇 财务会计理论与实务的其他领域

**第五章 所得税会计**/ 123

  第一节 所得税会计概述/ 123

  第二节 所得税会计重要条款的理解与会计处理/ 126

  第三节 本章课程思政案例及延伸阅读/ 138

  复习思考题与练习题/ 151

**第六章 租赁会计**/ 153

  第一节 租赁会计概述/ 153

  第二节 租赁会计重要条款的理解与会计处理/ 160

  第三节 本章课程思政案例及延伸阅读/ 172

  复习思考题与练习题/ 181

**第七章 债务重组**/ 183

  第一节 债务重组概述/ 183

  第二节 债务重组重要条款的理解与会计处理/ 185

  第三节 本章课程思政案例及延伸阅读/ 194

  复习思考题与练习题/ 202

**第八章　破产清算会计**/ 203
　　第一节　破产清算会计概述/ 203
　　第二节　破产清算会计重要条款的理解与会计处理/ 206
　　第三节　本章课程思政案例及延伸阅读/ 214
　　　　　复习思考题与练习题/ 219

**参考文献**/ 220

# 第一篇

## 负债与所有者权益

# 第一章　流动负债

> **本章概述**

　　本章在概述流动负债的定义、识别与分类的基础上,介绍流动负债主要项目的会计核算,深入分析和阐述职工薪酬的确认和计量等会计实务,并结合思政案例与延伸阅读进行内容拓展。

> **思政目标**

　　通过对诚信经营典型企业优秀案例的学习,使学生深刻体会诚信的意义和价值,强化社会责任感。

> **育人元素**

　　培养积极的主人翁意识和诚信价值观。

## 第一节　流动负债概述

### 一、流动负债的性质与分类

　　流动负债是指在一年或超过一年的一个营业周期内偿还的负债。负债满足下列条件之一的,应当归类为流动负债:(1)预计在一个正常营业周期中清偿;(2)主要以交易目的持有;(3)自资产负债表日起一年内到期应予以清偿;(4)企业无权自主地将清偿推迟至资产负债表日后一年以上。判断是否属于流动负债,不仅取决于时间标准,还取决于持有目的。凡是以交易目的而持有的负债都属于流动负债。流动负债包括短期借款、应付票据、应付账款、预收账款、应付职工薪酬、应付股利、应交税费、其他暂收应付款等。

### （一）根据负债金额确定程度大小分类

按金额确定程度大小，流动负债可划分为应付金额可以确定的流动负债和应付金额须予以估计的流动负债。

#### 1. 应付金额可以确定的流动负债

这类流动负债一般根据合同、契约或法律的规定确认，具有确切债权人、付款日和偿付金额。它主要包括短期借款、应付票据、预收账款、应付利息、应付股利、其他应付款等。

#### 2. 应付金额须予以估计的流动负债

这类流动负债的偿付金额需要估计，例如没有取得结算凭证的应付账款等。

### （二）根据流动负债产生原因分类

按产生的原因，流动负债可划分为营业活动产生的流动负债和融资活动产生的流动负债。

#### 1. 营业活动产生的流动负债

这类流动负债由企业正常生产经营活动引起，包括企业外部业务结算过程中形成的负债和企业内部往来形成的负债两种。前者主要有应付票据、应付账款、预收账款、应交的各种税费等；后者主要有应付职工薪酬。

#### 2. 融资活动产生的流动负债

这类流动负债是企业从银行或其他金融机构筹集资金所形成的，如短期借款、一年内到期的长期借款、应付股利和应付利息等。

## 二、流动负债的入账价值

以公允价值计量且其变动计入当期损益的流动负债，其入账价值为发生时的公允价值。以公允价值计量且其变动计入当期损益的流动负债以外的其他流动负债，理论上应当按未来应付金额的现值计量。但是，流动负债的偿付时间当期损益一般不超过一年，未来应付的金额与其折现值相差一般不大，按照重要性原则，流动负债的入账价值一般按发生时的金额计量。如果流动负债未来应付的金额与其折现值相差较大，则应当以未来应付金额的现值作为入账价值，之后按摊余成本计量。

## 第二节　流动负债重要条款的理解与会计处理

### 一、短期借款

短期借款是指企业向银行或其他金融机构等借入的期限在一年以内(含一年)的各种借款。短期借款一般是企业为维持正常的生产经营而借入的款项或者为抵偿某项债务而借入的款项。

企业短期借款的借入与偿还应通过"短期借款"账户进行核算,并按债权人户名和借款种类设置明细账。"短期借款"账户只记本金数,应付利息作为一项财务费用直接计入当期损益,企业的应计利息通过"应付利息"账户进行核算。

**【实务题1-1】** 某企业某年4月1日从银行取得短期借款400 000元,年利率6%,期限6个月,到期一次还本付息,每月末计提利息。

**【解析】** 根据上述资料,企业编制会计分录如下:

(1)4月1日,借入款项时:

借:银行存款　　　　　　　　　　　　　　　　　　400 000
　　贷:短期借款　　　　　　　　　　　　　　　　　　400 000

(2)4月30日,计提利息时:

每月利息费用＝400 000×6%÷12＝2 000(元)

借:财务费用　　　　　　　　　　　　　　　　　　2 000
　　贷:应付利息　　　　　　　　　　　　　　　　　　2 000

以后每月计提利息时与上述会计分录相同。

(3)到期归还借款本息时:

借:短期借款　　　　　　　　　　　　　　　　　　400 000
　　应付利息　　　　　　　　　　　　　　　　　　　12 000
　　贷:银行存款　　　　　　　　　　　　　　　　　　412 000

### 二、以公允价值计量且其变动计入当期损益的金融负债

以公允价值计量且其变动计入当期损益的金融负债,包括交易性金融负债和直接指定为以公允价值计量且其变动计入当期损益的金融负债。其中,满足下列条件之一

的应当划分为交易性金融负债:(1)承担该金融负债的目的主要是近期内出售或回购;(2)属于进行集中管理的可辨认金融工具组合的一部分,且有客观证据表明企业近期采用短期获利方式对该组合进行管理;(3)属于衍生工具。

直接指定为以公允价值计量且其变动计入当期损益的金融负债,是指未满足交易性金融负债条件的金融负债。该指定可以消除或明显减少由于该金融负债的计量基础不同而导致的相关利得或损失在确认和计量方面不一致的情况。指定的目的在于通过直接指定为以公允价值计量,并将其变动计入当期损益,从而消除会计上可能存在的不配比现象。

企业对于以公允价值计量且其变动计入当期损益的金融负债,应当设置"交易性金融负债"科目进行核算,相关的会计处理原则与交易性金融资产一致。初始确认时按公允价值计量(即按照实际交易价格确认初始入账价值),发生的相关交易费用计入当期损益(投资收益);按照公允价值进行后续计量,变动计入当期损益(公允价值变动损益)。

### 三、应付票据与应付账款

#### (一)应付票据

应付票据是由出票人签发的,委托付款人在指定日期无条件支付确定的金额给收款人或者持票人的商业汇票,包括银行承兑汇票和商业承兑汇票。若采用商业承兑汇票方式,承兑人应为付款人;若采用银行承兑汇票方式,承兑人应为银行。由银行承兑的银行承兑汇票,只是为收款人按期收回债权提供了可靠的信用保证,对付款人来说,不会由于银行承兑而使这项负债消失。付款人应在商业汇票到期前,及时将款项足额交存开户银行,使银行在到期日凭票将款项划转给收款人、被背书人或贴现银行。企业在收到银行的付款通知时,据以编制付款凭证。

企业应设置"应付票据"账户核算因购买材料、商品和接受劳务供应等而开出、承兑的商业汇票。应付票据不论是否带息,按照重要性原则,发生时均按面值记入该账户贷方;到期付款或因其他原因注销票据时,按票据票面价值记入借方;余额在贷方,表示尚未到期的应付票据的票面金额。该账户的明细核算可按收款人姓名或单位名称分户进行。

企业开出并承兑商业汇票或以承兑商业汇票抵付货款时,借记"在途物资""材料采购""应付账款""应交税费——应交增值税(进项税额)"等账户;按票据的面值贷记"应付票据"账户。企业支付银行承兑汇票的手续费时,借记"财务费用"账户,贷记"银行存款"账户。若为带息应付票据,企业按照票据的票面价值和票据规定的利率在期末计提应付利息,记入"财务费用"和"应付票据"账户。如果商业汇票期限较短,利息金额不大,为简化核算手续,可以在票据到期支付票据面值和利息时,一次记入"财务费用"账户。票据到期日,企业收到银行支付到期票据的付款通知时,应按应付票据的账面价值借记"应付票据"账户,按应支付的票款金额贷记"银行存款"账户。若为带息应付票据,其尚未计提的票据利息记入"财务费用"账户。

【实务题1-2】 20×0年4月1日,甲公司购入一批价格为40 000元的商品(尚未验收入库),收到增值税专用发票一张并已认证,注明增值税额为5 200元,同时出具了一张期限为3个月的商业汇票。

【解析】 根据上述资料,甲公司应编制会计分录如下:

(1)20×0年4月1日,购入商品时:

借:在途物资　　　　　　　　　　　　　　　　　　40 000
　　应交税费——应交增值税(进项税额)　　　　　　5 200
　　贷:应付票据　　　　　　　　　　　　　　　　　45 200

(2)20×0年7月1日,到期付款时:

借:应付票据　　　　　　　　　　　　　　　　　　45 200
　　贷:银行存款　　　　　　　　　　　　　　　　　45 200

如该应付票据到期时,甲公司无力付款,则甲公司应分情况进行会计处理:

(1)若该商业汇票为商业承兑汇票:

借:应付票据　　　　　　　　　　　　　　　　　　45 200
　　贷:应付账款　　　　　　　　　　　　　　　　　45 200

(2)若该商业汇票为银行承兑汇票:

借:应付票据　　　　　　　　　　　　　　　　　　45 200
　　贷:短期借款　　　　　　　　　　　　　　　　　45 200

### (二)应付账款

应付账款是指企业在生产经营过程中因购买材料、商品或接受劳务等应支付的款项。在会计实务中,应付账款的入账时间一般为企业收到发票账单的时间。如果货物已到或劳务已经接受但发票账单等凭证尚未到达,对于企业而言负债已经成立,应于月末估价入账,以客观反映企业承担的债务。

【实务题1-3】 某企业购买一批原材料并已验收入库,但到月末尚未收到发票账单。企业于月末按暂估价50 000元入账。

【解析】 根据上述资料,企业应编制会计分录如下:

(1)月末按暂估价入账。

```
借:原材料                                    50 000
    贷:应付账款——暂估材料款                      50 000
```

(2)下月1日用红字冲回。

```
借:原材料                                    50 000(红字)
    贷:应付账款——暂估材料款                      50 000(红字)
```

应付账款的付款期不长,因此,通常按发票账单等凭证上记载的实际发生额登记入账;当购货附有现金折扣条件时,应付账款的入账金额需视采用总额法或净额法核算而定。采用总额法,应付账款发生时,直接按发票上的应付金额总额记账。如果在折扣期内付款,说明企业合理调度资金,所取得的现金折扣收入作为理财收益处理。采用净额法时,现金折扣被视为每一购货企业在正常经营情况下均能获得的一种收益,因此,应付账款的发生额按发票上的全部应付金额扣除(最大)现金折扣后的净额记账。如果企业未能在规定的折扣期内付款,丧失的现金折扣作为企业的理财费用处理。可见,总额法核算比较简单且符合稳健性原则,我国会计实务中一般采用这种方法。

**【实务题1—4】** 甲公司于20×0年8月1日向乙公司购入商品一批,总价款678 000元,其中买价600 000元,增值税78 000元,商品当日入库;付款条件为2/10、1/30、n/60现金折扣,基于总价款计算。甲公司采用总额法核算。

**【解析】** 根据上述资料,甲公司采用总额法核算的会计分录如下:

(1)8月1日:

```
借:库存商品                                   600 000
    应交税费——应交增值税(进项税额)               78 000
    贷:应付账款——乙公司                          678 000
```

(2)企业在8月1—10日付款时:

```
借:应付账款——乙公司                          678 000
    贷:银行存款                                   664 440
        财务费用                                    13 560
```

(3)企业在8月11日—9月1日付款时:

```
借:应付账款——乙公司                          678 000
    贷:银行存款                                   671 220
        财务费用                                     6 780
```

(4)企业在9月1日以后付款,则需按发票金额全额支付:

```
借:应付账款——乙公司                          678 000
    贷:银行存款                                   678 000
```

## 四、应付职工薪酬

### （一）应付职工薪酬的性质与分类

应付职工薪酬是指职工为企业提供服务后，企业应当支付给职工的各种形式的报酬或补偿。职工薪酬是指企业为获得职工提供的服务或解除劳动关系而给予的各种形式的报酬或补偿。企业提供给职工配偶、子女、受赡养人、已故员工遗属及其他受益人等的福利，也属于职工薪酬。

其中，职工是指与企业订立劳动合同的所有人员，既包括全职、兼职和临时职工，也包括虽未与企业订立劳动合同但由企业正式任命的人员（如企业按照有关规定设立董事、监事，或者董事会、监事会的，所聘请的独立董事、外部监事等），他们虽然没有与企业订立劳动合同，但属于由企业正式任命的人员，也符合职工的定义。职工薪酬主要包括短期薪酬、离职后福利、辞退福利和其他长期职工福利。

#### 1. 短期薪酬

短期薪酬，是指企业预期在职工提供相关服务的年度报告期间结束后 12 个月内将全部予以支付的职工薪酬。短期薪酬主要包括以下方面：

(1)职工工资、奖金、津贴和补贴。此类短期薪酬包括企业按照构成工资总额的计时工资、计件工资、支付给职工的超额劳动报酬等的劳动报酬，为了补偿职工特殊或额外的劳动消耗和因其他特殊原因支付给职工的津贴，以及为了保证职工工资水平不受物价影响支付给职工的物价补贴等。其中，企业按照短期奖金计划向职工发放的奖金属于短期薪酬，按照长期奖金计划向职工发放的奖金属于其他长期职工福利。

(2)职工福利费。它包括企业向职工提供的生活困难补助、丧葬补助费、抚恤费、职工异地安家费、防暑降温费等职工福利支出。

(3)医疗保险费、工伤保险费和生育保险费等社会保险费。此类短期薪酬包括企业按照国家规定的基准和比例计算，向社会保险经办机构缴存的医疗保险费、工伤保险费和生育保险费。

(4)住房公积金。它是指企业按照国家规定的基准和比例计算，向住房公积金管理机构缴存的住房公积金。

(5)工会经费和职工教育经费。此类短期薪酬包括企业为了改善职工文化生活、提高职工文化水平和业务素质，开展工会活动和职工教育及职业技能培训等相关支出。

(6)短期带薪缺勤。它是指职工虽然缺勤但企业仍向其支付报酬的安排，包括年休假、病假、婚假、产假、丧假、探亲假等。长期带薪缺勤属于其他长期职工福利。

(7)非货币性福利。非货币性福利包括企业以自己的产品或其他有形资产发放给职工作为福利,向职工无偿提供其拥有的资产以供使用或租赁资产供职工无偿使用、为职工无偿提供类似医疗保健服务等。

(8)短期利润分享计划。它是指因职工提供服务而与职工达成的基于利润或其他经营成果提供薪酬的协议。长期利润分享计划属于其他长期职工福利。

(9)其他短期薪酬。它是指除上述薪酬以外的其他为获得职工提供的服务而给予的短期薪酬。

### 2. 离职后福利

离职后福利,是指企业为获得职工提供的服务而在职工退休或与企业解除劳动关系后提供的各种形式的报酬和福利,属于短期薪酬和辞退福利的除外。

### 3. 辞退福利

辞退福利,是指企业在职工劳动合同到期之前解除与职工的劳动关系或者为鼓励职工自愿接受裁减而给予职工的补偿。

### 4. 其他长期职工福利

其他长期职工福利,是指除短期薪酬、离职后福利、辞退福利之外所有的职工薪酬,包括长期带薪缺勤、长期残疾福利、长期利润分享计划等。

## (二)应付职工薪酬的确认与计量

### 1. 短期职工薪酬

企业应当在职工为其提供服务的会计期间,将实际发生的短期薪酬确认为负债并计入当期损益,其他会计准则要求或允许计入资产成本的除外。

(1)以货币形式支付短期薪酬。企业以货币形式支付给职工各项短期薪酬时应当在职工为其提供服务的会计期间,将应付职工短期薪酬确认为负债,并根据职工提供服务的受益对象,分以下情况处理:应由生产产品、提供劳务负担的职工短期薪酬,计入产品成本或劳务成本;应由在建工程、无形资产开发成本负担的职工短期薪酬,计入建造固定资产的成本或无形资产的开发成本;除上述之外的其他职工短期薪酬计入当期损益。

企业应当根据应计入职工薪酬的工资总额,按照受益对象计入相关资产的成本或当期费用,借记"生产成本""管理费用"等科目,贷记"应付职工薪酬"科目。企业在实际支付货币性职工薪酬时,应当按照实际应支付给职工的金额,借记"应付职工薪酬"科目;按照实际支付的总额,贷记"银行存款"科目;将应由职工个人负担由企业代扣代缴的职工个人所得税,贷记"应交税费——应交个人所得税"科目;将应由职工个人负担由企业代扣代缴的医疗保险费、住房公积金等,贷记"其他应付款"科目。

## 知识链接

由财政部修订印发并于2014年7月1日起施行的《企业会计准则第9号——职工薪酬》，将原来的医疗保险、养老保险、失业保险、工伤保险、生育保险和住房公积金中的养老保险和失业保险调整至离职后福利。对于医疗保险费、工伤保险费和生育保险费，企业应按规定的标准计提；对于工会经费和职工教育经费，企业分别按照职工工资总额的2%和1.5%计提；从业人员技术要求高、培训任务重、经济效益好的企业，可以按照职工工资总额的2.5%计提职工教育经费。

**【实务题1-5】** 甲公司根据劳动工资部门提供的资料确认本期应付职工短期薪酬。在职职工应付工资总额1 600万元，其中：生产车间工人工资800万元；车间管理人员工资160万元；固定资产在建工程人员工资176万元；无形资产研发部门人员工资96万元；公司行政管理部门人员工资288万元；专设销售机构人员工资80万元。假定甲公司分别按工资总额的10%、12%、2%和1.5%提取医疗保险费、住房公积金、工会经费和职工教育经费。甲公司当月发放职工工资1 600万元，其中，应由公司代扣代缴的个人所得税240万元，应由职工个人负担、由公司代扣代缴的各种社会保险费和住房公积金117万元，实发工资部分已经通过银行转账支付。

**【解析】** 根据上述资料，其账务处理如下：

(1) 分配工资费用时：

  借：生产成本             8 000 000

    制造费用            1 600 000

    在建工程            1 760 000

    研发支出             960 000

    管理费用            2 880 000

    销售费用             800 000

    贷：应付职工薪酬——工资      16 000 000

(2) 提取医疗保险费等其他费用时：

  借：生产成本             2 040 000

    制造费用             408 000

    在建工程             448 800

    研发支出             244 800

    管理费用             734 400

    销售费用             204 000

  贷：应付职工薪酬——社会保险费　　　　　　　　1 600 000
        ——住房公积金　　　　　　　　　1 920 000
        ——工会经费　　　　　　　　　　　320 000
        ——职工教育经费　　　　　　　　　240 000

（3）发放职工工资时：
  借：应付职工薪酬——工资　　　　　　　　　　16 000 000
   贷：银行存款　　　　　　　　　　　　　　　12 430 000
    应交税费——应交个人所得税　　　　　　　2 400 000
    其他应付款　　　　　　　　　　　　　　　1 170 000

（4）实际缴纳由企业负担的社会保险费和住房公积金时：
  借：应付职工薪酬——社会保险费　　　　　　　　1 600 000
        ——住房公积金　　　　　　　　　1 920 000
   贷：银行存款　　　　　　　　　　　　　　　　3 520 000

（2）非货币性福利薪酬。非货币性福利薪酬是指企业将自己的产品或外购商品作为福利发放给职工，将自己拥有的资产提供给职工无偿使用或租赁资产供职工无偿使用，例如给企业高级管理人员提供住房、免费为职工提供诸如医疗保健等服务、向职工提供企业支付了一定补贴的商品或服务等。企业向职工提供的非货币性福利薪酬，应当分以下情况处理：

①企业以自产产品或外购商品作为非货币性福利提供给职工的，应当作为正常产品（商品）销售处理，按产品或商品的公允价值和相关税费进行计量，在产品发出时确认销售收入，并结转产品成本。

②企业将拥有的住房等固定资产无偿提供给职工作为非货币性福利时，应当按照企业对该固定资产每期计提的折旧来计量应付职工薪酬，同时根据职工提供服务的受益对象计入相关资产成本或当期损益。企业将租赁的住房等固定资产无偿提供给职工作为非货币性福利时，应当按照企业每期支付的租金来计量应付职工薪酬，同时根据职工提供服务的受益对象计入相关资产成本或当期损益。

**【实务题1-6】**　甲公司是一家生产笔记本电脑的企业，共有职工200名。20×9年5月15日，甲公司决定以其生产的笔记本电脑作为节日福利发放给公司职工。每台笔记本电脑的售价为1.2万元，成本为1万元。甲公司适用的增值税税率为13%，已开具增值税专用发票。假定200名职工中，180名为直接参加生产的职工，20名为总部管理人员。假定甲公司于当日将笔记本电脑发放给各职工。

**【解析】**　根据上述资料，甲公司计算笔记本电脑的售价总额及其增值税销项税额如下：

笔记本电脑的售价总额＝1.2×200＝240(万元)

笔记本电脑的增值税销项税额＝240×13%＝31.2(万元)

应当计入生产成本的职工薪酬金额＝271.2×(180/200)＝244.08(万元)

应当计入管理费用的职工薪酬金额＝271.2×(20/200)＝27.12(万元)

甲公司有关账务处理如下：

　　借：生产成本　　　　　　　　　　　　　　　　　　2 440 800
　　　　管理费用　　　　　　　　　　　　　　　　　　　271 200
　　　　贷：应付职工薪酬——非货币性福利　　　　　　　　　　　2 712 000
　　借：应付职工薪酬——非货币性福利　　　　　　　2 712 000
　　　　贷：主营业务收入　　　　　　　　　　　　　　　　　　2 400 000
　　　　　　应交税费——应交增值税(销项税额)　　　　　　　　　312 000
　　借：主营业务成本　　　　　　　　　　　　　　　2 000 000
　　　　贷：库存商品　　　　　　　　　　　　　　　　　　　　2 000 000

**2. 应付短期带薪缺勤**

带薪缺勤根据其性质及职工享有的权利，分为累积带薪缺勤和非累积带薪缺勤两类。企业应当对累积带薪缺勤和非累积带薪缺勤分别进行会计处理。

累积带薪缺勤，是指带薪缺勤权利可以结转下期的带薪缺勤，本期尚未用完的带薪缺勤权利可以在未来期间使用。企业应当在职工提供服务从而增加其未来享有的带薪缺勤权利时，确认与累积带薪缺勤相关的职工薪酬，并以累积未行使权利而增加的预期支付金额进行计量。

非累积带薪缺勤，是指带薪缺勤权利不能结转下期的带薪缺勤，本期尚未用完的带薪缺勤权利将予以取消，并且职工离开企业时也无权获得现金支付。我国企业职工可享有的婚假、产假、丧假、探亲假、病假期间的工资通常都属于非累积带薪缺勤。对于非累积带薪缺勤，由于职工本期未使用的缺勤天数不会产生一种权利，因此企业不会增加额外的义务。

**【实务题1-7】** 乙公司共有1 000名职工，从20×5年1月1日起，该公司实行累积带薪缺勤制度。该制度规定，每个职工每年可享受5个工作日带薪年休假，未使用的年休假只能向后结转一个日历年度，超过1年未使用的权利作废，不能在职工离开公司时获得现金支付；职工休年休假是以后进先出为基础，即首先从当年可享受的权利中扣除，再从上年结转的带薪年休假余额中扣除；职工离开公司时，公司对职工未使用的累积带薪年休假不支付现金。

20×5年12月31日，职工当年平均未使用带薪年休假为2天。根据过去的经验判断，该经验将继续适用，乙公司预计20×6年有950名职工将享受不超过5天的带薪年休假,剩余 50 名职工每人将平均享受 6.5 天年休假,假定这 50 名职工全部为总部各部门经理,该公司每名职工每个工作日平均工资为 300 元。

【解析】 乙公司在 20×5 年 12 月 31 应当预计由于职工累积未使用的带薪年休假权利而导致预期将支付的工资负债,即相当于 75 天(50×1.5)的年休假工资 22 500 元(75×300),并做如下账务处理:

  借:管理费用                 22 500
    贷:应付职工薪酬——累积带薪缺勤       22 500

20×6 年,如果 50 名职工均未使用带薪年休假,则乙公司应冲回上年度确认的费用:

  借:应付职工薪酬——累积带薪缺勤       22 500
    贷:管理费用                22 500

20×6 年,如果 50 名职工均享受了累计未使用的带薪年休假,则 20×6 年确认的工资费用应扣除上年度已确认的累计带薪费用。

### 3. 利润分享计划的确认

企业若制定短期利润分享计划,如当职工完成规定业绩指标,或者在企业工作了特定期限后,能够享有按照企业净利润的一定比例计算的薪酬,则企业应当按照《企业会计准则第 9 号——职工薪酬》的规定,进行有关会计处理。

短期利润分享计划同时满足下列条件的,企业应当确认相关的应付职工薪酬,并计入当期损益或相关资产成本:

(1)企业因过去事项导致现在具有支付职工薪酬的法定义务或推定义务;
(2)因利润分享计划所产生的应付职工薪酬义务能够可靠估计。

属于下列三种情形之一的,视为义务金额能够可靠估计:

(1)在财务报告批准报出之前企业已确定应支付的薪酬金额;
(2)该利润分享计划的正式条款中包括确定薪酬金额的方式;
(3)过去的惯例为企业确定推定义务金额提供了明显证据。

企业在计量利润分享计划产生的应付职工薪酬时,应当反映职工因离职而没有得到利润分享计划支付的可能性。

如果企业预期在职工为其提供相关服务的年度报告期间结束后 12 个月内,不需要全部支付利润分享计划产生的应付职工薪酬,该利润分享计划应当适用《企业会计准则第 9 号——职工薪酬》其他长期职工福利的有关规定。企业根据经营业绩或职工贡献等情况提取的奖金,属于奖金计划,应当比照短期利润分享计划进行处理。

【实务题 1-8】 丙公司有一项利润分享计划,要求将其 20×5 年 1 月 1 日至 12 月 31 日会计年度的税前利润按指定比例支付给在 20×5 年 7 月 1 日至 20×6 年

6月30日为丙公司提供服务的职工。该奖金于20×6年6月30日支付。20×5年财务年度的税前利润为1 000万元。如果丙公司在20×5年7月1日至20×6年6月30日期间没有职工离职,则当年的利润分享支付总额为税前利润的3%。丙公司估计职工离职将使支付额降低至税前利润的2.5%(其中,直接参加生产的职工享有1%,总部管理人员享有1.5%),不考虑个人所得税影响。

**【解析】** 尽管支付额是按照20×5年1月1日至12月31日财务年度的税前利润的3%计量,但是业绩是基于职工在20×5年7月1日至20×6年6月30日期间提供的服务。

因此,丙公司在20×5年12月31日应按照税前利润的50%的2.5%确认负债和成本及费用,金额为125 000元(10 000 000×50%×2.5%)。余下的利润分享金额,连同针对估计金额与实际支付金额之间的差额作出的调整额,在20×6年予以确认。

20×5年12月31日的账务处理如下:

借:生产成本　　　　　　　　　　　　　　　　　　　　　　　　50 000
　　管理费用　　　　　　　　　　　　　　　　　　　　　　　　75 000
　　贷:应付职工薪酬——利润分享计划　　　　　　　　　　　　125 000

20×6年6月30日,丙公司的职工离职使其支付的利润分享金额为20×5年度税前利润的2.8%(其中,直接参加生产的职工享有1.1%,总部管理人员享有1.7%),在20×6年确认余下的利润分享金额,连同针对估计金额与实际支付金额之间的差额作出的调整额合计为155 000元(10 000 000×2.8%−125 000)。其中,计入生产成本的利润分享计划金额60 000元(10 000 000×1.1%−50 000);计入管理费用的利润分享计划金额95 000元(10 000 000×1.7%−75 000)。

20×6年6月30日的账务处理如下:

借:生产成本　　　　　　　　　　　　　　　　　　　　　　　　60 000
　　管理费用　　　　　　　　　　　　　　　　　　　　　　　　95 000
　　贷:应付职工薪酬——利润分享计划　　　　　　　　　　　　155 000

**4. 离职后福利**

离职后福利计划包括设定提存计划和设定受益计划。

设定提存计划,是指向独立的基金缴存固定费用后,企业不再承担进一步支付义务的离职后福利计划。企业应当在职工为其提供服务的会计期间,将根据设定提存计划确定的应缴存金额确认为负债,并计入当期损益或相关资产成本。

设定受益计划,是指除设定提存计划以外的离职后福利计划。企业应当采用预期累计福利单位法和适当的精算假设,确认和计量设定受益计划所产生的义务。

#### 5. 辞退福利

辞退福利包括以下两方面的内容：

(1)职工没有选择权的辞退福利。它是指在职工劳动合同尚未到期前，不论职工本人是否愿意，企业都决定解除与职工的劳动关系而给予的补偿。

(2)职工有选择权的辞退福利。它是指在职工劳动合同尚未到期前，企业为鼓励职工自愿接受裁减而给予的补偿，职工有权选择继续在职或接受补偿离职。

辞退福利的确认原则同其他职工薪酬基本相同，企业应当在同时满足以下两个条件时将辞退福利确认为一项应付职工薪酬：①企业已制定正式的解除劳动关系计划或提出自愿裁减建议，并即将实施。正式的辞退福利计划或建议，应当经过董事会或类似权力机构的批准。②企业不能单方面撤回解除劳动关系计划或提出自愿裁减建议。

与其他形式的职工薪酬不同的是，由于被辞退的职工不再为企业提供服务，因此不论被辞退的职工原先在哪个部门，企业都应将本期确认的辞退福利全部计入当期管理费用，而不能计入资产成本。

### 五、应交税费

应交税费是指企业根据一定时期取得的营业收入和实现的利润，按规定向国家缴纳的税金和各项费用(如教育费附加)。目前企业依法缴纳的各种税金主要有增值税、消费税、所得税、资源税、城市维护建设税、土地增值税、房产税、印花税、车船使用税和土地使用税等。经营进出口业务的企业，还需按照规定缴纳进口、出口关税。

企业缴纳税费的义务，一般随其经营活动的进行而产生，会计上应按权责发生制将应交的税费记入有关账户。但企业实际向税务机关缴纳税费，则定期集中进行。一般的做法是：企业每月应交的税费于下月初上缴。一定时期内企业应交未交的各项税费，形成企业的一项负债。印花税、耕地占用税等不需要预计应交，在纳税义务产生的同时直接缴纳。本章主要介绍应交增值税、消费税、城市维护建设税以及教育费附加的核算。

#### (一)增值税

##### 1. 纳税人

增值税是对在境内销售货物、无形资产或者不动产，提供服务以及进口货物的单位和个人的增值额征收的一种流转税。按照增值税有关规定，企业购入商品支付的增值税(即进项税额)，可以从销售商品按规定收取的增值税(即销项税额)中抵扣。增值税的纳税人分为一般纳税人和小规模纳税人，年应税销售额超过财政部和国家税务总局规定标准的纳税人为一般纳税人，未超过规定标准的纳税人为小规模纳税人。

### 2. 增值税税率

一般纳税人的增值税税率具体规定如下：

(1) 销售或者进口除基本生活必需品之外的货物，提供加工、修理修配或有形资产租赁服务，适用的增值税税率为 13%。

(2) 销售或者进口保证基本生活的必需品，包括农产品（含粮食）、食用植物油、自来水、天然气、书刊、农药、化肥、电子出版物、音像制品、食用盐等商品，适用的增值税税率为 9%。

(3) 提供交通运输、邮政、基础电信、建筑、不动产租赁服务，销售不动产，转让土地使用权，适用的增值税税率为 9%。

(4) 提供金融服务、研发和技术服务、信息技术服务、文化创意服务、物流辅助服务、鉴证咨询服务等，适用的增值税税率为 6%。

(5) 零税率，即税率为零，仅适用于法律不限制或不禁止的报关出口货物，以及输往保税区、保税工厂、保税仓库的货物。零税率不但不需要缴税，还可以退还以前纳税环节所缴纳的增值税，因而零税率意味着退税。

### 3. 一般纳税人增值税核算的账户设置

我国增值税的计算采用购进抵扣法，以商品的销售额为计税依据，按照税法规定的税率计算商品应负担的销项税额，同时扣除企业为生产货物或提供劳务外购原材料等物资在以前购买环节已交的进项税额，抵扣后的余额即实际应交的增值税，用公式表示如下：

$$应交增值税＝销项税额－进项税额$$

增值税一般纳税人应当在"应交税费"科目下设置"应交增值税""未交增值税""预交增值税"等明细科目。

(1) 增值税一般纳税人应在"应交增值税"明细账内设置"进项税额""销项税额抵减""已交税金""转出未交增值税""销项税额""出口退税""进项税额转出""转出多交增值税"等专栏。

(2) "未交增值税"明细科目，核算一般纳税人月度终了从"应交增值税"或"预交增值税"明细科目转入当月应交未交、多交或预缴的增值税额，以及当月缴纳以前期间未交的增值税额。

(3) "预交增值税"明细科目，核算一般纳税人转让不动产、提供不动产经营租赁服务、提供建筑服务、采用预收款方式销售自行开发的房地产项目等，以及其他按现行增值税制度规定应预缴的增值税额。

### 4. 一般纳税人一般购销业务的账务处理

我国增值税实行的是价外税，价外税是指企业销售（购买）货物或提供（接受）劳务的价款为不含税价款,并按不含税价款乘以增值税税率收取(支付)销项或进项税额。

根据上述内容,一般纳税人企业在账务处理上的特点主要有两个:一是在购进阶段,账务处理时实行价与税的分离,其依据为增值税专用发票上注明的增值税额和价款。其中,属于价款的部分,计入购入货物的成本;属于增值税额的部分,计入进项税额。二是在销售阶段,销售价格中不再含税,如果定价时含税,应还原为不含税价格作为销售收入,向购买方收取的增值税作为销项税额。将含税销售额换算成不含税销售额的公式如下:

$$不含税销售额＝含税销售额/(1＋增值税税率)$$

具体的账务处理:一般纳税人购进货物、加工修理修配劳务、服务、无形资产或不动产,按应计入相关成本费用或资产的金额,借记"在途物资""原材料""库存商品""生产成本""无形资产""固定资产""管理费用"等科目;按当月已认证的可抵扣增值税额,借记"应交税费——应交增值税(进项税额)"科目;按应付或实际支付的金额,贷记"应付账款""应付票据""银行存款"等科目。发生退货的,如原增值税专用发票已做认证,应根据税务机关开具的红字增值税专用发票做相反的会计分录;如原增值税专用发票未做认证,应将发票退回并做相反的会计分录。

**5. 视同销售业务的账务处理**

会计上销售收入的确认以发生交易为前提,并符合会计准则规定的条件。增值税应税销售额的认定主要考虑进入消费前能按税率足额征税,某些经济业务虽不构成交易,但税务上认定其"视同销售"。企业的某些行为虽然没有取得销售收入,也视同发生应税行为,应当缴纳增值税。常见的视同销售行为包括企业将自产、委托加工或购买的货物分配给股东,将自产、委托加工的货物用于集体福利或个人消费,无偿转让无形资产或者不动产等,但用于公益事业或者以社会公众为对象的除外。

企业的下列行为,应视同销售货物计算销项税额:

(1)将货物交付其他单位或者个人代销;

(2)销售代销货物;

(3)设有两个以上机构并实行统一核算的纳税人,将货物从一个机构移送其他机构用于销售,但相关机构设在同一县(市)的除外;

(4)将自产或者委托加工的货物用于非增值税应税项目;

(5)将自产、委托加工的货物用于集体福利或者个人消费;

(6)将自产、委托加工或者购进的货物作为投资,提供给其他单位或者个体工商户;

(7)将自产、委托加工或者购进的货物分配给股东或者投资者;

(8)将自产、委托加工或者购进的货物无偿赠送给其他单位或者个人。

**【实务题1-9】** 甲公司10月份发生的有关增值税销项税额的业务如下：

(1)10月20日，销售A产品1 000件，不含税价款20 000 000元，增值税销项税额2 600 000元，共计22 600 000元，款项收到，存入银行；该批产品的成本为15 000 000元。

**【解析】** 根据上述资料，甲公司应编制会计分录如下：

借：银行存款　　　　　　　　　　　　　　　　　　22 600 000
　　贷：主营业务收入　　　　　　　　　　　　　　20 000 000
　　　　应交税费——应交增值税(销项税额)　　　　2 600 000
借：主营业务成本　　　　　　　　　　　　　　　　15 000 000
　　贷：库存商品　　　　　　　　　　　　　　　　15 000 000

(2)10月22日，将其生产的B产品(饮料)300件作为福利发放给职工，该批产品的成本为60 000元，售价为75 000元。假设该批饮料的80%发放给生产工人，20%发放给厂部管理人员。

**【解析】** 根据上述资料，甲公司应编制会计分录如下：

甲公司所发放饮料的销项税额＝75 000×13％＝9 750(元)
应计入生产成本的应付职工薪酬＝75 000×80％＋9 750×80％＝67 800(元)
应计入管理费用的应付职工薪酬＝75 000×20％＋9 750×20％＝16 950(元)
确定发放饮料时：

借：生产成本　　　　　　　　　　　　　　　　　　　67 800
　　管理费用　　　　　　　　　　　　　　　　　　　16 950
　　贷：应付职工薪酬——非货币性福利　　　　　　　84 750
实际发放饮料时：
借：应付职工薪酬——非货币性福利　　　　　　　　　84 750
　　贷：主营业务收入　　　　　　　　　　　　　　　75 000
　　　　应交税费——应交增值税(销项税额)　　　　　9 750
借：主营业务成本　　　　　　　　　　　　　　　　　60 000
　　贷：库存商品　　　　　　　　　　　　　　　　　60 000

### 6. 进项税额不予抵扣的账务处理

在某些情况下，税法规定，企业发生的进项税额不得从销项税额中抵扣，主要情形包括：

(1)用于简易计税方法计税项目、免征增值税项目、集体福利或者个人消费的购进货物、加工修理修配劳务、服务、无形资产和不动产。

(2)非正常损失的购进货物，以及相关的加工修理修配劳务和交通运输服务。

(3) 非正常损失的在产品、产成品所耗用的购进货物(不包括固定资产)、加工修理修配劳务和交通运输服务。

(4) 非正常损失的不动产,以及该不动产所耗用的购进货物、设计服务和建筑服务。

(5) 非正常损失的不动产在建工程所耗用的购进货物、设计服务和建筑服务。

(6) 购进的旅客运输服务、贷款服务、餐饮服务、居民日常服务和娱乐服务。

在上述情形下,已经发生的增值税进项税额应当予以转出,贷记"应交税费——应交增值税(进项税额转出)"科目,不得从当期销项税额中抵扣。

【实务题1-10】 甲企业为增值税一般纳税人,本期购入一批材料,增值税专用发票上注明的增值税额为312 000万元,材料价款为2 400 000万元。材料已入库,货款已通过银行转账支付,企业的存货采用实际成本进行核算。材料入库后,甲企业将该批材料全部用于发放职工福利。

【解析】 根据上述资料,其账务处理如下:

(1) 购入材料并入库:

借:原材料　　　　　　　　　　　　　　　　　　　　　 2 400 000
　　应交税费——应交增值税(进项税额)　　　　　　　　　 312 000
　　贷:银行存款　　　　　　　　　　　　　　　　　　　 2 712 000

(2) 用于发放职工福利时:

借:应付职工薪酬　　　　　　　　　　　　　　　　　　　 2 712 000
　　贷:原材料　　　　　　　　　　　　　　　　　　　　 2 400 000
　　　　应交税费——应交增值税(进项税额转出)　　　　　　 312 000

### 7. 增值税的缴纳及月末结转的账务处理

企业应在核定的纳税期限内,及时、足额地缴纳各期增值税。增值税的纳税期限一般为1个月,应纳税额于月终后10天内上交。企业每月缴纳当月的增值税时,借记"应交税费——应交增值税(已交税金)"账户,贷记"银行存款"账户。

为了分别反映一般纳税人增值税的欠交、多交和留抵情况,避免出现企业在以前月份有欠交增值税而以后月份有未抵扣增值税时,用以前月份欠交的增值税抵扣以后月份未抵扣增值税的情况,确保企业及时、足额上交增值税,企业应在"应交税费"账户下设置"未交增值税"明细账户,用于核算企业在月终时转入的应交未交的增值税或多交的增值税。

月末,企业转出当月应交而未交的增值税时,借记"应交税费——应交增值税(转出未交增值税)"账户,贷记"应交税费——未交增值税"账户;转出当月多交的增值税时,借记"应交税费——未交增值税"账户,贷记"应交税费——应交增值税(转出未交增值税)"账户。结转后,"应交税费——应交增值税"账户的月末借方余额,反映企业尚未抵扣的增值税进项税额。企业缴纳以前月份欠交的增值税时,借记"应交税费——未交增值税"账户,贷记"银行存款"账户。

"应交增值税"账户,每月的明细账户借贷方余额可不结平,但在年底必须结平各明细账户。年底结转分录如下:

结转进项税额时:

借:应交税费——应交增值税(转出未交增值税) ××
　　贷:应交税费——应交增值税(进项税额) ××

结转销项税额时:

借:应交税费——应交增值税(销项税额) ××
　　贷:应交税费——应交增值税(转出未交增值税) ××

根据"应交税费——应交增值税(转出未交增值税)"账户的差值,转入"应交税费——未交增值税"账户的借方或贷方。若"应交税费——未交增值税"账户的借方有余额,则为尚未抵扣的进项税;若贷方有余额,则为应交的税费。在下月缴纳时:

借:应交税费——未交增值税 ××
　　贷:银行存款 ××

**8. 小规模纳税人**

小规模纳税人一律采用简易计税方法计税。即购进商品或服务支付的增值税进项税额,一律不予抵扣,均计入购进货物和接受应税劳务的成本;销售商品及服务时,按应征增值税销售额的 3% 计算,但不开具增值税专用发票。其应纳税额的计算公式是:

$$应纳税额 = 销售额(不含增值税) \times 征收率$$

小规模纳税人的应征增值税销售额计算方法与一般纳税人相同。一般来说,小规模纳税人采用销售额和应纳增值税税额合并定价方法,因此应按照下列公式计算销售额:

$$销售额 = 含税销售额 \div (1 + 征收率)$$

小规模纳税人销售商品或服务时,应按全部价款借记"银行存款""应收账款"等账户,按不含税销售额贷记"主营业务收入"等账户,按应纳税额贷记"应交税费——应交增值税"账户。

**【实务题 1-11】** 某企业为增值税小规模纳税人,其适用的增值税征收率为 3%,20×9 年 10 月发生的购销业务如下:

(1)购进原材料一批,价款 20 000 元,增值税 2 600 元,已验收入库;购入免税农产品一批,价款 10 000 元,作为原材料验收入库,款项均以银行存款支付。

【解析】 根据上述资料,该企业应编制会计分录如下:

借:原材料 32 600
　　贷:银行存款 32 600

(2)销售产品一批,全部价款为 51 500 元,款项已收到。

不含税销售额=51 500÷(1+3%)=50 000(元)

应征税额=50 000×3%=1 500(元)

【解析】 根据上述资料,该企业应编制会计分录如下:

借:银行存款 51 500
　　贷:主营业务收入 50 000
　　　　应交税费——应交增值税 1 500

小规模纳税人因销售折让、中止或者退回而退还销售额给购买方,依照规定将所退的款项扣减当期销售额的,如果小规模纳税人已就该项业务委托税务机关为其代开增值税专用发票,应按规定申请开具红字专用发票。

## (二)消费税

消费税是对生产、委托加工及进口应税消费品(主要指烟、酒、饮料、高档次及高能耗的消费品)征收的一种税,即消费税并非在应税消费品的所有环节征收,只在其生产、委托加工或进口环节实行单环节征收。除金银首饰外,批发及零售环节不征收消费税。消费税属于价内税,包括在营业收入中,由营业收入补偿。消费税的计算有从价定率、从量定额两种方法。其计算公式分别如下:

从价定率下的应纳消费税额=销售额×税率

从量定额下的应纳消费税额=销售数量×单位税额

销售额应为不含增值税的销售额。如果企业应税消费品的销售额中未扣除增值税税款,在计算消费税时,应将应税消费品的销售额换算为不含增值税税款的销售额。

企业应在"应交税费"总账下设置"应交消费税"明细账户核算消费税,它是负债类账户。企业按规定应交的消费税记入贷方;实际缴纳的消费税,记入借方;期末一般为贷方余额,反映未交的消费税。

### 1.销售产品应交消费税

企业将生产的产品直接对外销售的,对外销售产品应交纳的消费税,通过"税金及附加"账户核算;企业按规定计算应交的消费税,借记"税金及附加"账户,贷记"应交税费——应交消费税"账户。

【实务题 1-12】 某企业为增值税一般纳税人,适用的增值税税率为 13%,消费税税率为 10%。本期销售应税消费品一批,商品价款为 2 000 000 元,增值税专用发票上注明的增值税额为 260 000 元,商品成本为 1 200 000 元,该商品已计提存货跌价准备 40 000 元。货款已经收到。

【解析】 不考虑其他因素,该企业的相关会计分录如下:

| | |
|---|---|
| 借:银行存款 | 2 260 000 |
| 　贷:主营业务收入 | 2 000 000 |
| 　　应交税费——应交增值税(销项税额) | 260 000 |
| 借:主营业务成本 | 1 200 000 |
| 　贷:库存商品 | 1 200 000 |
| 借:存货跌价准备 | 40 000 |
| 　贷:主营业务成本 | 40 000 |
| 借:税金及附加 | 200 000 |
| 　贷:应交税费——应交消费税 | 200 000 |

### 2. 视同销售应交消费税

企业将应税消费品用于管理部门、在建工程、非生产机构等其他方面,按规定应交纳的消费税,应计入有关的成本费用。例如,企业以应税消费品用于在建工程项目,应交的消费税计入在建工程成本。

【实务题 1-13】 A 公司适用的消费税税率为 10%。A 公司将一批自产的应税消费品用于某项在建工程,该批产品的成本为 7 500 元,消费税计税价格为 10 000 元。

【解析】 不考虑其他因素,A 公司的相关会计分录如下:

| | |
|---|---|
| 借:在建工程 | 8 500 |
| 　贷:库存商品 | 7 500 |
| 　　应交税费——应交消费税 | 1 000 |

### 3. 委托加工应交消费税

委托加工应税消费品是指由委托方提供原料和主要材料,受托方只收取加工费和代垫部分辅助材料加工的应税消费品。对于由受托方提供原材料生产的应税消费品,或者受托方先将原材料卖给委托方,然后再接受加工的应税消费品,以及由受托方以委托方名义购进原材料生产的应税消费品,都不作为委托加工应税消费品,而应当按照销售自制应税消费品缴纳消费税。

委托加工应税消费品,在委托方提货时,由受托方代扣代缴消费税(除受托加工或翻新改制金银首饰按规定由受托方缴纳消费税外)。

如果应税消费品收回后直接对外销售,委托方缴纳的消费税计入委托加工成本,借记"委托加工物资""生产成本"等账户,贷记"应付账款""银行存款"等账户,待委托加工应税消费品销售时,不需要再缴纳消费税;委托加工的应税消费品收回后用于连续生产应税消费品,按规定准予抵扣的,委托方应按代收代缴的消费税款,借记"应交税费——应交消费税"账户,贷记"应付账款""银行存款"等账户,待用委托加工的应税消费品生产出应纳消费税的产品销售时,再缴纳消费税。

**【实务题1-14】** 甲公司委托外单位加工应税消费品,甲公司提供成本为16 000元的原材料,支付加工费用5 600元,应支付的增值税进项税额为728元,应支付的消费税为2 400元,全部价款已用银行存款支付。若甲公司收回委托加工材料后用于连续生产应税消费品,代缴的消费税按规定可以抵扣。

**【解析】** 根据上述资料,甲公司的账务处理如下:

(1)发出材料时:

借:委托加工物资　　　　　　　　　　　　　　　　　　16 000
　　贷:原材料　　　　　　　　　　　　　　　　　　　　　16 000

(2)支付加工费及税费时:

借:委托加工物资　　　　　　　　　　　　　　　　　　　5 600
　　应交税费——应交增值税(进项税额)　　　　　　　　　　728
　　　　　　——应交消费税　　　　　　　　　　　　　　 2 400
　　贷:银行存款　　　　　　　　　　　　　　　　　　　　8 728

(3)收回委托加工材料并验收入库时:

借:原材料　　　　　　　　　　　　　　　　　　　　　21 600
　　贷:委托加工物资　　　　　　　　　　　　　　　　　21 600

**【实务题1-15】** 沿用实务题1-14的资料。若甲公司收回委托加工材料后直接用于销售,代缴的消费税不得抵扣,直接计入成本。

**【解析】** 根据上述资料,甲公司的账务处理如下:

(1)发出材料时:

借:委托加工物资　　　　　　　　　　　　　　　　　　16 000
　　贷:原材料　　　　　　　　　　　　　　　　　　　　　16 000

(2)支付加工费及税费时:

借:委托加工物资　　　　　　　　　　　　　　　　　　　8 000
　　应交税费——应交增值税(进项税额)　　　　　　　　　　728
　　贷:银行存款　　　　　　　　　　　　　　　　　　　　8 728

(3)收回委托加工材料并验收入库时:

借:原材料　　　　　　　　　　　　　　　　　　　　　24 000
　　贷:委托加工物资　　　　　　　　　　　　　　　　　24 000

### （三）其他应交税费

其他应交税费是指企业除应交的增值税、消费税和所得税以外，还应交的税费包括资源税、土地增值税、城市维护建设税、房产税、土地使用税、车船使用税、个人所得税、教育费附加等。企业应交的上述税费，在"应交税费"总账下，按税种设置明细账户进行核算。需要指出的是，不是所有的税费都需要通过"应交税费"账户核算，印花税、耕地占用税在纳税义务产生的同时直接缴纳，不需要通过"应交税费"核算。现以城市维护建设税和教育费附加为例进行说明。

城市维护建设税和教育费附加是附加的税费。按照现行税费的规定，城市维护建设税和教育费附加应根据应交增值税和消费税之和的一定比例计算缴纳。城市维护建设税和教育费附加属于价内税，由营业收入补偿。

企业按规定计算结转应交城市维护建设税和教育费附加时，借记"税金及附加"等账户，贷记"应交税费——应交城市维护建设税""应交税费——应交教育费附加"账户；实际缴纳时，借记"应交税费——应交城市维护建设税""应交税费——应交教育费附加"账户，贷记"银行存款"账户。

**【实务题 1-16】** 丙公司适用的城市维护建设税税率为 7%，适用的教育费附加率为 3%。20×8 年 8 月，丙公司应交增值税 1 600 000 元，应交消费税 1 000 000 元。

**【解析】**

应交城市维护建设税 = (1 600 000 + 1 000 000) × 7% = 182 000（元）

应交教育费附加 = (1 600 000 + 1 000 000) × 3% = 78 000（元）

借：税金及附加　　　　　　　　　　　　　　　　　260 000
　　贷：应交税费——应交城市维护建设税　　　　　　　182 000
　　　　应交税费——应交教育费附加　　　　　　　　　 78 000

## 六、其他流动负债

### （一）预收账款与合同负债

预收账款是指企业按照购销合同规定，向购货单位或个人预先收取的购货定金或部分货款。作为一项负债，预收账款需由企业在收款后不超过一年或一个营业周期内，以提供商品或服务来抵偿。

预收账款的会计核算，主要反映其发生及偿付情况。会计上有两种核算方法。

**1. 单独设置"预收账款"账户核算**

预收货款的收入、补付、退回以及销售时货款的结算，均在该账户内进行核算。即预收的货款和购货方补付的货款，记入该账户贷方；发出商品或提供劳务后，按全部售价(含销项增值税)记入该账户借方。期末,该账户的贷方余额反映尚未结清的预收账款;若为借方余额,则表示应收的货款(由购货单位补付的货款)。这种核算方法能完整地反映该项负债的发生及偿付情况,并且便于填列会计报表。经常发生预收账款业务的企业,一般采用这种方法。

**2. 将预收货款直接作为应收账款的减项,合并在"应收账款"账户内核算**

预收货款时,借记"银行存款"账户,贷记"应收账款"账户;提供商品或劳务后应收的货款,与一般销售业务应收账款的核算方法相同。这种核算方法能完整地反映与购货单位结算的情况,但期末编制会计报表时,需要根据"应收账款"账户的明细记录,才能分清真正意义上的预收账款与应收账款,并分别填列在资产负债表的负债与资产项内。预收货款业务不多的企业,为了简化核算,可采取这种方法。

按照会计准则规定,企业因转让商品收到的预收款按照《企业会计准则第14号——收入》〔2018〕进行会计处理时,不再使用"预收账款"账户,而应当使用"合同负债"账户。

"合同负债"账户核算企业已收或应收客户对价而应向客户转让商品的义务。企业在向客户转让商品之前,客户已经支付合同对价或企业已经取得无条件收取合同对价权利的,企业应当在客户实际支付款项与到期应支付款项孰早时点,按照已收或应收的金额,借记"银行存款""应收账款""应收票据"等账户,贷记"合同负债";企业向客户转让相关商品时,借记"合同负债",贷记"主营业务收入""其他业务收入"等账户。

### (二)应付利息

应付利息是指企业按照合同约定应支付的利息,包括吸收存款、分期付息到期还本的长期借款、企业债券等应支付的利息。

资产负债表日,应按摊余成本和实际利率计算确定的利息费用,借记"在建工程""财务费用""研发支出"等科目;按合同利率计算确定的应付未付利息,贷记"应付利息"科目;按借贷方差额,贷记"长期借款——利息调整"等科目。合同利率与实际利率差异较小的,也可以采用合同利率计算确定的利息费用。实际支付利息时,借记"应付利息"科目,贷记"银行存款"等科目。

### (三)应付股利

应付股利,是指企业分配的现金股利或利润。企业根据股东大会或类似机构审议批准的利润分配方案,按应支付的现金股利或利润,借记"利润分配"科目,贷记"应付股利"科目。实际支付现金股利或利润时,借记"应付股利"科目,贷记"银行存款"等科目。董事会或类似机构通过的利润分配方案中拟分配的现金股利或利润,不做账务处理,但应在附注中披露。

#### (四) 其他应付款

其他应付款,是指企业除应付票据、应付账款、预收账款、应付职工薪酬、应付利息、应付股利、应交税费、长期应付款等以外的其他各项应付、暂收的款项。

企业发生其他各种应付、暂收款项时,借记"管理费用"等科目,贷记"其他应付款"科目;支付其他各种应付、暂收款项时,借记"其他应付款"科目,贷记"银行存款"等科目。

## 第三节 本章课程思政案例及延伸阅读

诚信是企业发展的基石。良好的商业信用能够为企业带来更有效的资金融通。本章课程思政案例侧重于介绍诚实守信经营典型企业,并分析和阐述当前国家、政府等层面失信惩戒机制。

### 一、本章课程思政案例

#### (一) 案例主题与思政意义

【案例主题】

通过对齐峰新材料股份有限公司诚信经营案例的介绍,体会诚实守信对企业经营的重大意义和价值。

【思政意义】

通过对案例公司银企诚信、质量诚信以及诚信经营等多方面的分析,强化学生的诚信意识和社会责任。

#### (二) 案例描述与分析

【案例描述】

诚实守信让社办小厂成就全球行业第一[①]

齐峰新材料股份有限公司(以下简称"齐峰新材")始建于1976年,有44年的造纸历史和20年的特种纸生产经验,是世界最大的装饰原纸、表层耐磨纸和无纺壁纸原纸

---

[①] 澎湃新闻.2020年第二批商务诚信经营典型企业优秀案例发布![EB/OL].(2021-02-05)[2023-02-03]. https://www.thepaper.cn/newsDetail_forward_11197021.

生产企业,现有 21 条国际一流水平的特种纸生产线,年产能 50 万吨,2010 年 12 月在深交所 A 股上市。公司致力于打造"百亿齐峰、百年齐峰",多年来受到各级政府、社会各界的高度认可,先后荣获国家级制造业单项冠军示范企业、全国就业与社会保障先进民营企业、中国驰名商标、山东省优秀企业、山东百年品牌重点培育企业、山东省省级文明诚信标兵、山东省银行业最佳信贷诚信客户等荣誉。

齐峰新材从一个濒临倒闭的社办小厂,发展为全球行业第一、全国制造业单项冠军,成了上市公司,总资产由不足 30 万元,发展到 48 亿元,诚实守信贯穿企业发展的始终。

**【案例分析】**

1. 银企诚信树立企业形象

银行的信贷资金犹如企业维持正常运行的血脉。认真履行与金融机构的各类合同与协议,齐峰新材的诚信形象得到各家金融机构的充分认可。齐峰新材在银行信贷咨询系统中没有任何不良记录。多年树立的诚信形象,使齐峰新材成为多家商业银行的"黄金客户"。多家银行主动找上门来,要给齐峰新材授信贷款。它被山东省农业银行评为"AAA"资信企业。齐峰新材历来按照国家法律法规要求进行纳税申报,税费及时上缴。由于其诚信表现,齐峰集团被评为淄博市诚信纳税 A 类企业。

2. 质量诚信追求顾客满意

齐峰新材高档装饰原纸从无到有、品种从少到多、数量从小到大,时刻追求质量诚信,追求顾客满意,目前,已经拥有三大系列近千种高档装饰原纸品种。双峰牌高档装饰原纸被评为"中国著名商标""山东省著名商标""山东省名牌产品"。

3. 经营诚信为顾客创造价值

产品交货期的长短,是顾客非常关注的,特别是在这个市场变化多端的年代。齐峰新材供货及时,加速了顾客资金周转,降低了交易成本,也避免了市场变化的风险,效益十分显著。与时俱进、与时俱荣的齐峰新材,已把"诚信"视为企业核心竞争力重要的组成部分。

诚信经营,宁失江山勿失约。在市场经济发展中,齐峰新材一直把诚信经营当作公司的大事来抓,积极履行合同约定,遵守合同条款,从不拖欠供应商的货款。2003年,一家供应木浆的企业因停业而不再供货,公司尚欠其十几万元的货款,隔了好几年,对方都打算作为坏账处理了,齐峰新材依旧按照当初合同规定如数将货款付清。对此,供货商对齐峰新材给予高度评价:齐峰是最讲诚信的。十几年后,双方又建立了合作。

在税收方面,40 多年来,齐峰新材共生产各种机制纸 360 多万吨,销售收入 333

亿元,利税 38 亿元;其中,上交国家税金 16 亿元。多年来,齐峰新材一直按照国家法律法规要求进行纳税申报,及时上缴税费,为国家和临淄市建设做出了贡献。

4. 诚实守信,勇担社会责任

只有注重社会责任的企业,才能在长远的发展过程中树立自己的品牌,社会才会给予企业回报及认同。齐峰新材始终坚持以人为本,让发展成果惠及社会和每名企业员工。坚持和谐发展,实现企业与社会、环境、员工的和谐共融。企业始终热衷公益事业,近年来,累计捐款 2 000 多万元。新冠疫情期间,齐峰新材向临淄区捐助 200 万元现金和一批防疫物资。近年来,齐峰新材不断加大环保投入,做到了增产不增污,企业在带动人造板相关产业发展壮大,为当地增加税收、提供就业机会的同时,也成为绿色环保、发展低碳经济的典型,被市政府授予环境友好企业荣誉称号。

诚实守信使齐峰新材由一个作坊式小工厂发展成为全球第一、全国单冠的上市公司,每年上缴税金过亿元,这也将是未来企业始终努力坚守的信条与方向。

### (三) 案例讨论与升华

**【案例讨论】**

你身边是否也有一些诚信经营的典型企业?试举例。

你认为诚信经营对企业的价值和意义是什么?

**【案例升华】**

诚信是公民道德的基石,既是做人做事的道德底线,也是社会运行的基本条件。现代社会不仅是物质丰裕的社会,也应是诚信有序的社会;市场经济不仅是法治经济,也应是信用经济。"人而无信,不知其可也。"失去诚信,个人就会失去立身之本,社会就会失去运行之轨。

倡导诚信,就是要以诚待人、以信取人。激发真诚的人格力量,以个人的言行遵守信诺,构建言行一致、诚信有序的社会;激活宝贵的无形资产,以良好的信用关系,营造"守信光荣、失信可耻"的风尚,增强社会的凝聚力和向心力。

## 二、延伸阅读

### 延伸阅读 1　政银企互动　破银企困境[①]

金融是现代经济的血脉,需要良性、健康、互惠的银企"循环系统"作保障。但是企业的发展也离不开银行资金的支持,如果一个地区银企关系不紧密、不和谐、不健康,不仅会影响金融生态,而且会带来经济风险,导致发展停滞。企业贷不到款,反映的是

---

① 崔媛、郑金宇. 政银企互动　破银企困境[J]. 银行家,2015(11):10.

经济运行缺乏活力,会影响实体经济的创业激情,不利于持续健康发展;银行收不了贷,反映的是社会诚信缺失,会影响金融行业的整体核心,同样影响经济健康发展。良性、健康、互惠的银企关系,是衡量一个地区经济环境优劣、区域形象好坏的重要标志。

当前企业困境不仅在于企业本身,而且在于金融市场对企业的态度,企业当前面临的最迫切问题就是银行抽贷。银行抽贷多源自银行对市场变化的态度,就像人们对银行支付能力产生怀疑时产生挤兑一样。银行对实体经济产生怀疑也会造成连锁抽贷。要解决这个问题,重要的是恢复银行对市场的信心,而信心只能来自于简政放权,来自于真正地由市场来配置资源。要激活企业的竞争活力,政府要从税收、资金价格、放开准入、破除垄断等方面给企业注入活力,使企业有一个良好的经营环境,摈弃以往那种厚此薄彼的产业保护。行政干预和资源垄断破坏着市场的运行规律,银行作为强势一方可以轻易决定企业的生死,但银行与企业是共生关系,如果企业受到伤害,那么离银行受到市场惩罚还能有多远呢?

识马者长途,识险者长足。在经济发展新常态下,面临下行压力,只有真正构建一种良性、健康、互惠的关系,政府、银行和企业之间的良性互动互信互助才能产生实实在在的效果,为调结构稳增长奠定坚实基础。

**延伸阅读2** 中央文明办、最高人民法院、公安部、国务院国资委、国家工商总局、中国银监会、中国民用航空局、中国铁路总公司关于印发《"构建诚信 惩戒失信"合作备忘录》的通知[①]

文明办[2014]4号

各省、自治区、直辖市文明办、高级人民法院、公安厅(局)、国资委、工商局、银监局,民航各地区管理局,各铁路局:

为深入贯彻党的十八届三中全会精神,建立健全褒扬诚信、惩戒失信的机制,大力推动诚信建设,中央文明办、最高人民法院、公安部、国务院国资委、国家工商总局、中国银监会、中国民用航空局、中国铁路总公司联合签署了《"构建诚信 惩戒失信"合作备忘录》。现印发给你们,请认真贯彻执行。

中央文明办 最高人民法院
公安部 国务院国资委
国家工商总局 中国银监会
中国民用航空局 中国铁路总公司

---

[①] 信用中国(临清).文明办[2014]4号"构建诚信 惩戒失信"合作备忘录[EB/OL].(2022—05—09)[2023—02—15]. http://www.linqing.gov.cn/xylq/wcm/content/detail/20220509111325_100156.html.pdf.

2014 年 3 月 20 日

为贯彻党的十八届三中全会关于褒扬诚信、惩戒失信的工作部署,促进社会主体诚实守信,维护法律权威,树立诚信社会风尚,中央文明办、最高人民法院、公安部、国务院国资委、国家工商总局、中国银监会、中国民用航空局、中国铁路总公司就限制失信被执行人高消费行为和采取其他信用惩戒措施达成如下意见。

### (一)信用惩戒的对象

信用惩戒对象为最高人民法院失信被执行人名单库中所有失信被执行人,以及被人民法院发出限制高消费令的其他被执行人(以下统称失信被执行人)。失信被执行人为自然人时,即为被执行人本人;失信被执行人为单位时,还包括其法定代表人、主要负责人、影响债务履行的直接责任人。

### (二)信用惩戒的内容

根据《最高人民法院关于限制被执行人高消费的若干规定》和《最高人民法院关于公布失信被执行人名单信息的若干规定》,最高人民法院统一在"全国法院失信被执行人名单信息公布与查询平台"上对失信被执行人发出限制高消费令,与相关部门一道,对失信被执行人限制高消费,并采取其他信用惩戒措施。

### (三)信用惩戒的范围

一是禁止部分高消费行为,包括禁止乘坐飞机、列车软卧;二是实施其他信用惩戒,包括限制在金融机构贷款或办理信用卡;(以上两条的法律依据为最高人民法院司法解释)三是失信被执行人为自然人的,不得担任企业的法定代表人、董事、监事、高级管理人员等。(此条的法律依据为《中华人民共和国公司法》第 146 条和国务院《企业法人法定代表人登记管理规定》第 4 条)

### (四)信用惩戒的实施方式

最高人民法院通过光盘、专线等信息技术手段向公安部、国务院国资委、国家工商总局、中国银监会、中国民用航空局、中国铁路总公司推送失信被执行人名单。相关部门收到名单后,在其管理系统中记载限制高消费和实施其他信用惩戒措施等内容的名单信息,或者要求受监管各企业、部门、行业成员和分支机构实时监控,进行有效信用惩戒。在媒体广为发布,对失信被执行人形成强大的舆论压力,营造构建诚信、惩戒失信的浓厚氛围。

### (五)信用惩戒的动态管理

被执行人因履行义务等原因,其失信信息被依法从最高人民法院失信被执行人名单库中删除后,最高人民法院应在两个工作日内通知各单位解除限制。对新增加的失信被执行人名单,最高人民法院应及时向各单位推送。

### (六)其他事宜

各部门应积极落实本合作备忘录,确保 2014 年 3 月 31 日前实现失信被执行人名单的推送,并对其联合实施限制高消费等信用惩戒。

具体合作细节由各部门相关业务、技术部门依法另行协商。

# 复习思考题与练习题

## 一、复习思考题

1. 什么是负债？负债有何特征？
2. 职工薪酬包括哪些内容？
3. 应交税费主要包括哪些项目？
4. 如何运用应付账款核算的总价法进行账务处理？

## 二、练习题

1. 资料:甲公司某年发生如下经济业务。

(1)4 月 2 日,购入 A 材料,价款为 40 000 元,增值税额为 5 200 元,付款条件为"2/10,$n$/30"。

(2)4 月 27 日,购入 B 材料,价款为 10 000 元,增值税额为 1 300 元,付款条件为"1/10,$n$/30"。

(3)5 月 3 日,用银行存款支付购入 A 材料的款项。

(4)5 月 5 日,用银行存款支付购入 B 材料的款项。

要求:采用总价法编制有关会计分录。

2. 资料:甲企业某月用银行存款购入一批材料,不含税价款为 80 000 元,增值税额为 10 400 元;当年累计销售产品的不含税金额为 14 000 元,增值税额为 18 200 元;甲企业月初尚有未抵扣的增值税进项税额 4 700 元;当月共缴纳了增值税 2 600 元。

要求:对甲企业该月有关增值税的业务进行账务处理。

# 第二章　非流动负债

## ▶ 本章概述

本章在概述非流动负债的定义、识别与分类的基础上,对非流动负债主要项目的会计核算内容进行具体介绍,并结合目前实务中对预计负债的确认、计量问题进行深入分析和阐述,结合思政案例与延伸阅读进行内容拓展。

## ▶ 思政目标

从我国绿色债券发展助力"双碳"目标案例中,体会生态文明的重要性,强化生态保护意识和可持续发展理念。

## ▶ 育人元素

树立正确的生态价值观。

## 第一节　非流动负债概述

### 一、非流动负债的性质与分类

#### (一)非流动负债的性质

非流动负债是指除流动负债以外的负债,通常指长期负债(偿还期限在一年以上),包括长期借款、应付债券、长期应付款、预计负债等。一年内到期的非流动负债是指企业各种在一年之内到期的非流动负债,应在资产负债表中作为流动负债列报。

在通常情况下,流动负债主要用来满足企业生产经营中对资金的短期需要,而非流动负债主要用于解决企业长期资产购建活动对资金的需求。企业的长期资金有两种来源：一是权益资本融资；二是债务资本融资。企业适度地以举借长期负债的方式融资，对于优化资本结构、降低资本成本有着重要意义。与权益资本融资相比，举借长期债务有以下特点：

(1)对企业现金流量索取权具有刚性特征；

(2)长期债务融资通常不会引起企业控制权的转移；

(3)税收上的优惠。

### （二）非流动负债的分类

#### 1. 按具体内容分类

非流动负债按具体内容，可分为长期借款、应付债券、长期应付款、预计负债。

(1)长期借款。它是指企业向银行或其他金融机构以及其他单位借入的偿还期在一年以上（不含一年）的各种借款，包括人民币长期借款和外币长期借款。

(2)应付债券。它是指企业为了筹措资金而发行的长期债券。债券是举债企业依照法定程序发行，承诺在一定时期内还本付息的一种债务凭证。与银行借款不同，应付债券是举债企业向社会公众或特定机构募集资金而承担的债务，债券通常可以流通转让，这是银行借款所不可比拟的。

(3)长期应付款。它主要包括采用补偿贸易方式引进国外设备应付的价款等。

(4)预计负债。预计负债是因或有事项可能产生的负债。

#### 2. 按偿还方式分类

非流动负债按偿还方式，可分为定期一次偿还的非流动负债和分期归还的非流动负债。

## 二、非流动负债的入账价值

非流动负债的偿还期限长且金额通常较大，未来应偿付金额（包括支付的本金和利息）与其现值（公允价值）之间差异往往较大。因此，非流动负债通常以现值，而不是未来应付金额作为初始入账价值。

## 三、与非流动负债有关的借款费用

与非流动负债有关的借款费用是指企业因借款而发生的利息及其他相关成本，包括因借款而发生的利息、折价或溢价的摊销、辅助费用和汇兑损益。

流动负债主要解决企业经营短期资金周转不足的困难，与流动负债有关的费用一律作为当期财务费用处理。非流动负债则不然，其偿还期长，具体用途也有差别。因此,与非流动负债有关的借款费用也存在不同的处理方法。从理论上讲,与非流动负债有关的借款费用的处理方法有两种:一是费用化,即在发生时直接确认为当期费用;二是资本化,即可以将与购置某些资产相关的非流动负债费用作为资产取得成本的一部分。

## 第二节 非流动负债重要条款的理解与会计处理

### 一、长期借款

长期借款的还本付息方式:到期一次还本付息;分期付息、到期还本。

企业应当设置"长期借款"账户核算长期借款的取得和归还,以及利息确认等业务,并设置"本金"和"利息调整"两个明细账户,分别核算长期借款的本金和因实际利率与合同利率不同产生的利息调整额。

企业应当在资产负债表日确认长期借款当期的利息费用,按照长期借款的摊余成本和实际利率计算确定的利息费用,符合资本化条件的部分,借记"在建工程"等科目,不符合资本化条件的部分,借记"财务费用"科目;按照借款本金和合同利率计算确定的应支付利息,贷记"应付利息"科目;按照二者的差额,贷记"长期借款——利息调整"科目。

企业在付息日实际支付利息时,按照本期应支付的利息金额,借记"应付利息"科目,贷记"银行存款"科目。

企业到期偿还长期借款时,按照偿还的长期借款本金金额,借记"长期借款——本金"科目,贷记"银行存款"科目。

【实务题2-1】 甲公司于某年1月1日从中国农业银行借入人民币200万元,期限3年,用于建造厂房,年利率8%。该公司与银行约定本息的偿还方式为分期付息、到期还本,即每年年末归还借款利息,3年后一次还清本金,按单利计算。厂房在第二年年末达到预定可使用状态。假定该借款的利息在建造工程达到预定可使用状态前符合资本化条件。

【解析】 根据上述资料,企业编制会计分录如下:

(1)取得借款存入银行。

借:银行存款　　　　　　　　　　　　　　2 000 000
　　贷:长期借款——本金　　　　　　　　　　　　　2 000 000

(2) 第一年计算年利息并偿还时：

应计利息＝200×8％×1＝16(万元)

  借：在建工程          160 000
    贷：应付利息         160 000
  借：应付利息          160 000
    贷：银行存款         160 000

(3) 第二年计算年利息并偿还时：

账务处理与第一年相同。

(4) 第三年计算年利息并偿还时：

  借：财务费用          160 000
    贷：应付利息         160 000

第三年年末偿还利息时：

  借：应付利息          160 000
    贷：银行存款         160 000

(5) 第三年年末偿还本金时：

  借：长期借款——本金       2 000 000
    贷：银行存款         2 000 000

## 二、应付债券

债券是指企业依照法定程序发行，约定在一定期限内还本付息的有价证券。在我国，企业可以通过发行企业债券、中期票据、公司债券等来筹措资金。应付债券是企业因发行债券筹措资金而形成的一种非流动负债。企业应设置"应付债券"账户来反映应付债券的发行和收回等。企业发行期限不超过一年的短期融资券等短期债券，属于流动负债，不通过"应付债券"进行核算。

### （一）应付债券的发行和入账价值

**1. 债的溢价、折价与平价发行**

债券上标明的利率是一种名义利率，它是公司在筹划债券发行期间制定的，并事先印制在债券票面上。不管资金市场的行情如何，发行者都必须按照这种利率支付利息。债券发行日金融市场的利率称为市场利率。当债券票面利率与市场利率不一致时，就会影响债券的发售价格。

当债券票面利率高于市场利率时，债券发行者按债券票面利率会多付利息，投资者需要支付比面值更高的价格来购买债券，促使债券溢价发行。这部分溢价差额，属于债券购买者由于日后多获利息而给予债券发行者的利息返还。

当债券票面利率低于市场利率时,债券发行者按债券票面利率会少付利息,只有支付比面值更低的价格,投资者才会购买债券,从而导致债券折价发行。这部分折价差额,属于债券发行者由于日后少付利息而给予债券购买者的利息补偿。

当债券票面利率与市场利率一致时,企业债券可按其面值出售,这种情况称为平价发行或按面值发行。需要指出的是,企业债券不管按何种价格发行,一经发行,发行企业与持票人(债权人)的利益关系就已量化确定,今后不管同类债券市场利率如何变化,债券的票面利率都不调整。

**2. 债券发行价格的确定**

既然债券也像商品一样,其售价会受市场供求关系的影响而变化。那么,企业如何确定债券的实际发行价格?一般来讲,债券应按发行日的公允价值发行,即发行价等于债券到期应付的面值和各期应付的利息按市场利率折合的现值。

债券发行价格＝债券面值按市场利率折算的现值＋各期利息按市场利率折算的现值

需要注意的是公式中各期利息现值的计算:如果债券利息分期支付(如每半年付息一次),应将各期支付的利息按年金计算现值;如果债券利息于债券到期时同本金一起偿付,则应将到期应付利息总额与面值一起按复利计算现值。

**【实务题 2-2】** 某年 1 月 1 日,甲公司经批准发行面值为 5 000 000 元的公司债券。该债券的票面利率为 5%,期限为 5 年,每年 6 月 30 日和 12 月 31 日各付息一次,债券发行时的市场利率为 6%。债券的发行价格如何计算?

**【解析】** 本例中由于债券的票面利率低于市场利率,因此债券应折价发行,发行价格计算如下:

债券本金的现值＝5 000 000×(P/F,3%,10)
　　　　　　　＝5 000 000×0.744 1
　　　　　　　＝3 720 500(元)

债券利息的现值＝5 000 000×5%×6/12×(P/A,3%,10)
　　　　　　　＝125 000×8.530 2＝1 066 275(元)

债券的发行价格＝3 720 500＋1 066 275＝4 786 775(元)

**3. 应付债券的入账价值**

应付债券的入账价值不仅取决于债券的发行价格,还取决于与债券发行相关的交易费用。与债券相关的交易费用是指与债券发行直接相关的手续费、佣金等费用。按应付债券的入账价值是否考虑与债券发行相关的交易费用,有以下两种处理方法:

(1)应付债券的入账价值不考虑与债券发行相关的交易费用,即入账价值等于债券的发行价格,与债券发行相关的交易费用直接计入当期损益或购建资产的成本。这种处理方法中,应付债券的实际利率等于市场利率,其中实际利率是将债券在预期存续期间内的未来现金流量折算为该债券当前账面价值所使用的利率。因不考虑与债券发行相关的交易费用,债券当前账面价值等于发行价格,故实际利率等于市场利率,从而便于分析债券发行与债券市场的关系,并简化会计处理。其缺点是实际利率不能完整反映筹资成本。

(2)应付债券的入账价值考虑与债券发行相关的交易费用,即入账价值等于债券的发行价格减去与债券发行相关的交易费用。这种方法有利于反映完整的筹资成本,但这样处理使应付债券的实际利率不等于市场利率。因为考虑与债券发行相关的交易费用后,计算实际利率时的当前账面价值不等于发行价格,所以实际利率不等于市场利率,从而淡化了债券筹资与债券市场的关联。其会计处理也相对复杂,因为即使平价发行债券,其实际利率和票面利率也不相等。

我国《企业会计准则第22号——金融工具确认和计量》采纳了第(2)种处理方法。

### (二)应付债券的账务处理

#### 1. 债券发行的账务处理

企业应设置"应付债券"账户,用来核算企业发行债券的本金和利息,并设置"面值""利息调整""应计利息"三个明细账户。

【实务题2-3】 某年1月1日,甲公司经批准发行面值为5 000 000元的公司债券。该债券的票面利率为8%,期限为3年,每年6月30日和12月31日各付息一次,债券发行时的市场利率为8%。

【解析】 甲公司发行债券的账务处理如下:

  借:银行存款　　　　　　　　　　　　　　　5 000 000
    贷:应付债券——面值　　　　　　　　　　　　5 000 000

【实务题2-4】 沿用实务题2-3的资料。假定甲公司发行债券的票面利率为10%,其他条件不变。

【解析】 债券发行价格的计算及账务处理如下:

债券的发行价格=5 000 000×0.790 3+5 000 000×10%×1/2×5.242 1
     =5 262 025(元)

  借:银行存款　　　　　　　　　　　　　　　5 262 025
    贷:应付债券——面值　　　　　　　　　　　　5 000 000
      ——利息调整　　　　　　　　　　　　262 025

【实务题2-5】 沿用实务题2-3的资料。假定甲公司发行债券的票面利率为6%,其他条件不变。

**【解析】** 债券发行价格的计算及账务处理如下：

债券的发行价格＝5 000 000×0.790 3＋5 000 000×6%×1/2×5.242 1
　　　　　　＝4 737 815(元)

　　借：银行存款　　　　　　　　　　　　　　　4 737 815
　　　　应付债券——利息调整　　　　　　　　　　262 185
　　　贷：应付债券——面值　　　　　　　　　　　　　　　5 000 000

**2. 债券摊余成本和利息费用的确定**

应付债券应按摊余成本进行后续计量。摊余成本是指以该债券的初始确认金额扣除已偿还的本金、加上(或减去)将该初始确认金额与到期日金额之间的差额进行摊销形成的累计摊销额后的金额。

确定摊余成本的过程同时也是确认利息费用的过程。如果满足资本化条件，利息费用应计入有关资产的购建成本。除此之外的债券利息一律作为企业的财务费用处理。

计算初始确认金额与到期日金额之间的差额(利息调整)进行摊销形成的累计摊销额的方法主要有两种：直线法和实际利率法。我国《企业会计准则第22号——金融工具确认和计量》〔2017〕只允许采用实际利率法确定应付债券各期利息费用和摊余成本。

实际利率法，是指以实际利率计算应付债券等金融负债的摊余成本以及将利息费用分摊计入各会计期间的方法。在确定实际利率时，企业应当在考虑应付债券等金融负债所有合同条款(如提前还款、展期、看涨期权或其他类似期权等)的基础上估计预期现金流量。对应付债券等金融负债的发行方而言，实际利率就是整个存续期的内含资本成本，即使发行应付债券等金融负债收到的现金流入等于发行应付债券等金融负债导致未来现金流出的折现率。

实际利率法的特点是整个金融资产存续期内只存在一个实际利率，因而各期的利息费用率(筹资成本)保持不变。采用实际利率法能够使一项债券发行业务中各期的利息费用率相同，正确反映各期筹资成本，但计算工作较为复杂。

按实际利率法摊销确定摊余成本和利息费用时：

　　每期的利息费用＝期初摊余成本×实际利率

　　每期的应付利息＝债券面值×票面利率

　　每期应摊销的利息调整金额＝应付利息－利息费用

　　期末摊余成本＝期初摊余成本＋/－利息调整金额的累计摊销额

按实际利率法确定摊余成本的具体会计处理如下：

(1)计提或支付利息时，按债券面值、票面利率等计算确定的利息，借记"财务费用"等账户,贷记"银行存款""应付利息"(如果分次付息)"应付债券——应计利息"(到期一次付息)账户。

(2)摊销利息调整时,应按实际利息,借记"财务费用"或"在建工程"科目;按溢价或折价金额的摊销额,借记或贷记"应付债券——利息调整"科目;按应计利息,贷记"应付债券——应计利息"科目。若为分期付息债券,通过"应付利息"科目核算。

【实务题2-6】 某年1月1日,甲公司经批准发行面值为5 000 000元的公司债券。该债券的票面利率为10%,期限为3年,每年6月30日和12月31日各付息一次。债券发行时的市场利率为8%,发行收入5 262 025元已存入银行。按实际利率法编制的债券溢价摊销见表2-1。

表2-1　　　　　　　　甲公司债券溢价摊销(实际利率法)　　　　　　　单位:元

| 付息期次<br>(半年) | 实付利息<br>(1)=面值×5% | 利息费用<br>(2)=上期(4)×4% | 利息调整<br>(3)=(1)-(2) | 摊余成本<br>(4)=上期(4)-(3) |
|---|---|---|---|---|
| 第0期 | — | — | — | 5 262 025 |
| 第1期 | 250 000 | 210 481 | 39 519 | 5 222 506 |
| 第2期 | 250 000 | 208 900 | 41 100 | 5 181 406 |
| 第3期 | 250 000 | 207 256 | 42 744 | 5 138 662 |
| 第4期 | 250 000 | 205 546 | 44 454 | 5 094 208 |
| 第5期 | 250 000 | 203 768 | 46 232 | 5 047 976 |
| 第6期 | 250 000 | 202 024 * | 47 976 | 5 000 000 |
| 合计 | 1 500 000 | 1 237 975 | 262 025 | — |

注:*含尾差调整。

【解析】 甲公司第1期期末的账务处理如下:

  借:在建工程或财务费用　　　　　　　　　　　210 481
    应付债券——利息调整　　　　　　　　　　39 519
    贷:应付利息　　　　　　　　　　　　　　　　250 000

实际支付利息时:

  借:应付利息　　　　　　　　　　　　　　　　250 000
    贷:银行存款　　　　　　　　　　　　　　　　250 000

以后各期的账务处理略。

【实务题2-7】 某年1月1日,甲公司经批准发行面值为5 000 000元的公司债券。该债券的票面利率为6%,期限为3年,每年6月30日和12月31日各付息一次。债券发行时的市场利率为8%,发行收入4 737 815元已存入银行。按实际利率法编制的债券折价摊销情况见表2-2。

表 2—2　　　　　　　　　甲公司债券折价摊销表(实际利率法)　　　　　　　　单位:元

| 付息期次<br>(半年) | 实付利息<br>(1)=面值×3% | 利息费用<br>(2)=上期(4)×4% | 利息调整<br>(3)=(2)-(1) | 摊余成本<br>(4)=上期(4)+(3) |
|---|---|---|---|---|
| 第0期 | — | — | — | 4 737 815 |
| 第1期 | 150 000 | 189 513 | 39 513 | 4 777 328 |
| 第2期 | 150 000 | 191 093 | 41 093 | 4 818 421 |
| 第3期 | 150 000 | 192 737 | 42 737 | 4 861 158 |
| 第4期 | 150 000 | 194 446 | 44 446 | 4 905 604 |
| 第5期 | 150 000 | 196 224 | 46 224 | 4 951 828 |
| 第6期 | 150 000 | 198 172 * | 48 172 | 5 000 000 |
| 合计 | 900 000 | 1 162 185 | 262 185 | — |

注:* 含尾差调整。

【解析】　甲公司第1期期末的账务处理如下:

借:财务费用　　　　　　　　　　　　　　　　　　　189 513
　　贷:应付债券——利息调整　　　　　　　　　　　　　　39 513
　　　　应付利息　　　　　　　　　　　　　　　　　　150 000

实际支付利息时:

借:应付利息　　　　　　　　　　　　　　　　　　　150 000
　　贷:银行存款　　　　　　　　　　　　　　　　　　150 000

以后各期的账务处理略。

> **知识链接**
>
> 采用实际利率法对利息调整进行摊销时,若债券溢价发行,随着每期溢价的摊销,债券的账面价值逐期递减,每期的利息费用也逐期递减,而每期实付利息相等,因此每期摊销的溢价是递增的。若债券折价发行,债券的账面价值逐期递增,每期的利息费用也逐期递增,而每期实付利息相等,因此每期摊销的折价也是递增的。

### 3. 偿还债券

债券的偿还期限及付款方式一般已在发行债券的募集方法或债券票面注明,债券到期,发行企业应履行偿付责任,从而解除对债权人的义务。应付债券可能在到期日偿还或者在到期日之前或之后偿还。偿付方式不同,其账务处理也有差别。

(1)到期直接偿还。不论债券当初以何种价格发行,到期时,其利息调整额已分摊完毕,最终的债券摊余成本均等于面值,企业只需按面值偿付债券本金。偿还本金时,借记"应付债券——面值"账户,贷记"银行存款"等账户。对于到期一次付息债券,到期时还应偿还其应计利息。偿还应计利息时,借记"应付债券——应计利息"账户,贷记"银行存款"等账户。

(2)提前偿还。它包括两种情况:一是在债券发行时就已规定,发行企业有权提前收回债券;二是对于上市交易的债券,当企业资金充裕时,可选择有利市价在证券交易市场陆续购回发行在外的债券。上市交易债券,由于受市场利率变动的影响,其市价也会随之涨跌。市场利率下降时,债券市价将会上涨;在相反的情况下,债券市价就会下跌。当债券市价下跌到一定程度,如果企业此时有足够的资金可供调度,则可从证券市场上提前购回发行在外的债券以减轻企业的利息负担。企业提前偿付债券,其会计处理上应注意以下三点:第一,付清至提前偿还日止的应付债券利息;第二,注销尚未分摊完的利息调整额;第三,提前收回债券所付金额与债券账面价值的差额,即提前收回债券损益作为企业的财务费用处理。

**【实务题2-8】** 假定P公司折价发行债券(发行时市场利率为8%)。第9期期初,P公司以10 500 000元赎回所有发行在外的债券。赎回时,应付债券的账面价值为9 575 378.35元。提前赎回债券的损失为924 621.65元(10 500 000－9 575 378.35)。

**【解析】** 根据上述资料,其账务处理如下:

借:应付债券——面值　　　　　　　　　　　　10 000 000
　　财务费用　　　　　　　　　　　　　　　　924 621.65
　贷:银行存款　　　　　　　　　　　　　　　　　　　10 500 000
　　　应付债券——利息调整　　　　　　　　　　　　　424 621.65

### (三)可转换公司债券

#### 1. 可转换公司债券的定义

可转换公司债券是指债券持有人可按照发行时约定的价格将债券转换成公司的普通股票的债券。可转换公司债券属于复合金融工具,同时包含金融负债成分和权益工具成分,具有以下三个特点:(1)债权性。与其他债券一样,可转换公司债券也有规定的利率和期限,投资者可以选择持有债券到期,收取本息。(2)股权性。可转换公司债券在转换成股票之前是纯粹的债券,但转换成股票之后,原债券持有人就由债权人变成了公司的股东,可参与企业的经营决策和红利分配,这会在一定程度上影响公司的股本结构。(3)可转换性。可转换性是可转换公司债券的重要标志,债券持有人可以按约定的条件将债券转换成股票。转股权是投资者享有的、一般债券所没有的选择权。可转换公司债券在发行时就明确约定,债券持有人可按照发行时约定的价格将债券转换成公司的普通股股票。如果债券持有人不想转换，则可以继续持有债券，直到偿还期满时收取本金和利息，或者在流通市场出售变现。如果债券持有人看好发债公司股票的增值潜力，在宽限期之后可以行使转换权，按照预定转换价格将债券转换成股票，发债公司不得拒绝。正因为它具有可转换性，可转换公司债券利率一般低于普通公司债券利率，企业发行可转换公司债券可以降低筹资成本。

2. 可转换公司债券的确认和计量原则

企业发行的可转换公司债券，既含有负债成分又含有权益成分，根据《企业会计准则第37号——金融工具列报》的规定，应当在初始确认时将负债成分和权益成分进行分拆，分别进行处理。企业在进行分拆时，应当先确定负债成分的公允价值并以此作为其初始确认金额，确认为应付债券；再按照该可转换公司债券整体的发行价格扣除负债成分初始确认金额后的金额确定权益成分的初始确认金额，确认为其他权益工具。

负债成分的公允价值是合同规定的未来现金流量按一定利率折现的现值。其中，利率根据市场上具有可比信用等级并在相同条件下提供几乎相同现金流量，但不具有转换权的工具的适用利率确定。发行该可转换公司债券发生的交易费用，应当在负债成分和权益成分之间按照其初始确认金额的相对比例进行分摊。

3. 可转换公司债券的会计核算

企业发行的可转换公司债券应在"应付债券"科目下设置的"可转换公司债券"明细科目中核算。企业发行可转换公司债券时，应按实际收到的款项，借记"银行存款"等科目；按可转换公司债券包含的负债成分面值，贷记"应付债券——可转换公司债券（面值）"科目；按权益成分的公允价值，贷记"其他权益工具"科目；按其差额，借记或贷记"应付债券——可转换公司债券（利息调整）"科目。

可转换公司债券的负债成分，在转换为股份前，其会计处理与一般公司债券相同，即按照实际利率和摊余成本确认利息费用，按照面值和票面利率确认应付债券或应付利息，差额作为利息调整。

可转换公司债券持有人行使转换权利，将其持有的债券转换为股票的，按可转换公司债券的余额，借记"应付债券——可转换公司债券（面值）"科目，借记或贷记"应付债券——可转换公司债券（利息调整）"科目；按其权益成分的金额，借记"其他权益工具"科目；按股票面值和转换的股数计算的股票面值总额，贷记"股本"科目；按其差额，贷记"资本公积——股本溢价"科目。如用现金支付不可转换股票的部分，还应贷记"库存现金""银行存款"等科目。

**【实务题2-9】** 甲公司经批准于20×8年1月1日按每份面值100元发行了500 000份可转换公司债券，取得总收入50 000 000元，已收存银行。该债券为5年期,一次还本、按年分期付息,债券票面年利率为6%。每份债券均可在发行1年后转换为该公司普通股,每100元的面值转换为30股普通股,股票面值为每股1元。

20×0年12月31日,债券持有人将持有的可转换公司债券全部转换为普通股,甲公司发行可转换公司债券时,二级市场上与之类似的没有转换权的债券市场利率为10%。假定不考虑其他相关税费,甲公司将发行的可转换公司债券划分为以摊余成本计量的金融负债。

**【解析】** 不考虑其他因素,甲公司的相关账务处理如下:

(1)20×8年1月1日,发行可转换公司债券:

可转换公司债券负债成分的公允价值
$= 3\,000\,000 \times (P/A, 10\%, 5) + 50\,000\,000 \times (P/F, 10\%, 5)$
$= 3\,000\,000 \times 3.790\,79 + 50\,000\,000 \times 0.620\,92$
$= 42\,418\,370(元)$

可转换公司债券权益成分的公允价值
$= 50\,000\,000 - 42\,418\,370$
$= 7\,581\,630(元)$

| | |
|---|---|
| 借:银行存款 | 50 000 000 |
|     应付债券——可转换公司债券(利息调整) | 7 581 630 |
|   贷:应付债券——可转换公司债券(面值) | 50 000 000 |
|       其他权益工具 | 7 581 630 |

(2)20×8年12月31日,确认利息费用:

实际利息费用 $= 42\,418\,370 \times 10\% = 4\,241\,837(元)$

应付利息 $= 50\,000\,000 \times 6\% = 3\,000\,000(元)$

利息调整 $= 4\,241\,837 - 3\,000\,000 = 1\,241\,837(元)$

| | |
|---|---|
| 借:财务费用等 | 4 241 837 |
|   贷:应付利息 | 3 000 000 |
|     应付债券——可转换公司债券(利息调整) | 1 241 837 |

支付利息时:

| | |
|---|---|
| 借:应付利息 | 3 000 000 |
|   贷:银行存款 | 3 000 000 |

(3)20×9年12月31日,确认利息费用:

实际利息费用 $= (42\,418\,370 + 1\,241\,837) \times 10\% = 4\,366\,020.70(元)$

应付利息 $= 50\,000\,000 \times 6\% = 3\,000\,000(元)$

利息调整 $= 4\,366\,020.70 - 3\,000\,000 = 1\,366\,020.70(元)$

借：财务费用等 4 366 020.7
　　贷：应付利息 3 000 000
　　　　应付债券——可转换公司债券（利息调整） 1 366 020.7

支付利息时：
借：应付利息 3 000 000
　　贷：银行存款 3 000 000

（4）20×0年12月31日，债券持有人行使转换权：

转换的股份数＝50 000 000÷100×30＝15 000 000（股）

尚未摊销的利息调整＝7 581 630－1 241 837－1 366 020.70＝4 973 772.30（元）

借：应付债券——可转换公司债券（面值） 50 000 000
　　贷：股本 15 000 000
　　　　应付债券——可转换公司债券（利息调整） 4 973 772.30
　　　　资本公积——股本溢价 30 026 227.70
借：其他权益工具 7 581 630
　　贷：资本公积——股本溢价 7 581 630

**知识链接**

企业发行认股权和债券分离交易的可转换公司债券（以下简称分离交易可转换公司债券），其认股权符合《企业会计准则第22号——金融工具确认和计量》和《企业会计准则第37号——金融工具列报》有关权益工具定义的，应当按照分离交易可转换公司债券发行价格，减去不附认股权且其他条件相同的公司债券公允价值后的差额，确认一项权益工具（其他权益工具）。认股权持有人到期没有行权的，企业应当在到期时将原计入其他权益工具的部分转入资本公积（股本溢价）。

## 三、长期应付款

长期应付款是指企业发生的除长期借款和应付债券以外的其他各种长期应付款项，包括以分期付款方式购入固定资产发生的应付款项等。

为了核算长期应付款的增减变动情况，企业应设置"长期应付款"总分类账户，并按照长期应付款的种类设置明细账，进行明细分类核算。长期应付款在初始确认时，应按照公允价值或现值进行初始计量，并采用实际利率法，按摊余成本对长期应付款进行后续计量。

企业以分期付款方式购入固定资产，如果延期支付的购买价款超过正常信用条件,实质上具有融资性质,所购资产的成本应以延期支付的购买价款的现值为基础确定,实际支付的价款与购买价款的现值之间的差额,应在信用期内采用实际利率法进行摊销,计入相关资产成本或当期损益。具体来说,企业购入资产超过正常信用条件延期付款实质上具有融资性质时,应按购买价款的现值,借记"固定资产""在建工程"等科目;按应支付的价款总额,贷记"长期应付款"账户;按其差额,借记"未确认融资费用"账户。需要指出的是,在我国,"长期应付款"账户以未来应付金额入账,"未确认融资费用"账户作为"长期应付款"账户的备抵账户,两者的差共同反映"长期应付款"的账面价值。

### 四、预计负债

#### (一)或有事项的概念和特征

或有事项是指由过去的交易或者事项形成的,其结果须由某些未来事项的发生或不发生才能决定的不确定事项。

或有事项具有下述特征:

**1. 或有事项是由过去的交易或者事项形成的**

由过去交易或事项形成,是指或有事项的现存状况是过去交易或事项引起的客观存在。比如,未决诉讼虽然是正在进行中的诉讼,但该诉讼是企业因过去的经济行为导致起诉其他单位或被其他单位起诉,这是现存的一种状况而不是未来将要发生的事项。未来可能发生的自然灾害、交通事故、经营亏损等,不属于或有事项。

**2. 或有事项的结果具有不确定性**

结果具有不确定性,是指或有事项的结果是否发生具有不确定性,或者或有事项的结果预计将会发生,但发生的具体时间或金额具有不确定性。

首先,或有事项的结果是否发生具有不确定性。例如,债务担保的担保方在债务到期时是否一定承担和履行连带责任,需要根据被担保方能否按时还款确定,其结果在担保协议达成时具有不确定性。

其次,或有事项的结果即使预计会发生,但发生的具体时间或金额具有不确定性。例如,某企业因生产排污治理不力并对周围环境造成污染而被起诉,如无特殊情况,该企业很可能败诉。但是,在诉讼成立时,该企业因败诉将支出多少金额,或者何时发生这些支出,可能是难以确定的。

**3. 或有事项的结果须由未来事项决定**

由未来事项决定,是指或有事项的结果只能由未来不确定事项的发生或不发生才能决定。比如,债务担保事项只有在被担保方到期无力还款时企业(担保方)才履行连带责任。

### (二)预计负债的确认

与或有事项相关的义务同时满足下列条件的,应当确认为预计负债。

#### 1. 企业承担的现时义务

与或有事项相关的义务是企业承担的现时义务,是企业在当前条件下已承担的义务,企业没有其他现实的选择,只能履行该现时义务,如法律要求企业必须履行、有关各方合理预期企业应当履行等。

#### 2. 履行该义务很可能导致经济利益流出企业

履行该义务很可能导致经济利益流出企业,通常是指履行与或有事项相关的现时义务时,导致经济利益流出企业的可能性超过50%,但尚未达到基本确定的程度(小于或等于95%)。企业因或有事项承担了现时义务,并不说明该现时义务很可能导致经济利益流出企业,如已承担的担保义务。只有履行现时义务很可能导致经济利益流出企业时,才满足负债的定义和确认条件,才可以确认预计负债。

#### 3. 该义务的金额能够可靠地计量

该义务的金额能够可靠地计量,是指与或有事项相关的现时义务的金额能够被合理地估计。由于或有事项具有不确定性,因此或有事项产生的现时义务的金额也具有不确定性,需要估计。企业要根据或有事项确认一项负债,相关现时义务的金额应当能够可靠估计。

### (三)预计负债的计量

或有事项的计量是指与或有事项相关义务形成的预计负债的计量。它主要涉及两方面:一是最佳估计数的确定;二是预期可获得补偿的处理。

#### 1. 最佳估计数的确定

预计负债应当按照履行相关现时义务所需支出的最佳估计数进行初始计量。最佳估计数的确定应当分别按以下两种情况处理:

(1)所需支出存在一个连续范围,且该范围内各种结果发生的可能性相同,最佳估计数应当按照该范围内的中间值确定。

(2)所需支出不存在一个连续范围,或者虽然存在一个连续范围,但该范围内各种结果发生的可能性不相同。那么,如果或有事项涉及单个项目,最佳估计数按照最可能发生的金额确定。涉及单个项目是指或有事项涉及的项目只有一个,如一项未决诉讼、一项未决仲裁或一项债务担保等。

【实务题2-10】 20×8年9月6日,甲公司因一项合同违约而被乙公司起诉。截至20×8年12月31日,法院尚未就该项诉讼作出判决,因此诉讼须承担的赔偿金额也无法准确地确定。据专业人士估计,甲公司败诉的可能性为80%,如败诉,将要赔偿130 000元。

【解析】 本例中,甲公司应确认的负债金额(最佳估计数)应为最可能发生的金额130 000元。

如果或有事项涉及多个项目,最佳估计数按照各种可能结果及相关概率计算确定。涉及多个项目是指或有事项涉及的项目不止一个,如产品质量保证。在产品质量保证中,提出产品保修要求的可能有许多客户,企业对这些客户负有保修义务。

【实务题2-11】 20×8年,乙公司销售A产品取得的销售额为20 000 000元。乙公司的产品质量保证条款规定:A产品售出后一年内,如发生正常质量问题,乙公司将免费负责修理。根据以往的经验,乙公司所售A产品如果出现较小的质量问题,则需发生的修理费为销售额的5%;如果出现较大的质量问题,则需发生的修理费为销售额的10%。据预测,本年度已售产品中,有90%不会发生质量问题,有8%将发生较小质量问题,有2%将发生较大质量问题。

【解析】 根据上述资料,2018年年末乙公司应确认的负债金额(最佳估计数)为:

20 000 000×5%×8%+20 000 000×10%×2%=120 000(元)

**2. 预期可获得补偿的处理**

企业清偿预计负债所需支出全部或部分预期由第三方补偿的,补偿金额只有在基本确定能够收到时才能作为资产单独确认。确认的补偿金额不应当超过预计负债的账面价值。

企业预期从第三方获得的补偿,是一种潜在资产,其最终是否真的会转化为企业真正的资产(即企业是否能够收到这项补偿)具有较大的不确定性。企业只能在基本确定能够收到补偿时才能对其进行确认。根据资产和负债不能随意抵销的原则,预期可获得的补偿在基本确定能够收到时应当确认为一项资产,而不能作为预计负债金额的扣减项。

【实务题2-12】 20×8年12月31日,甲公司因或有事项而确认了一笔金额为200 000元的预计负债;同时,甲公司因该或有事项,基本确定可从乙公司获得60 000元的赔偿。

【解析】 本例中,甲公司应分别确认一项金额为200 000元的预计负债和一项金额为60 000元的资产,而不能只确认一项金额为140 000元的预计负债。

**(四)预计负债的账务处理**

常见的或有事项主要包括未决诉讼和未决仲裁、债务担保、产品质量保证(含产品安全保证)、承诺、亏损合同、重组义务、环境污染整治等。

**1. 未决诉讼和未决仲裁**

企业在经营活动中经常会涉及经济诉讼、仲裁等案件,但这些审理中的案件将对企业的财务状况和经营成果产生多大影响,企业因此要承担多大风险,具有不确定性。如果这些未决诉讼引起的相关义务符合预计负债的确认条件,则企业应据此确认预计负债,借记"营业外支出""管理费用"等科目,贷记"预计负债"科目。因败诉而实际发生相关支出时,应借记"预计负债"科目,贷记"银行存款"等科目。

【实务题2-13】 20×8年7月2日,甲公司因一项合同违约而被乙公司起诉。截至20×8年12月31日,法院尚未就该项诉讼作出判决,甲公司估计败诉的可能性为60%,如败诉,赔偿金额估计为500 000元。

20×9年5月13日,法院作出判决:甲公司应向乙公司支付赔偿金700 000元。甲公司不再上诉,赔偿金已经支付。

【解析】 不考虑其他因素,甲公司的相关账务处理如下:

20×8年12月31日:

借:营业外支出　　　　　　　　　　　　　　　　　　500 000
　　贷:预计负债　　　　　　　　　　　　　　　　　　　500 000

20×9年5月13日:

借:预计负债　　　　　　　　　　　　　　　　　　　500 000
　　营业外支出　　　　　　　　　　　　　　　　　　200 000
　　贷:银行存款　　　　　　　　　　　　　　　　　　700 000

**2. 产品质量保证**

产品质量保证,通常是指销售商或制造商在销售产品或提供劳务后,对客户提供服务的一种承诺。在约定期内(或终身保修),若产品或劳务在正常使用过程中出现质量或与之相关的其他属于正常范围的问题,企业负有更换产品、免费或只收成本价进行修理等责任。由于产品的质量问题通常在所难免,企业对售出产品的质量保证发生的费用,如修理费用等,其发生的可能性较大,其发生的金额往往也可以根据以往经验合理预计,因而产品质量保证通常可以确认为一项预计负债。企业在确认相关预计负债时,应借记"销售费用"科目,贷记"预计负债"科目;实际发生产品质量保证费用时,应借记"预计负债"科目,贷记"银行存款"等科目。

【实务题2-14】 甲公司是一家生产并销售A产品的企业,20×8年第一季度,共销售A产品30 000件,销售收入为180 000 000元。根据公司的产品质量保证条款,该产品售出后一年内,如发生正常质量问题,公司将负责免费维修。根据以前的维修记录,如果发生较小的质量问题,发生的维修费用为销售收入的1‰;如果发生较大的质量问题,发生的维修费用为销售收入的2‰。根据公司技术部门的预测,本季度销售的产品中,95%不会发生质量问题;4%可能会发生较小质量问题;1%可能会发生较大质量问题。甲公司20×8年第一季度实际发生的维修费为100 000元,"预计负债——产品质量保证"科目20×7年年末余额为4 000元。

**【解析】** 20×8年第一季度末,甲公司应在资产负债表中确认的负债金额为:

180 000 000×(0×95%+1‰×4%+2‰×1%)=180 000 000×6‱=108 000(元)

20×8年第一季度,甲公司的账务处理如下:

(1)确认与产品质量保证有关的预计负债:

借:销售费用——产品质量保证　　　　　　　　　108 000
　　贷:预计负债——产品质量保证　　　　　　　　　　108 000

(2)发生产品质量保证费用(维修费):

借:预计负债——产品质量保证　　　　　　　　　100 000
　　贷:银行存款或原材料等　　　　　　　　　　　　100 000

"预计负债——产品质量保证"科目20×8年第一季度末的余额为:

108 000−100 000+4 000=12 000(元)

在对产品质量保证确认预计负债时,企业需要注意以下几方面问题:第一,如果发现产品质量保证费用的实际发生额与预计数相差较大,应及时对预计比例进行调整。第二,如果企业针对特定批次产品确认预计负债,则在保修期结束时,应将"预计负债——产品质量保证"余额冲销,不留余额。第三,已对其确认预计负债的产品,如果企业不再生产,那么应在相应的产品质量保证期满后,将"预计负债——产品质量保证"余额冲销,不留余额。

**3. 亏损合同**

亏损合同是指履行合同义务不可避免会发生的成本超过预期经济利益的合同。企业与其他单位签订的商品销售合同、劳务合同、租赁合同等均可能变为亏损合同。

亏损合同产生的义务满足预计负债确认条件的,应当确认为预计负债。预计负债的计量应当反映退出该合同的最低净成本,即履行该合同的成本与未能履行该合同而发生的补偿或处罚两者中的较低者。

**【实务题2-15】** 乙公司于某年1月1日与丙公司签订了一批D产品的销售合同。双方约定乙公司在该年7月1日向丙公司销售100件D产品,合同单价为1 280元。乙公司签订合同时,估计D产品的单位成本为960元。合同规定,如果乙公司该年7月1日未能按期交货,须向丙公司支付未按期交货部分合同价款20%的违约金。

由于乙公司在组织生产D产品时原材料价格大幅上涨,预计生产D产品的单位成本会上升至1 360元。

**【解析】** 本例中,由于原材料价格上涨导致生产D产品的成本超过合同单价,因此乙公司与丙公司签订的销售合同变为亏损合同。如果乙公司执行合同,销售每件D产品亏损80元,总亏损金额为8 000元(80×100)。如果乙公司不能按期交货,应支付的违约金为25 600元(100×1 280×20%)。因此,乙公司应确认预计负债的金额为二者中的较低者8 000元。有关账务处理如下:

(1)确认亏损合同产生的预计负债。

借:营业外支出　　　　　　　　　　　　　　　　　　　　　8 000
　　贷:预计负债——亏损合同　　　　　　　　　　　　　　　　8 000

(2)产品生产完成后,将已确认的预计负债冲减产品成本。

借:预计负债　　　　　　　　　　　　　　　　　　　　　　　8 000
　　贷:库存商品　　　　　　　　　　　　　　　　　　　　　　8 000

### 知识链接

亏损合同存在标的资产的,应当对标的资产进行减值测试并按规定确认减值损失,如果预计亏损超过该减值损失,应将超过部分确认为预计负债;亏损合同不存在标的资产的,合同相关义务满足预计负债确认条件时,应当确认为预计负债。

#### 4. 重组义务

重组是指企业制定和控制的,将显著改变企业组织形式、经营范围或经营方式的计划实施行为。属于重组的事项主要包括三类:(1)出售或终止企业的部分经营业务;(2)对企业的组织结构进行较大调整;(3)关闭企业的部分营业场所,或将营业活动由一个国家或地区迁移到其他国家或地区。

企业因重组而承担了重组义务,并且同时满足或有事项的三项确认条件的,应确认为预计负债。

首先,若同时存在下列情况,表明企业承担了重组义务:(1)有详细、正式的重组计划,包括重组涉及的业务、主要地点、需要补偿的职工人数、预计重组支出、计划实施时间等;(2)该重组计划已对外公告。

其次,需要判断重组义务是否同时满足预计负债的三个确认条件,即其承担的重组义务是不是现时义务、履行重组义务是否很可能导致经济利益流出企业、重组义务的金额是否能够可靠计量。只有同时满足这三个确认条件,才能将重组义务确认为预计负债。

最后,企业应当根据与重组有关的直接支出确定预计负债金额。其中,直接支出是企业重组必须承担的直接支出,不包括留用职工岗前培训、市场推广、新系统和营销网络投入等支出。

由于企业在计量预计负债时不应当考虑预期处置相关资产的利得,因此在计量与重组义务相关的预计负债时,也不考虑处置相关资产(厂房、店面,有时是一个事业部整体)可能形成的利得或损失,即使资产的出售构成重组的一部分也是如此。

【实务题2-16】 20×7年12月2日,经董事会批准,甲公司自20×8年1月1日起撤销某门店,该业务重组计划于20×7年12月31日对外公告。为实施该业务重组计划,甲公司20×7年12月31日预计发生以下支出或损失:因辞退职工将支付补偿款200 000元,因撤销门店租赁合同将支付违约金40 000元,因处置门店内设备预计将发生损失30 000元,因将门店内库存存货运回公司本部预计将发生运输费2 000元。

【解析】 不考虑其他因素,甲公司20×7年12月31日的相关账务处理如下:

因重组义务确认的负债=200 000+40 000=240 000(元)

借:管理费用　　　　　　　　　　　　　　　　　240 000
　　贷:应付职工薪酬　　　　　　　　　　　　　　200 000
　　　　预计负债　　　　　　　　　　　　　　　　 40 000

处置设备将发生损失:

借:资产减值损失　　　　　　　　　　　　　　　　30 000
　　贷:固定资产减值准备　　　　　　　　　　　　　30 000

因将门店内库存存货运回公司本部将发生运输费2 000元,该支出与甲公司继续进行的活动相关,不属于与重组有关的支出,故不予以确认。

## 五、借款费用

### (一)借款费用的含义与内容

借款费用是指企业因借款而发生的利息及其他相关成本,即企业因借入资金而付出的代价。借款费用包括以下内容:

#### 1. 因借款而发生的利息

因借款而发生的利息,包括企业向银行或其他金融机构等借入资金发生的利息、发行债券发生的利息,以及承担带息债务应计的利息等。

#### 2. 因借款而发生的折价或溢价的摊销

因借款而发生的折价或溢价主要是发行债券发生的折价或溢价。折价或溢价的摊销实质上是对借款利息的调整,因而是借款费用的组成部分。

### 3. 因借款而发生的辅助费用

因借款而发生的辅助费用,是指企业在借款过程中发生的手续费、佣金、印刷费、承诺费等费用。由于这些费用是因安排借款而发生的,是借入资金的一部分代价,因此也是借款费用的构成内容。

### 4. 因外币借款而发生的汇兑差额

因外币借款而发生的汇兑差额,是指由于汇率变动而对外币借款本金及其利息的记账本位币金额产生影响的金额。由于这部分汇兑差额是与外币借款直接联系的,因此也是借款费用的构成内容。

## (二)借款费用的确认

### 1. 借款费用确认的基本原则

借款费用确认解决的主要问题,是将每期发生的借款费用资本化并计入相关资产的成本还是将费用化计入当期损益。根据我国借款费用准则的规定,借款费用确认的基本原则是企业发生的借款费用,可直接归属于符合资本化条件的资产购建或者生产的,应当予以资本化,计入相关资产成本;其他借款费用,应当在发生时根据其发生额确认为费用,计入当期损益。

### 2. 借款费用资本化的资产范围

借款费用资本化的资产必须是符合资本化条件的资产,具体是指需要经过相当长时间的购建或者生产活动才能达到预定可使用或者可销售状态的固定资产、投资性房地产和存货等资产。其中,相当长时间是指资产的购建或者生产所需时间为一年以上(含一年);存货主要包括房地产开发企业开发的用于对外出售的房地产开发产品、企业制造的用于对外出售的大型机械设备等,这类存货通常需要经过一年或一年以上的建造或者生产,才能达到预定可销售状态。

### 3. 借款费用资本化的借款范围

借款费用资本化的借款包括专门借款和一般借款两类。专门借款是指为购建或者生产符合资本化条件的资产而专门借入的款项。专门借款通常应当有明确的用途,即为购建或者生产某项符合资本化条件的资产而专门借入,并具有标明该用途的借款合同。一般借款是指除专门借款之外的借款。一般借款在借入时,通常没有特指其用于符合资本化条件的资产的购建或者生产。可见,无论是专门借款还是一般借款,在满足一定条件的情况下,都可能予以资本化。

## (三)借款费用资本化的条件

借款费用资本化的前提是确定资本化期间。借款费用资本化期间是指从借款费用开始资本化的时点到停止资本化时点的期间,但不包括借款费用暂停资本化的期间。借款费用资本化的条件分为开始资本化的时点、暂停资本化的期间和停止资本化的时点。

### 1. 开始资本化的时点

我国企业会计准则规定,借款费用允许开始资本化必须同时满足三个条件,即资产支出已经发生、借款费用已经发生、为使资产达到预定可使用或者可销售状态所必要的购建或者生产活动已经开始。

(1)资产支出已经发生,是指企业为购建或者生产符合资本化条件的资产,已经用现金、转移非现金资产或承担带息债务的形式支付实际发生的各项支出。

例如,某企业用货币资金购买为建造或者生产符合资本化条件的资产所需用的材料,支付有关职工薪酬等;某企业将自己生产的水泥、钢材等用于符合资本化条件的资产的建造或者生产;某企业用自己生产的产品向其他企业换取用于符合资本化条件的资产的建造或者生产所需用的工程物资等;某企业购入一批工程物资,开出一张20万元带息银行承兑汇票,期限为6个月,票面年利率为7%,用于符合资本化条件的资产的建造或者生产;等等。这些均属于资产支出。

#### 知识链接

企业以赊购方式购买上述物资所产生的债务可能带息,也可能不带息。如果赊购物资承担的是带息债务,则企业要为这笔债务付出代价——支付利息,这与企业向银行借入款项用于资产支出在性质上是一致的。因此企业为购建或者生产符合资本化条件的资产而承担的带息债务应当作为资产支出,当该带息债务发生时,视同资产支出已经发生。

(2)借款费用已经发生,是指企业已经发生了因购建或者生产符合资本化条件的资产而专门借入款项的借款费用或者所占用的一般借款的借款费用。例如,某企业于某年1月1日为建造一生产车间,从银行专门借入款项4 000万元,当日开始计息,则该年1月1日即确认借款费用已经发生。

(3)为使资产达到预定可使用或者可销售状态所必要的购建或者生产活动已经开始,是指符合资本化条件的资产的实体建造或者生产工作已经开始,如厂房的开工建造等。

企业只有在上述三个条件同时满足的情况下,有关借款费用才可开始资本化,只要其中有一个条件没有满足,借款费用就不能开始资本化。

### 2. 暂停资本化的期间

我国现行企业会计准则规定:符合资本化条件的资产在购建或者生产过程中发生非正常中断,且中断时间连续超过3个月的,应当暂停借款费用的资本化。在中断期间发生的借款费用应当确认为费用,计入当期损益,直至资产的购建或者生产活动重新开始。如果中断是使所购建或者生产的符合资本化条件的资产达到预定可使用或者可销售状态所必要的程序,则借款费用的资本化应当继续进行。

非正常中断是指由于企业管理决策上的原因或者其他不可预见的原因等所导致的中断。企业因与施工方发生质量纠纷,或者资金周转困难导致工程用料没有及时供应,或者生产发生安全事故,或者发生与资产购建、生产有关的劳动纠纷等原因导致的中断,均属于非正常中断。例如,某企业于某年1月1日利用专门借款开工兴建一个成品仓库,并具备自当日起开始资本化的条件。工程预计于该年年底完工。该年4月1日,工程施工发生安全事故,导致工程中断,直到8月1日才复工,该中断就属于非正常中断。因此,上述专门借款在4月1日至8月1日所发生的借款费用不应予以资本化,而应作为财务费用计入当期损益。

非正常中断与正常中断明显不同。正常中断通常仅限于购建或者生产符合资本化条件的资产达到预定可使用或者可销售状态所必要的程序,或者事先可预见的不可抗力因素导致的中断。例如,某企业在北方某地建造某工程期间遇上冰冻季节,工程无法施工导致中断,待冰冻季节过后方能继续施工。施工中断是可预见的不可抗力因素导致的,属于正常中断。在正常中断期间所发生的借款费用可以继续资本化,计入相关资产的成本。

**3. 停止资本化的时点**

当所购建或者生产符合资本化条件的资产达到预定可使用或者可销售状态,企业应当停止其借款费用的资本化,以后发生的借款费用计入当期损益。达到预定可使用或者可销售状态,是指资产已经达到购买方、建造方或者生产方预先设想的可以使用或者可以销售的状态。这种状态可以从以下几个方面来加以判断:

(1)符合资本化条件的资产的实体建造(包括安装)工作已经全部完成或者实质上已经完成;

(2)所购建或者生产的符合资本化条件的资产与设计要求、合同规定或者生产要求相符或基本相符,即使有极个别与设计要求、合同规定或者生产要求不相符的地方,也不会影响其正常使用或者销售;

(3)继续发生在所购建或者生产的符合资本化条件的资产上的支出金额很少或几乎不再发生。

**(四)借款费用的计量**

在借款费用资本化期间内,每一会计期间的利息资本化金额,应当按照下列规定确定:

(1)为购建或者生产符合资本化条件的资产而借入专门借款的,应当以专门借款当期实际发生的利息费用,减去将尚未动用的借款资金存入银行取得的利息收入或进行暂时性投资取得的投资收益后的金额确定。

每一会计期间利息的资本化金额＝专门借款当期实际发生的利息费用－尚未动用的借款资金的利息收入－尚未动用的借款资金暂时性投资取得的投资收益

(2)为购建或者生产符合资本化条件的资产而占用了一般借款的,企业应当根据累计资产支出超过专门借款部分的资产支出加权平均数乘以所占用一般借款的资本化率,计算确定一般借款应予资本化的利息金额。资本化率应当根据一般借款加权平均利率计算确定。

每一会计期间利息的资本化金额＝$\sum$(至当期期末止购建或者生产符合资本化条件的资产累计支出－专门借款)×资产累计支出超出专门借款部分实际占用的天数/会计期间涵盖的天数×一般借款的资本化率

资本化率具体确认方法如下:

如果为购建或者生产符合资本化条件的资产只占用一笔一般借款,则资本化率为该项借款的利率。如果为购建或者生产符合资本化条件的资产占用一笔以上一般借款,则资本化率为这些借款的加权平均利率。

加权平均利率＝所占用一般借款当期实际发生的利息之和/所占用一般借款本金加权平均数×100%

一般借款本金加权平均数＝$\sum$[每笔一般借款本金×(每笔一般借款实际占用的天数/会计期间涵盖的天数)]

(3)每一会计期间的利息资本化金额,不应当超过当期相关借款实际发生的利息金额。企业在确定每期利息资本化金额时,应当首先判断符合资本化条件的资产在购建或者生产过程所占用的资金来源,如果所占用的资金是专门借款资金,则应当在资本化期间内,根据每期实际发生的专门借款利息费用,确定应予资本化的金额。在企业将闲置的专门借款资金存入银行取得利息收入或者进行暂时性投资获取投资收益的情况下,企业还应当将这些相关的利息收入或者投资收益从资本化金额中扣除,以如实反映符合资本化条件的资产的实际成本。

【实务题2-17】 甲公司于20×7年1月1日正式动工兴建一幢办公楼,工期预计为1年零6个月,工程采用出包方式,分别于20×7年1月1日、20×7年7月1日和20×8年1月1日支付工程进度款。

公司为建造办公楼于20×7年1月1日专门借款4 000万元,借款期限为3年,年利率为6%。借款利息按年支付(如无特别说明,本题中名义利率与实际利率均相同)。

闲置借款资金均用于固定收益债券短期投资,该短期投资月收益率为5‰,甲公司为建造办公楼占用的一般借款有两笔,具体如下:

(1)向A银行长期贷款4 000万元,期限为20×6年12月1日至20×9年12月1日,年利率为6%,按年支付利息。

(2)20×6年1月1日发行公司债2亿元,期限为5年,年利率为8%,按年支付利息。

假定这两笔一般借款除了用于办公楼建设外,没有用于其他符合资本化条件的资产的购建或者生产活动。全年按360天计算。

办公楼于20×8年6月30日完工,达到预定可使用状态。公司为建造该办公楼支出的金额如表2—3所示。

表2—3　　　　　　　公司为建造该办公楼的支出金额　　　　　　单位:万元

| 日期 | 每期资产支出金额 | 累计资产支出金额 | 闲置借款资金用于短期投资金额 |
|---|---|---|---|
| 20×7.1.1 | 3 000 | 3 000 | 1 000 |
| 20×7.7.1 | 5 000 | 8 000 | 4 000 |
| 20×8.1.1 | 3 000 | 11 000 | 1 000 |
| 总计 | 11 000 | — | 6 000 |

在这种情况下,公司应当首先计算专门借款利息的资本化金额,其次计算所占用一般借款利息的资本化金额。具体如下:

(1)专门借款利息资本化金额

20×7年专门借款利息资本化金额=4 000×6%−1 000×0.5‰×6=210(万元)

20×8年专门借款利息资本化金额=4 000×6%×180/360=120(万元)

(2)一般借款资本化金额

在建造办公楼的过程中,自20×7年7月1日起已经占用一般借款4 000万元,另外,20×8年1月1日支出的3 000万元也占用了一般借款。这两笔资产支出的加权平均数计算如下:

一般借款资本化率(年)=(4 000×6%+20 000×8%)/(4 000+20 000)
　　　　　　　　　　　=7.67%

20×7年占用了一般借款的资产支出加权平均数=4 000×180/360=2 000(万元)

20×7年应予资本化的一般借款利息金额=2 000×7.67%=153.40(万元)

20×8年占用了一般借款的资产支出加权平均数=(4 000+3 000)×180/360
　　　　　　　　　　　　　　　　　　　　=3 500(万元)

20×8年应予资本化的一般借款利息金额=3 500×7.67%=268.45(万元)
①根据上述计算结果,公司建造办公楼应予资本化的利息金额如下:
20×7年利息资本化金额=210+153.40=363.40(万元)
20×8年利息资本化金额=120+268.45=388.45(万元)
②有关账务处理如下:
20×7年12月31日:

  借:在建工程            3 634 000
    财务费用           16 866 000
    应收利息(或银行存款)      300 000
    贷:应付利息          20 800 000

注:20×7年实际借款利息=4 000×6%+4 000×6%+20 000×8%=2 080(万元)
20×8年6月30日:

  借:在建工程            3 884 500
    财务费用            6 515 500
    贷:应付利息          10 400 000

注:20×8年1月1日至6月30日的实际借款利息=2 080/2=1 040(万元)

## 第三节 本章课程思政案例及延伸阅读

实现"双碳"目标,绿色金融不可或缺。近几年,绿色债券成为"双碳"发展的新动能。本章课程思政案例侧重于深入分析和阐述党的十八大以来我国绿色债券发展的重大成就。

### 一、本章课程思政案例

#### (一)案例主题与思政意义

【案例主题】
通过案例描述与分析,了解我国绿色债券的发展现状及其重要意义和作用。

【思政意义】
从国家的政策制定、推行与完善以及绿色债券发展的重要成就进行阐述,培养学生绿色生态文明理念,强化环保意识。

## (二) 案例描述与分析

**【案例描述】**

### 绿色债券发展取得重大成就[①]

党的十八大以来,我国扎实推进绿色低碳转型,绿色债券市场迎来跨越式发展,取得了显著成就。

一是政策支撑体系不断完善。2015年,国务院印发《关于加快推进生态文明建设的意见》,首次确定构建绿色金融体系的总体思路。同年12月,为推动绿色债券健康发展,中国人民银行、国家发展改革委分别发布《绿色债券支持项目目录(2015年版)》《绿色债券发行指引》,明确了绿色债券的支持重点,建立了自上而下的绿色债券政策规范。2021年4月,中国人民银行、国家发展改革委、证监会联合印发《绿色债券支持项目目录(2021年版)》,更加科学准确地界定了绿色项目的范围,为我国绿色债券发展提供了稳定框架和灵活空间。2022年,绿色债券标准委员会发布《中国绿色债券原则》,标志着我国绿色债券标准基本实现国内统一与国际接轨。伴随着一系列重要举措的出台,我国绿色债券市场发展顶层设计日臻完善,"绿色边界"不断明确,绿色债券市场发展朝着高效、稳健的方向持续迈进。

二是绿色债券市场加速发展。随着绿色发展理念的不断深入,我国绿色债券市场日趋成熟,具体体现在发行规模、主体和品种等维度。第一,在气候债券倡议组织(CBI)的绿色定义口径下,我国绿色债券发行规模呈现出增速较快的特征。截至2021年,绿色债券发行量累计达到1.3万亿元,2021年发行量同比增长186%。第二,绿色债券发行主体呈现出多样化的特征。电力、建筑、交通等实体行业不断加入绿色债券发行行列,绿色债券对实体经济低碳转型的支持作用进一步发挥。第三,绿色债券发行品种呈现出创新特征。碳中和债、可持续发展挂钩债券等绿色债券品种不断推出,为我国产业的绿色低碳转型发展与生态环境的高水平保护注入了更多资金"活水"。

三是国际标准合作高效开展。一方面,我国与欧盟联合发布《可持续金融共同分类目录》,推进绿色债券标准融合,为境内外市场主体开展跨国绿色投融资提供了便利环境;另一方面,我国在2016年担任G20主席国期间,牵头成立了G20绿色金融研究小组,积极开展绿色债券市场相关的国际研究合作,与国际社会携手应对气候变化引发的潜在金融风险,达成"以绿色助转型"的国际共识。

**【案例分析】**

从经济效益看,绿色债券市场的蓬勃发展拓宽了社会公共投资的渠道,为稳固实

---

① 姚东旻.加快绿色债券发展 助力人与自然和谐共生的中国式现代化[N].中国财经报,2022—11—01(5).

体经济发展、改善城乡基础设施和人居环境、推进能源革命注入了勃勃生机。从环境效益看,绿色债券的环保效益更高、减排效果更好,在助力实现碳达峰、碳中和目标,深化生态保护补偿制度中发挥着积极作用。从国际发展看,绿色债券的持续性对外开放为全球投资者参与中国低碳绿色发展创造了有利条件,这将进一步推进我国在气候变化、绿色能源、绿色基建等领域的国际合作,推动实现更加绿色、健康的全球发展。

党的二十大宣告,从现在起,中国共产党的中心任务就是团结带领全国各族人民全面建成社会主义现代化强国、实现第二个百年奋斗目标,以中国式现代化全面推进中华民族伟大复兴。围绕中国式现代化实现高质量发展、实现全体人民共同富裕、促进人与自然和谐共生、推动构建人类命运共同体等本质要求,新时代我国绿色债券市场发展大有可为。

### (三)案例讨论与升华

**【案例讨论】**

结合中国式现代化背景,试从实现全体人民共同富裕以及促进人与自然和谐共生的角度,分析和讨论对绿色债券未来发展提出的新要求。

**【案例升华】**

习近平总书记在党的二十大报告中指出,人与自然和谐共生是中国式现代化的重要特色,促进人与自然和谐共生是中国式现代化的本质要求。以中国式现代化全面推进中华民族伟大复兴,必须立足建设美丽中国这个关乎中华民族永续发展的千年大计、根本大计,必须遵循尊重自然、顺应自然、保护自然这个全面建设社会主义现代化国家的内在要求,必须牢固树立和践行"绿水青山就是金山银山"的根本理念,以人与自然和谐共生谋划发展,为全面建设社会主义现代化强国奠定生态基础,为中华民族伟大复兴贡献生态力量。

## 二、延伸阅读

**延伸阅读  中国人民银行关于支持绿色金融改革创新试验区发行绿色债务融资工具的通知**[①]

银发〔2019〕116号

中国人民银行广州分行、杭州中心支行、南昌中心支行、贵阳中心支行、乌鲁木齐中心支行:

---

[①] 国务院新闻办公室. 中国人民银行关于支持绿色金融改革创新试验区发行绿色债务融资工具的通知[EB/OL]. (2019-05-31)[2023-02-17]. http://www.scio.gov.cn/xwfbh/xwbfbh/wqfbh/44687/46241/xg-zc46247/Document/1708458/1708458.htm.

为贯彻落实创新、协调、绿色、开放、共享的发展理念,进一步发展我国绿色金融市场,加强绿色金融改革创新试验区建设,现就支持绿色金融改革创新试验区发行绿色债务融资工具有关事项通知如下:

一、本通知所称绿色债务融资工具,是指绿色金融改革创新试验区内注册的具有法人资格的非金融企业(以下简称企业)在银行间市场发行的,募集资金专项用于节能环保、污染防治、资源节约与循环利用等绿色项目的债务融资工具。绿色项目的界定与分类参考《绿色债券支持项目目录》。

二、本通知所称绿色金融改革创新试验区,是指经国务院批准设立的绿色金融改革创新试验区(以下简称试验区)。

三、支持试验区内企业注册发行绿色债务融资工具。鼓励试验区内承担绿色项目建设且满足一定条件的城市基础设施建设类企业作为发行人,注册发行绿色债务融资工具用于绿色项目建设。

四、探索扩大绿色债务融资工具募集资金用途。研究探索试验区内企业发行绿色债务融资工具投资于试验区绿色发展基金,支持地方绿色产业发展。探索试验区内绿色企业注册发行绿色债务融资工具,主要用于企业绿色产业领域的业务发展,可不对应到具体绿色项目。

五、鼓励试验区内企业通过注册发行定向工具、资产支持票据等不同品种的绿色债务融资工具,增加融资额度,丰富企业融资渠道。

六、因地制宜,研究探索与试验区经济特征相适应的创新产品。支持试验区内企业开展绿色债务融资工具结构创新,鼓励试验区内企业发行与各类环境权益挂钩的结构性债务融资工具、以绿色项目产生的现金流为支持的绿色资产支持票据等创新产品。

七、交易商协会为试验区内企业发行绿色债务融资工具开辟绿色通道,加强绿色债务融资工具注册服务。支持即报即核,专人负责,为试验区内企业发行绿色债务融资工具提供更多便利。

八、鼓励试验区依法设立市场化运作的绿色产业担保基金或融资担保机构,为绿色债券提供增信服务,支持绿色债券发行和绿色项目实施。鼓励试验区规范有序建设绿色项目库,依托增信等方式,优先支持入库项目发行绿色债务融资工具。鼓励地方政府出台优惠政策措施支持绿色债务融资工具发行,对试验区内发行人或承销机构予以一定的财政奖励。

九、注册地在试验区的企业如出现债务融资工具还本付息逾期或违约时,交易商协会应定期将相关信息反馈人民银行相关部门,作为人民银行对试验区建设的考核参考。

十、坚持企业发行债务融资工具与地方政府债务严格切割,债务融资工具不具有地方政府信用,避免增加地方政府隐性债务。支持试验区地方政府加强企业信用风险监测和评估,密切监测绿色债券支持项目的偿付能力,建立健全绿色债券风险预警机制和市场约束机制,积极稳妥做好相关风险防范和化解处置工作。

中国人民银行

2019 年 4 月 26 日

## 复习思考题与练习题

### 一、复习思考题

1. 什么是或有事项?或有事项有哪些特征?
2. 与或有事项相关的义务同时符合哪三个条件,企业将确认预计负债?
3. 符合借款费用资本化的资产范围如何界定?
4. 分别说明借款费用开始资本化、暂停资本化、停止资本化的条件。

### 二、练习题

1. 资料:甲公司为一家汽车制造企业,属于增值税一般纳税人,适用的增值税税率为 13%,发生有关或有事项经济业务事项如下。

(1) 20×8 年 11 月 20 日,甲公司在汽车制造中采用一项新技术,被乙公司告上法庭,诉称侵犯了其专利权,要求甲公司赔偿经济损失 2 000 万元。该诉讼至 20×8 年 12 月 31 日尚未判决。甲公司法律顾问研究认为,该诉讼很可能败诉,可能赔偿金额为 1 200 万~1 600 万元,而且该区间内各种可能性均相同。

(2) 甲公司上一年投产一种新型汽车,销售时,甲公司承诺,如果因质量问题发生故障,将免费维修。为此,甲公司计提了产品质量保证金,至 20×7 年 12 月 31 日,"预计负债——产品质量保证"账户余额为 1 200 万元。

20×8 年,甲公司因汽车质量问题发生维修费 800 万元,其中,领用原材料 600 万元,发生本公司人工费 200 万元。20×8 年该款汽车实现销售收入 20 000 万元,根据本年度汽车维修的实际情况,预计保修费为销售额的 1%~1.2%。

(3) 甲公司 20×8 年 8 月与丙公司签订购销合同,为丙公司提供 500 辆汽车,每辆汽车销售价格为8万元(不含增值税),甲公司应在20×9年1月交货。甲公司在20×8年12月生产该批产品时发现,由于原材料价格上涨,每辆汽车的生产成本达到8.2万元。鉴于不交货将承担每辆车10 000元违约金,甲公司决定将按时供货。至20×8年12月31日,甲公司已生产400辆,还有100辆尚未备料,预计成本与已生产的汽车相同。

要求:对上述业务(1)~(3)进行会计处理。

2. 资料:

(1)甲企业于20×7年10月1日从银行取得一笔专门借款600万元用于固定资产的建造,年利率为8%,2年期。至20×8年1月1日该固定资产建造已发生资产支出600万元。该企业于20×8年1月1日从银行取得1年期一般借款300万元,年利率为6%。借入款项存入银行,工程于20×8年年底达到预定可使用状态。20×8年2月1日甲企业用银行存款支付工程价款150万元,20×8年10月1日用银行存款支付工程价款150万元。工程项目于20×8年3月31日至20×8年7月31日发生非正常中断。

(2)20×7年7月1日乙企业为建造厂房从银行取得3年期借款300万元,年利率为6%,按单利计算,到期一次归还本息。借入款项存入银行,工程于20×8年年底达到预定可使用状态。20×7年10月1日该企业用银行存款支付工程价款150万元并开始厂房的建造,20×8年4月1日用银行存款支付工程价款150万元。该项专门借款在20×7年第三季度的利息收入为3万元,第四季度的利息收入为1.5万元。

要求:

(1)计算甲企业20×8年借款费用的资本化金额;

(2)计算乙企业20×7年借款费用的资本化金额。

# 第三章 所有者权益

## ▶ 本章概述

所有者权益是指投资人或股东在企业资产中享有的经济利益,是企业资产的重要来源。从数量看,它是企业资产总额减去负债总额后的余额;从产权看,它是企业投资人或股东对企业净资产的所有权;从内容看,它因企业组织形式不同而存在差异。本章重点阐述所有者权益的构成及具体会计处理,同时结合思政案例与延伸阅读进行内容拓展。

## ▶ 思政目标

了解我国多层次资本市场发展历程、结构及主要改革举措,引导学生坚定"四个自信"。

## ▶ 育人元素

坚定中国特色社会主义道路自信、理论自信、制度自信、文化自信。

# 第一节 所有者权益概述

## 一、所有者权益的性质

所有者权益是指企业所有者对企业净资产的要求权,是企业全部资产扣除负债后由所有者享有的剩余权益。股份公司的所有者权益又称股东权益。

企业经营所需的全部资金一方面来自负债,另一方面来自投资者的投资及其增值。因此,债权人和投资者对企业的资产均有要求权,债权人的权益和所有者的权益

共同构成了企业的资金来源。但是,负债和所有者权益之间又存在着明显的区别,主要有以下四点:

(1)所有者权益在企业经营期内可供企业长期、持续地使用,企业不必向投资人返还资本金。而负债则须按期返还给债权人,它成为企业的负担。

(2)企业所有人凭其对企业投入的资本,享受税后分配利润的权利。所有者权益是企业分配税后净利润的主要依据,而债权人除按规定取得利息外,无权分配企业的盈利。

(3)企业所有人有权行使企业的经营管理权,或者授权管理人员行使经营管理权。但债权人并没有经营管理权。

(4)企业的所有者对企业的债务和亏损负有无限的责任或有限的责任,而债权人与企业的其他债务不发生关系,一般也不承担企业的亏损。

## 二、所有者权益的分类

企业的组织形式不同,其所有者权益的构成也有所不同,具体表现在所有者权益的项目及其会计处理。独资企业和合伙企业只需设置"业主资本"反映所有者权益的全部变动。而对于公司制企业,由于其所有者权益构成多元,并且法律对利润分配和歇业清算以及回购股份等事项有严格限制,因此其相关会计处理比较复杂,下面仅对公司制企业的所有者权益会计处理进行论述。

公司制企业是指对其债务承担有限责任的营利性企业组织形式,包括有限责任公司和股份有限公司两种。因此,公司制企业的所有者权益又称作股东权益。法律规定,公司必须对所有者投入的资本和赚取的利润进行严格区分。其原因在于,一方面,公司制企业的各投资人对企业承担的责任仅以其出资额为限,因此必须将企业实际收到的各投资人的投资额单独核算,以明确各投资人的经济责任,将超过注册资本的出资额作为"资本公积";另一方面,对于留存在企业中的利润又必须按照《公司法》的规定在提取公积金以后才能进行分配,分配后的剩余收益作为"未分配利润"留待以后年度分配。此外,某些资产的公允价值变动、与股东之间的交易也会导致所有者权益发生增减变动,如其他综合收益和其他权益工具。综上所述,公司制企业的所有者权益通常由实收资本(或股本)、其他权益工具、资本公积、其他综合收益、盈余公积和未分配利润等构成。

## 第二节　所有者权益重要条款的理解与会计处理

### 一、实收资本（股本）

#### （一）实收资本（股本）概述

实收资本（股本）是指企业投资者按照企业章程或合同、协议约定，实际投入企业的资本。根据我国《公司法》规定，投资者除了可以用货币资金的方式出资，还可以用能够进行货币估价并可以依法转让的非货币财产作价出资，比如实物资产、知识产权、土地使用权等；但是，法律、行政法规规定不得作为出资的财产除外。同时，企业应当对作为出资的非货币财产评估作价，核实财产，不得高估或者低估作价。法律、行政法规对评估作价有规定的，从其规定。

股份有限公司的资本划分为股本，每一股的金额相等，公司的股份采取股票的形式，股票是公司签发的证明股东所持股份的凭证。股票的面值与股份总数的乘积即股本。股本总额应等于公司的注册资本。股份有限公司的股份可以分为普通股和优先股两类。其中，普通股是股份有限公司的基本股份，而优先股是指在股利和剩余财产分配方面具有优先权的股份。

实收资本（股本）的构成比例或股东的股份比例，是确定所有者在企业所有者权益中份额的基础，也是企业进行利润或股利分配的主要依据。

**知识链接**

注册资本也称法定资本，是公司制企业章程规定的全体股东或发起人认缴的出资额或认购的股本总额，并在公司登记机关依法登记。注册资本是公司在设立时筹集的、由章程载明的、经公司登记机关登记注册的资本，是股东认缴或认购的出资额。

#### （二）实收资本（股本）增减变动的会计处理

企业在经营过程中，其资本（股本）会产生一定的变动。为了反映和监督投资者投入资本的增减变动情况，股份有限公司应设置"股本"账户，有限责任公司应设置"实收资本"账户。该账户属于所有者权益类，贷方登记企业收到投资者符合注册资本的出资额；借方登记企业按照法定程序报经批准减少的注册资本数额；期末余额在贷方，反映企业期末实有的资本或股本数额。"实收资本"（或"股本"）账户可按不同投资者设置明细账户,进行明细分类核算。在企业正常的生产经营过程中,需要会计核算的有关投资问题主要集中在投入资本的增加和减少。

### 知识链接

企业资本(股本)的变动应当符合我国的有关法律规定,即只有符合条件并经有关部门批准后才能增资或减资。《中华人民共和国企业法人登记管理条例施行细则》规定,除国家另有规定外,企业的注册资金应当与实收资本一致,当企业实收资本比原注册资金数额增加或减少超过20%时,应持资金使用证明或者验资证明,向原登记主管机关申请变更登记。如果企业擅自改变注册资金或抽逃资金等,要受到工商行政管理部门的处罚。

#### 1. 实收资本(股本)的增加

实收资本的增加包括以下几种情况:

(1)追加投资。按照我国《公司法》的规定,有限责任公司的投资者可以追加投资,投资方式可以是现金投资,也可以是非现金投资,并且企业的组织形式不同,投资者投入资本的会计处理方式也有所不同,具体如下所示:

①有限责任公司接受现金资产投资。企业收到投资者投入的现金时,应按实际收到的金额或存入企业开户银行的金额,借记"库存现金""银行存款"账户;按投资合同或协议约定的投资者在企业注册资本中所占份额的部分,贷记"实收资本"账户;将超过投资者在企业注册资本中所占份额的部分,贷记"资本公积——资本溢价"账户。

②股份有限公司接受现金资产投资。与其他企业相比,股份有限公司最显著的特点就是其全部资本均由等额股份构成,并通过发行股票的方式筹集资本。股票是指股份有限公司发行的、证明股东按其股份享有权利和承担义务的凭证。股票的面值与股份总数的乘积称作股本,股份有限公司应单独设置"股本"账户来反映股东投入企业的股本。一般企业会在"股本"账户下按股份的类别及股东单位或姓名设置明细账,用于清晰地反映企业股份的构成情况。

需要注意的是,企业发行股票时既可以按面值价格平价发行,也可以按高于面值的价格溢价发行,但按照我国《公司法》规定,不允许公司以低于面值的价格折价发行股票。但是无论发行价格与面值是否一致,记入"股本"账户的金额总是股票面值。例如在采用溢价发行股票的情况下,企业应将每股股票面值与发行股份数的乘积记入"股本"账户,实际收到的金额与该股本之间的差额,记入"资本公积——股本溢价"账户。

【实务题3-1】 20×1年1月1日,华海公司委托华泰证券股份有限公司代理发行普通股15 000 000股,每股面值1元,每股发行价格2元,并与受托单位约定,按发行收入的3%收取手续费,从发行收入中扣除。假设股票已发行成功,股款已全部收到并存入银行,不考虑发行过程中的税费等因素。

【解析】 公司收到委托发行单位交来的股款应为29 100 000元[15 000 000×2×(1-3%)],此时应编制如下会计分录:

借:银行存款 29 100 000
　　贷:股本 15 000 000
　　　　资本公积——股本溢价 14 100 000

③接受非现金资产投资。企业接受非现金投资(比如固定资产、材料物资、无形资产等)时,应按投资合同或协议约定的价值(不公允的除外)作为非现金资产的入账价值,按投资合同或协议约定的投资者在企业注册资本或股本中所占份额的部分作为实收资本或股本入账,投资合同或协议约定的价值(不公允的除外)超过投资者在企业注册资本或股本中所占份额的部分,计入资本公积。

以企业接受投资者作价投入的房屋、建筑物、机器设备等固定资产为例,企业应按投资合同或协议约定的价值,借记"固定资产"账户;按增值税专用发票上注明的增值税税额,借记"应交税费——应交增值税(进项税额)"账户;按其在注册资本中应享有的份额,贷记"实收资本"账户。如果双方确认的价值大于其在注册资本中应享有的份额,应将其差额记入"资本公积"账户。

【实务题3-2】 20×2年1月1日,南华投资公司、铅华投资公司、宗华投资公司共同投资设立万方实业有限公司。其中。南华公司以一台不需要安装的机床出资,合同约定该机床的价值为522 000元(与公允价值相符),增值税进项税额为78 000元(由南华公司支付税款,并提供增值税专用发票)。经约定,万方公司接受南华公司的投入资本为600 000元,并已如期收到固定资产,不考虑其他因素。

【解析】 万方公司于20×0年1月1日收到南华公司固定资产投资,合同约定的价值与公允价值相符,接受南华公司投入的固定资产按合同约定金额及增值税进项税额作为实收资本,因此,可按600 000元作为企业实收资本。万方公司应编制如下会计分录:

借:固定资产 522 000
　　应交税费——应交增值税(进项税额) 78 000
　　贷:实收资本 600 000

(2)增发新股。按照证监会《关于上市公司增发新股有关条件的通知》,股份有限公司在符合相关条件的情况下,可增发新股。其具体账务处理与股份有限公司投入股本的会计处理相同。

(3)公积金转增资本。根据我国《公司法》的规定,企业可将资本公积和盈余公积转增资本。转增资本时,应按照投资者的出资额(或股东所持股份)同比例增加各投资者的资本。其具体账务处理会在"资本公积确认与计量"中举例说明,可参见实务题3-4。

(4)发放股票股利。股票股利是指采用增发普通股的方式向股东分派股利。目前我国发放股票股利多以配股(送股)方式进行。发放股票股利应根据股东所持有的股数,按应发股利的等值比例折算后发放给股东。若股东分得的股利不足1股,应采用适当的方法处理。其处理方法有两种:一是将不足1股的股票股利按股票的市价折算为现金股利,用现金发放;二是股东之间相互转售,集为整股。发放股票股利会影响公司所有者权益的结构,但并不影响公司的资产和负债,也不会造成现金流出。我国会计准则要求发放的股票股利以股票面值为标准进行会计处理。

【实务题3-3】 F公司发行在外的普通股股票10 000 000股,每股面值1元。F公司20×0年4月14日股票市价为5元,4月15日该公司宣布发放10%的股票股利,股权登记日为4月25日,股利发放日是5月30日。

【解析】 F公司应进行如下会计处理:

5月30日股利发放时:

  借:利润分配          1 000 000
    贷:股本——普通股         1 000 000

一般企业增加资本的主要途径除了上述几种之外,股东认购、债券的转换和优先股的转换也会增加企业的实收资本或股本。股东的认购是指当企业通过出售以前未发行的股票而获得现金或其他等价物时,就能增加投入资本或股东权益。债券的转换是指在一些情况下,债权人可将所持有的可转换债券换取公司的股票,这时将增加投入资本。优先股虽然属于权益性证券,但又不同于普通股;它不承担企业经营的风险,因而没有剩余索取权,也不参与企业经营活动的决策。在一般情况下,优先股具有类似债券利息的设定股息率,并且比普通股优先参与企业税后利润的股利分配。为了增强优先股对投资者的吸引力,并降低设定优先股的股息率,有些企业发行的优先股附加可转换为普通股的契约,通常是事先设定优先股和普通股。

## 2. 实收资本(股本)的减少

一个企业的投入资本通常被视作企业的资本。按照《资本金制度》的规定,在一般情况下,投入资本不可以随便撤回,企业的资本金不能任意减少。只有出现不可抗力作用时或按照法定程序报经批准后,企业才能减少其资本。当然,在股票市场上,有时企业会回购自己的普通股,即库存股票,这通常是由于特定目的将其支付给部分股东或主管人员,或是减少在外流通股票数额以稳定股票市价。

企业可设置"库存股"账户用以反映股票回购、转让或注销业务。当企业收购本公司股票时,应按实际支付的金额借记"库存股"科目,贷记"银行存款"科目。根据法定程序报经批准注销股本时,按股票面值和注销股数计算的股票面值总额冲减股本,借记"股本"科目;按注销库存股的账面余额,贷记"库存股"科目;按其差额,借记"资本公积——股本溢价"科目。股本溢价不足冲减的,应借记"盈余公积""利润分配——未分配利润"科目。

如果购回股票支付的价款低于面值总额,应按股票面值总额,借记"股本"科目;按注销库存股的账面余额,贷记"库存股"科目;按其差额,贷记"资本公积——股本溢价"科目。

**【实务题3-4】** 华海公司20×0年12月31日的股本为150 000 000元,每股面值为1元。资本公司(股本溢价)为40 000 000元,盈余公积为45 000 000元。经股东大会批准,华海公司以现金回购本公司股票35 000 000股并注销。假定华海公司按每股2元回购股票,不考虑其他因素。

**【解析】** 华海公司回购本公司股份时,将实际支付的金额作为库存股成本(35 000 000×2＝70 000 000元),此时应编制如下会计分录:

  借:库存股             70 000 000
    贷:银行存款           70 000 000

当公司注销股份时,应冲减的资本公积为35 000 000元(35 000 000×2－35 000 000×1),此时应编制如下会计分录:

  借:股本              35 000 000
    资本公积            35 000 000
    贷:库存股            70 000 000

## 二、其他权益工具

### (一)其他权益工具概述

企业发行的除普通股(作为实收资本或股本)以外的,按照金融负债和权益工具区分原则划分为权益工具的为其他权益工具。常见的其他权益工具有优先股和永续债等。其中,永续债是指没有明确的到期时间或者期限非常长(一般超过30年)的债券。永续债一般具有期限长、附加发行人赎回权、高票息率、利率调整机制等特征。大部分永续债附加赎回条款或者续期选择权,大多数发行人设置3年、5年、10年的赎回期或续期选择权。永续债一般会设置票面利率重置和跳升机制。如果在一定期间内,发行人选择不赎回债券或选择债券续期,则其票面利率就会相应提高以补偿投资者的潜在风险和损失。发行人还可以设置利息递延支付权,即原则上永续债的利息可以无限次递延。如果发生递延，则每笔递延利息在递延期间按当期票面利率累计计息，但其前提是发行人在支付利息前不得向普通股股东分红和减少注册资本。在目前我国的监管框架和发行制度下，国内已发行的永续债债券类型主要有可续期企业债、可续期定向融资工具、可续期公司债、永续中票和永续次级债。

企业发行的、归类为权益工具的优先股、永续债，应当在"其他权益工具"中列报。在这种情况下，意味着与普通股相比，优先股和永续债既能够增加公司的权益资本，又不会被稀释。它们既有股东股权，同时还不会提高发行人的资产负债率，因而受到很多公司的推崇。企业发行的、不能归类为权益工具的优先股、永续债，应当归类为债务工具，在"应付债券"等项目中列报。

### （二）其他权益工具的会计处理

发行方应设置"其他权益工具"账户，核算企业发行的除普通股以外的归类为权益工具的各种金融工具，并按照发行金融工具的种类进行明细核算，可设置"其他权益工具——优先股""其他权益工具——永续债"等明细账户。其他权益工具的发行手续费、佣金等交易费用，应当从"其他权益工具"中扣除。其他权益工具的利息支出或股利分配都应当作为发行企业的利润分配，其回购、赎回、注销等作为权益的变动处理，参见"库存股"的会计处理。

**【实务题3-5】** 甲股份有限公司委托A证券公司代理向社会发行累积不可参与分红的优先股10万股，每股面值为4元，优先股利率由股东大会授权董事会通过询价方式确定为4.50%。优先股股利发放条件为：有可分配税后利润的情况下，可以向优先股股东分配股利。发行单位按发行收入的1‰收取手续费，费用从发行收入中扣除。该公司将其划分为其他权益工具进行会计处理。股票按面值发行，甲公司收到A证券公司交来的股款，存入银行。

**【解析】** 甲公司应进行如下会计处理：

（1）公司发行优先股时，发行手续费4 000元（100 000×4×1‰），该费用应当从发行收入中扣除，则实际收到的银行存款396 000元（400 000－4 000），该金额全部作为"其他权益工具——优先股"的入账价值。

借：银行存款　　　　　　　　　　　　　　　　　　　　396 000
　　贷：其他权益工具——优先股　　　　　　　　　　　　　　396 000

（2）假设公司当年盈利，宣告发放优先股股利时，优先股股利为18 000元（100 000×4×4.5%），优先股股利分配的会计处理与普通股股利分配相同。

借：利润分配——应付优先股股利　　　　　　　　　　　18 000
　　贷：应付股利——优先股股利　　　　　　　　　　　　　　18 000

## 三、资本公积与其他综合收益

### （一）资本公积概述及其会计处理

资本公积是指通过企业非营业利润所增加的净资产，包括接受捐赠、法定财产重估增值、资本汇率折算差额和资本溢价所得的各种财产物资。资本公积包括资本溢价（或股本溢价）和其他资本公积等。资本溢价（或股本溢价）是指企业收到投资者出资额超过其在注册资本（或股本）中所占份额的部分。其他资本公积是指除资本溢价或股本溢价项目以外所形成的资本公积，涉及的业务主要有以权益结算的股份支付和采用权益法核算的长期股权投资等。

关于资本溢价的会计处理在实收资本的增加核算中已介绍，下面主要介绍资本公积转增资本的会计处理。

资本公积可以用于转增公司资本，但资本公积不得用于弥补公司的亏损。经股东大会或类似机构决议，企业用资本公积转增资本时，应冲减资本公积，同时按照转增资本前的实收资本（或股本）的结构或比例，将转增的金额记入"实收资本"（或"股本"）科目下各所有者的明细分类账中。

**【实务题3-6】** 南华投资公司、铅华投资公司、宗华投资公司共同投资设立万方实业有限公司，原注册投资资本为600万元，南华、铅华和宗华投资公司分别出资100万元、200万元、300万元。因扩大经营规模需要，经股东大会批准，万方实业有限公司按原出资比例将资本公积60万元转增资本。

**【解析】** 万方公司应编制如下会计分录：

借：资本公积　　　　　　　　　　　　　　　　600 000
　　贷：实收资本——南华投资公司　　　　　　100 000
　　　　　　　　——铅华投资公司　　　　　　200 000
　　　　　　　　——宗华投资公司　　　　　　300 000

### （二）其他综合收益概述及其会计处理

其他综合收益是指企业根据其他会计准则规定未在当期损益中确认的各项利得或损失，包括以后会计期间不能重分类进损益的其他综合收益和以后会计期间满足规定条件时将重分类进损益的其他综合收益两类。涉及其他综合收益的业务主要有：(1)以公允价值计量且其变动计入其他综合收益的金融资产，当该类金融资产终止确认时，之前计入其他综合收益的累计利得或损失应当从其他综合收益中转出，计入当期损益；(2)采用权益法核算的长期股权投资，按照被投资单位实现其他综合收益以及持股比例计算应享有或分担的金额，调整长期股权投资的账面价值，同时增加或减少其他综合收益;(3)企业将作为存货的房地产转换为采用公允价值模式计量的投资性房地产时,转换日的公允价值大于账面价值的,其差额计入其他综合收益;等等。

## 四、留存收益

留存收益是指企业从历年实现的利润中提取或形成的留存于企业的内部积累,包括盈余公积和未分配利润两类。

### (一)盈余公积概述及其会计处理

盈余公积是指企业从税后利润中提取形成的、存留于企业内部、具有特定用途的收益积累。提取盈余公积主要是为了限制股利的分派,也就是向股东表明,税后利润并不能全部以股利形式分派给股东,应留存一部分以满足企业生产规模和弥补日后发生的亏损等需要。

盈余公积根据其提取的依据不同,可分为法定盈余公积和任意盈余公积。前者根据国家法律或行政规章提取,后者则由企业自行决定提取。

为了反映企业盈余公积增减变动的情况,企业应设置"盈余公积"账户进行核算,并且下设"法定盈余公积"和"任意盈余公积"等明细账户。

**1. 盈余公积的计提**

企业按规定提取盈余公积时,应借记"利润分配——提取法定盈余公积(或提取任意盈余公积)"科目,贷记"盈余公积——法定盈余公积(或任意盈余公积)"科目。

**【实务题3-7】** 天方食品股份公司20×5年成立当年就实现税后利润96 000 000元,按10%的比例提取法定盈余公积金,股东大会决议按20%提取任意盈余公积金。

**【解析】** 天方公司结转本年税后利润时:

借:本年利润　　　　　　　　　　　　　　　　96 000 000
　　贷:利润分配——未分配利润　　　　　　　　　　　96 000 000

提取盈余公积时:

借:利润分配——提取法定盈余公积　　　　　　9 600 000
　　　　　　——提取任意盈余公积　　　　　　19 200 000
　　贷:盈余公积——法定盈余公积　　　　　　　　　　9 600 000
　　　　　　　　——任意盈余公积　　　　　　　　　19 200 000

结转利润分配各明细账时:

借:利润分配——未分配利润　　　　　　　　　28 800 000
　　贷:利润分配——提取法定盈余公积　　　　　　　　9 600 000

　　　　　　　　——提取任意盈余公积　　　　　　　　　　19 200 000

### 2. 盈余公积的使用

(1) 弥补亏损

企业发生亏损时,应由企业自行弥补。弥补亏损的主要途径有以下三种:一是用以后年度税前利润弥补。按照现行制度规定,若企业发生亏损,可以用以后年度实现的税前利润进行弥补,但弥补期不得超过5年。二是用以后年度税后净利润弥补。企业发生的亏损经5年期间仍未弥补足额的,未弥补的亏损用税后利润弥补。三是用盈余公积弥补亏损。由企业董事会提议、并经股东大会批准后,企业可以提取盈余公积的方式弥补亏损,此时,企业应借记"盈余公积"科目,贷记"利润分配——盈余公积补亏"科目。

【实务题3-8】 天方食品股份公司(简称"天方公司")以前年度累计未弥补亏损为200 000元,按照规定,已超过以税前利润弥补亏损的期限。20×2年经公司董事会决议,并经股东大会批准,以盈余公积弥补以前年度的未弥补亏损。

【解析】 天方公司进行账务处理时,应编制会计分录如下:

借:盈余公积　　　　　　　　　　　　　　　　　200 000
　　贷:利润分配——盈余公积补亏　　　　　　　　　200 000
借:利润分配——盈余公积补亏　　　　　　　　　200 000
　　贷:利润分配——未分配利润　　　　　　　　　　200 000

(2) 转增资本

企业将盈余公积转增资本时,必须经股东大会或类似机构决议批准。在转增资本时,企业首先需办理增资手续,并按股东原有持股比例结转,将转增的金额记入"实收资本"(或"股本")账户下各所有者的明细账,相应增加各所有者对企业的资本投资。按照《公司法》的规定,盈余公积转增资本时,转增后留存的盈余公积数额不得少于注册资本的25%。

## (二)未分配利润概述及其会计处理

资产负债表上的"未分配利润"项目所列报的是公司自成立以来所累积的、可供以后年度分配的税后利润。如前所述,企业的税后利润在提取了盈余公积之后,还要向投资者分配股利,最后剩下的才是未分配利润。

### 1. 向投资者分配股利

股利是股份公司在一定时期内以各种方式分派给股东的累积留存收益的一部分。我国目前股利发放的形式主要有现金股利和股票股利。股利发放的形式不同,会计处理方法也有所不同。

(1) 现金股利

现金股利是最常见的一种股利发放形式,也是投资者比较愿意接受的投资所得形式。如果董事会通过的利润分配方案中拟分配的是现金股利,企业则应如数拨出一笔现款存入受托的证券公司或银行,专供发放股利之用,这种业务不作账务处理,但是应在附注中披露。

(2) 股票股利

股票股利是指公司以增发股票的方式发放的股利,也就是人们通常所说的"送股"。公司宣告和发放股票股利时,既不影响公司的资产和负债,也不影响股东权益的总额,而只是股东权益内部各项目之间发生的增减变动,即减少了留存收益项目,增加了投入资本项目。

发放股票股利的优点在于,当公司没有足够现金发放股利时,发放股票股利可维持其信誉。有时,即便有充足的现金,而公司决定扩大生产经营规模,也可采用发放股票股利的方式。因此,股票股利既能使公司保持充裕的现金,又可避免不发放股利引起的被动局面。股票股利这种两全其美的股利形式,比较受股份公司欢迎。

【实务题3-9】 20×0年12月31日,天方食品有限公司(简称"天方公司")年初未分配利润为零,本年实现净利润2 400 000元,本年提取法定盈余公积240 000元、任意盈余公积120 000元,宣告发放现金股利700 000元,假定不考虑其他因素。

【解析】 天方公司进行账务处理时,应编制会计分录如下:

结转本年实现的净利润时:

| | |
|---|---|
| 借:本年利润 | 2 400 000 |
|     贷:利润分配——未分配利润 | 2 400 000 |

提取盈余公积、宣告发放现金股利时:

| | |
|---|---|
| 借:利润分配——提取法定盈余公积 | 240 000 |
|     ——提取任意盈余公积 | 120 000 |
|     ——应付现金股利 | 700 000 |
|     贷:盈余公积——法定盈余公积 | 240 000 |
|         ——任意盈余公积 | 120 000 |
|         应付股利 | 700 000 |

将"利润分配"账户所属其他明细账户的余额结转至"未分配利润"明细账户:

| | |
|---|---|
| 借:利润分配——未分配利润 | 1 060 000 |
|     贷:利润分配——提取法定盈余公积 | 240 000 |
|         ——提取任意盈余公积 | 120 000 |
|         ——应付现金股利 | 700 000 |

结转后,如果"未分配利润"明细账户的余额在贷方,表示累积未分配的利润;如果"未分配利润"明细账户的余额在借方,表示累积未弥补的亏损。本例中,"利润分配——未分配利润"明细账户的余额在贷方,为 1 340 000 元(2 400 000－240 000－120 000－700 000),即为天方公司本年年末的累计未分配利润。

## 第三节　本章课程思政案例及延伸阅读

2020 年以来,随着资本市场改革的深化和新证券法的实施,资本市场各项改革开放政策继续加快落地。注册制改革试点推广、创业板改革深化、新三板精选层落地、上市公司质量提升等一系列重大改革举措有序推进,资本市场也从增量改革深化到存量改革,整个市场正在发生深刻的结构性变化。本章课程思政案例侧重于介绍我国改革开放以来资本市场快速发展的历程、多层次资本市场体系的构建、相关主要改革措施,分析双层股权结构上市的潜在风险及其规制。

### 一、本章课程思政案例

#### (一)案例主题与思政意义

【案例主题】

通过案例分析,了解我国多层次资本市场的发展历程、各层次资本市场构成以及相关改革措施。

【思政意义】

通过案例材料以及我国改革开放以来资本市场快速发展的历程介绍,使学生了解中国经济发展取得的重大成就,坚定"四个自信"。

#### (二)案例描述与分析

【案例描述】

推动科创板、创业板和新三板改革,完善多层次资本市场体系[①]

经过多年建设,我国已经初步构建了包括主板(含中小板)、创业板、科创板、新三板、区域性股权市场以及债券、期货等市场在内的多层次资本市场体系(如表 3－1

---

[①] 翁舟杰.货币金融学课程思政案例集[M].成都:西南财经大学出版社,2021:40－51.注:本书对部分内容进行了删减和调整。

所示）。

表 3—1　　　　　　　　　　我国多层次资本市场体系及主要构成

| 资本市场层次 | 主要构成 |
| --- | --- |
| 主板 | 大型蓝筹企业 |
| 中小板＋创业板 | 中小型蓝筹企业＋科技型成长企业 |
| 科创板 | 科技创新型企业 |
| 新三板 | 创新、创业、成长型中小微企业 |
| 区域性股权交易市场 | 各类中小微企业 |
| 产权交易所 | 各类企业进行包括股权在内的产权转让 |

科创板自开市以来，试点注册制平稳落地，关键制度创新经受住了市场检验，市场运行总体平稳，科创板作为资本市场改革"试验田"的建设性和引领性作用得到较好发挥，支持科技创新的品牌效应初步显现。截至 2020 年 7 月 22 日，科创板累计上市公司 140 家，总市值 2.8 万亿元，合计融资 2 110 亿元，平均每家融资 15.1 亿元。2019 年以来，为进一步加强多层次资本市场制度建设，提升资本市场服务实体经济的能力，监管部门推动了创业板和新三板改革。

1. 创业板主要改革措施

推进创业板改革并试点注册制，坚持以信息披露为核心，压实发行人中介机构责任，加大对违法违规行为的处罚力度。

一是构建市场化的发行承销制度。制订多元包容的上市条件，对新股发行定价不设限制，建立以机构投资者为参与主体的询价、定价、配售等机制。

二是完善交易制度。新股上市前 5 个交易日不设涨跌幅，此后日涨跌幅限制为 20%，存量股票日涨跌幅限制由 10% 放宽至 20%。优化盘中临时停牌制度，引入盘后固定价格交易制度。优化转融通机制，推出市场化约定申报。

三是同步推进创业板再融资与并购重组的注册制改革。创业板上市公司并购重组由深交所审核，涉及发行股票或可转换公司债券的，实行注册制。完善创业板小额快速发行方式。

四是强化退市约束。一方面简化退市程序，不再设置暂停上市和恢复上市环节，缩短退市年限；另一方面优化退市标准，取消单一连续亏损退市指标，引入组合类财务退市指标，新增市值持续低于规定标准的退市指标。

五是构建符合创业板特色的持续监管规则体系。强化行业定位和风险因素的披露，突出控股股东、实际控制人的信息披露责任，适当延长未盈利企业重要股东的持股锁定期,提高股权激励制度灵活性。

2. 新三板主要改革措施

坚持服务中小企业发展的初心,通过完善分层,在各层次建立健全适合中小企业特点的发行、交易等市场基础制度,为挂牌企业提供差异化精准服务。

一是新设精选层。在完善提升基础层、创新层的基础上新设精选层,承接完成公开发行的优质企业。结合市场分层,设定差异化的信息披露和公司治理监管要求,将监管资源集中到精选层和风险外溢性高的其他挂牌公司。

二是优化发行制度。一方面引入公开发行机制,允许公开路演、询价,提高投融资效率;另一方面完善定向发行制度,取消单次融资新增股东不得超过35人的限制,允许内部小额融资实施自办发行。

三是建立转板上市机制。经过公开发行并在精选层连续挂牌满一年、符合交易所转入板块上市条件的,可以直接向交易所申请转板上市。

四是丰富交易制度。增加基础层、创新层集合竞价的撮合频次,在精选层实行连续竞价交易机制,以适当提高市场的流动性水平。

五是优化投资者结构。结合市场分层实行差异化的投资者适当性标准,适当降低投资者准入门槛。鼓励公募基金依规投资精选层挂牌公司,持续推动保险资金、企业年金等机构投资者资金入市。

【案例分析】

改革开放以来,围绕着使市场在资源配置中起决定性作用和更好发挥政府作用,中国经济领域的改革整体推进、重点突破,金融作为经济的血脉,在其中发展迅速,取得了一系列成就。

以我国资本市场发展中的主要事件为例,1990年上海证券交易所和深圳证券交易所分别成立,2004年首批中小板企业在深圳证券交易所上市,2008年地方股权交易中心开始试水,2009年创业板首批28家企业在深圳证券交易所上市,2013年新三板正式转变为全国统一场外交易市场,2019年科创板推出,注册制改革逐步推进。至此,仅仅用了二十几年的时间,我国多层次资本市场体系已经初具雏形。

上面的例子只是我国金融领域在改革开放四十多年中所取得的辉煌成就的一个缩影。人民币自2016年被国际货币基金组织正式纳入特别提款权货币篮子,与美元、欧元、英镑和日元一起,跻身全球最重要储备货币之列,成为第三大权重货币。中国A股2018年被纳入明晟指数,2019年又被纳入标普道琼斯指数和富时罗素指数,至此中国A股已被全球最著名的三大国际指数集中纳入。2019年中国人民币计价国债及政策性银行债券被纳入彭博巴克莱全球综合指数,以人民币计价的中国债券将成为继美元、欧元、日元之后的第四大计价货币债券。

上述成就也让我们更加坚定中国特色社会主义道路自信、理论自信、制度自信、文化自信。正是在中国共产党的正确领导下,我国坚持对外开放和国内改革,中国金融业才能够在短期内取得长足发展与进步。

### (三) 案例讨论与升华

**【案例讨论】**

通过查阅相关文献,结合自己的理解,思考我国建设多层次资本市场的必要性有哪些方面?

**【案例升华】**

层次丰富、作用分明的资本市场体系,疏通和拓展了企业的融资渠道,为我国经济发展、创新驱动注入强大动力。多层次资本市场体系建设受到党中央、国务院高度重视。我国多层次资本市场的建设过程与我国经济发展史和改革开放史是紧密结合的,党中央的正确领导和一系列决策部署明确了我国资本市场改革发展的方向。

当前,我国经济进入新的发展阶段。"加快构建以国内大循环为主体、国内国际双循环相互促进的新发展格局"将是贯穿我国"十四五"时期的一条主线,正深刻影响着我国经济社会发展全局。加快形成新发展格局,需要更好发挥多层次资本市场的枢纽功能,为此要继续完善资本市场基础制度,推进关键领域改革,激发多层次市场的建设活力。随着各项改革深化和基础制度完善,多层次资本市场体系愈加健全,市场结构不断优化,资本市场服务实体经济、助力构建新格局的独特作用将有效发挥。

## 二、本章延伸阅读

### 延伸阅读 1 双层股权结构上市的潜在风险及其规制[①]

双层股权结构,也称差异化表决权安排、双重股权结构或二元股权结构,是一种突破公司法传统同股同权、一股一票表决权配置模式的新型公司治理模式。该股权结构将股份表决权与收益权非比例性配置,区分高表决权股份与低表决权股份,以实现同股不同权的表决权差异化安排。21 世纪以来,双层股权结构在全球范围内日益盛行。2019 年 3 月,经证监会批准,上海证券交易所发布了《科创板股票上市规则》,标志着双层股权结构登上了中国资本市场的舞台。

但在实践中,双层股权结构容易使公司长期处于控制权固化的状态,不利于公众

---

[①] 朱翔宇. 双层股权结构上市的潜在风险及其规制[J]. 南方金融,2022(3):77-90. 注:本书对部分内容进行了删减。

股东的利益保护,且其自身的制度优势会随着时间推移而消失,甚至带来负面影响。在尊重市场博弈及契约自治的前提下,对双层股权结构带来的潜在风险进行合理规制显得十分重要。本案例分析我国双层股权结构上市的现状、潜在风险及法律规制。

## (一)双层股权结构上市的现状

双层股权结构上市是指使用双层股权结构的公司完成首次公开募股(IPO)的现象。与单一股权结构上市相比,双层股权结构上市之所以能够迅速发展,得益于两大优势:一是在上市公司股权稀释过程中创始人保持控制权的优势。一般来讲,公司上市过程中,为向公众投资者大量募集资金,创始人团队的股权会被大量稀释,相应地其控制权也被削弱。双层股权结构具有投票权与收益权分离的特点,能够在上市公司IPO导致创始人团队股权被稀释时保持创始人团队的控制权,实现公司融资与控制权保持的双重目标。二是抵御敌意收购的优势。敌意收购可能会掠夺甚至牺牲中小股东的利益,使一家完好的公司分崩离析。双层股权结构中可供收购的股份并不附着高表决权,即使公司股份被大规模恶意收购,控制权依然会留存在高投票权股东手中,且高投票权股份的转让具有特殊性,受到上市规则及公司章程严格限制,从而能够抵御敌意收购。

基于上述优势,双层股权结构得以在制度规范层面形成了各国家和地区准许双层股权结构上市的"逐底竞争"趋势,在实践层面被上市公司广泛应用。

1. 制度规范层面:准许双层股权结构上市的"逐底竞争"

"逐底竞争"是指证券交易所为了获得更多的上市资源,在一定程度上放任经营者的机会主义行为,主动迎合上市公司的要求,甚至争相降低上市标准的现象。双层股权结构是一种非传统的公司治理方式,允许这种股权结构公司上市在一定程度上迎合了上市公司需求的放松监管行为(见表3—2)。

表3—2　　　　主要资本市场对双层股权结构上市的制度许可情况

| 资本市场 | 时间 | 制度规范许可情况 |
| --- | --- | --- |
| 加拿大 | 1869年、2009年 | ①加拿大联邦政府曾依据1869年《加拿大股份公司法案》第11、12条多次批准应用双层股权结构的公司注册文件;②加拿大2009年《商业公司法》规定,公司一般应当适用单一股权结构,但公司章程另有规定的除外;③多伦多证券交易所允许双层股权结构公司上市 |
| 美国 | 1988年 | ①1998年,美国证券交易委员会(SEC)发布了19-c规则,要求证券交易所取消对双层股权结构上市的禁止性条款;②美国《示范商业公司法》规定了公司通过章程发行类别股份的相关事项;③特拉华州《公司法》第151条允许每个公司发行一种类别以上的股份 |

续表

| 资本市场 | 时间 | 制度规范许可情况 |
|---|---|---|
| 英国 | 2014年 | 2014年5月,英国伦敦证券交易所修改上市规则,允许双层股权结构公司上市 |
| 法国 | 2014年 | 法国《商法典》第L228-11条规定,公司发行的优先股可以不附着表决权,也可以附着表决权 |
| 日本 | 2014年 | ①日本《公司法》第108条规定,公司可以发行单元股,即一定数量的普通股作为一份单元股,行使一份表决权;②2014年3月,日本东京证券交易所批准了第一家双层股权结构公司上市 |
| 新加坡 | 2014年、2018年 | ①2014年,新加坡通过了修改《公司法》的议案,允许公众公司发行包括超级表决权和无表决权在内的不同类别股份;②2018年6月,新加坡证券交易所修改上市规则,允许双层股权结构公司上市 |
| 中国香港地区 | 2018年 | 2018年4月,香港交易所修改上市规则,允许双层股权结构公司上市 |
| 中国内地 | 2019年 | 2019年3月,上海证券交易所发布《科创板股票上市规则》,允许双层股权结构公司上市 |

**2. 上市公司实践层面的广泛应用:以美股和中概股为例**

除制度规范层面的大规模许可外,双层股权结构兴起的另一个标志是其在公司上市实践中的大量应用。1980—1990年,美国上市公司中使用双层股权结构的公司仅有99家,占上市公司总数的4.59%。而2010—2020年,美国上市公司中使用双层股权结构的公司共有232家,占上市公司总数的17.3%;其中,双层股权结构对新型科技公司具有强大的吸引力,使用双层股权结构的上市科技公司占上市科技公司总数的23.5%。

2019年以前,我国不允许双层股权结构公司在国内上市,但众多新经济公司对使用双层股权结构上市的热情高涨,掀起了国内双层股权结构公司赴美上市的热潮。据相关数据统计,2000—2017年我国共有50家双层股权结构公司赴美上市,市值超过8 000亿美元。我国使用双层股权结构的上市公司占比增幅甚至呈现出超越美国公司的势头。以2011年为界,2000—2011年,赴美上市的中概股公司使用双层股权结构的比例仅有14.5%;2011—2017年,这一数值已增至46.1%。

**(二)双层股权结构上市的潜在风险**

**1. 投资者层面的潜在风险**

对于投资者而言,双层股权结构为选择有能力的创始人团队后,期待"搭便车"的公众股东提供了便利。但是,这也对高投票权股东的违信行为产生不当激励,加剧了其与公众股东之间的代理成本问题,弱化了公司内部监督机制,不利于投资者利益保护。

(1)加剧"公众股东—高投票权股东"之间的代理成本问题

公司内部始终存在着三大冲突,即经营者与股东的冲突、控制股东与其他股东的冲突、股东与包含债权人和职工在内的其他利益相关者的冲突。不同于传统公司因经营权和所有权分离而产生的"股东—管理层"委托代理关系构造,双层股权结构公司中的委托代理关系构造为"公众股东—高投票权股东",因此其代理成本问题主要存在于公众股东与高投票权股东之间,这会对高投票权股东的违信行为产生不当激励。高投票权股东能够以较低的持股率拥有对公司绝对的控制权,从而以很低的成本进行机会主义行为:一是激进经营行为。高投票权股东可能会进行高收益、高风险的商业活动。若决策成功,其会得到公众股东的拥护,从而持续享受高投票权带来的控制权溢价;若决策失败,由于其占有的股份较少,其依然仅在出资范围内承担责任,受到有限责任制度的保护。二是消沉经营行为。为了持续享受高控制权带来的价值,高投票权股东可能会采取过于保守的商业策略,以防决策失误而被弹劾。这无法体现其独特的企业家才华,双层股权结构也就失去了存在价值。

双层股权结构公司上市后,高投票权股东倾向于在留存控制权的情况下出售一部分股份,进行"不要把鸡蛋放在一个篮子里"的分散投资行为。此时他们手中的控制权与收益权的分离程度将进一步扩大,代理成本问题继续加重,甚至影响企业价值。

(2)弱化公司内部监督机制

双层股权结构可能会架空董事会并导致公司内部监督检查机制失效。双层股权结构公司中,高投票权股东的表决权优势天然赋予了其对董事会、监事会的控制能力。高投票权股东占据压倒性的公司统治地位,能够合法地通过投票选举的方式推选产生董事会和监事会成员,董事会和监事会因此而附庸于高投票权股东,从而造成公司内部监督检查机制失效的窘境,不利于投资者保护。

2. 上市公司层面的潜在风险

对上市公司而言,双层股权结构具有制度红利期。随着时间推移,公司的市场价值及创新能力存在下滑风险,而反敌意收购成本则会增加。

第一,双层股权结构公司的市场表现会随时间推移而下滑。2018年2月15日,美国证券交易委员会委员之一在公开演讲中提出一个问题:永续的双层股权结构是否合理?他和同事们仔细研究了过去15年中的157家双层股权结构上市公司,发现双层股权结构对上市公司的价值在不断下降。如果双层股权结构公司不设置"日落条款",则其普遍在IPO的7年之后出现明显的市值下滑现象,市场表现逊色于单一股权结构公司。也有其他学者发现,公司上市6~8年后,双层股权结构公司的市场表现将会弱于单一股权结构公司。

第二,高投票权股东给公司带来的潜在价值会随时间推移而减少。虽然企业家的特质愿景能够为公司带来潜在的价值,但是不应当只看到 IPO 时的高投票权股东优势。公司创始人在日新月异的科技发展与商业环境变化中不可避免地面临着自然发展规律所带来的局限。他们控制公司的时间越长,不适合成为领导者的风险也就越大,甚至会给公司带来额外负担。美国某企业家曾控股采用双层股权结构的某 V 公司。2016 年,他因患严重疾病,长期不在公司露面,但仍不愿放弃控制权,导致公司市值受到影响。最终公司的首席执行官和其他董事提起诉讼争夺公司控制权,以稳定投资者情绪。

第三,双层股权结构公司的创新能力存在随着时间推移而下降的风险。双层股权结构多应用于科技创新类公司。这些公司的专利产出、专利质量、创造力、研发效率往往和高投票权股东的经营策略及风险承担能力呈正相关关系。当这类公司 IPO 成功后,高投票权股东往往会调整经营策略,更希望保持公司经营状况而非继续施行较为激进的经营计划,这将会导致公司创新研发投入的边际收益不断减少。因此,相比单一股权结构,在上市前及上市初期,双层股权结构对企业创新能力提升能够起到显著的推动作用,但随着上市企业的成熟,双层股权结构对创新的推动作用将逐渐减弱甚至消散。

第四,随着时间推移,双层股权结构公司可能需要更高的成本部署反敌意收购措施。如前所述,高投票权股东为规避资产风险,往往会在双层股权结构公司上市后减少持股比例,这会导致其投票权减少,进而削弱双层股权结构的反敌意收购能力。企业趋于成熟后,其与供应商、客户、战略合作伙伴的关系粘合所带来的好处会减少,相关市场中的其他竞争企业可能会趁虚而入。在这两个趋势的共同作用下,双层股权结构公司需要更高的成本部署反敌意收购措施。

3. *股东层面的风险*

股东大会上的投票权是一种经济利益的表达,公司中占有更多股份的股东对公司事务应该具有更大的发言权。这是《公司法》把一股一权作为基本原则的原因,而双层股权结构打破了股权平等原则,削弱甚至剥夺了公众股东的发言权,从而导致了双重风险:公众股东失去在公司中表达利益诉求的机会,以及其现金利益被侵蚀殆尽。

投资双层股权结构公司的投资者之所以愿意削减或放弃自身在公司中的利益表达,是基于对高投票权股东的信任,故有学者认为双层股权结构属于"股"与"信托"的混合产物。但市场中"完全理性人"并不存在,投资者自身的能力和能够为缔约而投入的时间、金钱都是有限的,故双层股权结构的信托属性从另一个角度来看也可能是公众股东对公司创始人的盲目崇拜。因为这些公众股东可能并不知悉他们所投资的公司在进行着什么样的业务，面临着什么样的风险，他们所作出的投资仅是基于其对创始人的人格崇拜或特质愿景的欣赏。

此外，双层股权结构公司的投资者普遍存在较为严重的股东冷漠现象，他们自愿选择了"用脚投票"，放弃了对不符合其相关利益的决策的质疑能力与意愿。在利益被侵害时，他们更倾向于"退出"（即简单地卖出股票），而不是"发言"（即参与决策和主张权利）。因为"发言"需要成本，并涉及面对面的争议对抗，以股东能够对公司施加影响并具有一定的议价能力为条件。双层股权结构的众多中小投资者并不具备这些能力与条件，因而他们会选择"理性的冷漠"，这在一定程度上减少了因股东之间不可调和的矛盾导致公司失败的可能，提高了经济效率，但同时也产生了对高投票权股东自利行为的不当激励。

有限理性与股东冷漠在双层股权结构公司中的特殊表象导致前述双重风险难以通过市场化的手段予以解决，投资者无法对高投票权股东的自利行为进行有效反制。因此众多允许双层股权结构上市的国家和地区均选择以"家长主义"的理念对投资者进行倾斜保护，对双层股权结构上市进行比单一股权结构上市更加严格的法律规制。

### （三）我国对双层股权结构上市的法律规制

即使双层股权结构存在一定风险，但为了提升国内证券交易所的全球竞争力，促进经济发展模式转型，我国还是选择准许双层股权结构公司在国内上市。目前我国科创板、创业板及新三板允许双层股权结构公司上市，且针对双层股权结构上市相对于单一股权结构上市的风险进行了专门规制。《上海证券交易所科创板股票上市规则》《深圳证券交易所创业板股票上市规则》《全国中小企业股份转让系统挂牌公司治理指引第3号——表决权差异安排》，以及新《证券法》引入的中国版证券集体诉讼制度，共同形成了双层股权结构公司设立阶段、运行阶段和事后救济阶段三个层面的规制体系，以期实现趋利避害的监管目标。

1. 我国对双层股权结构上市的规制体系

（1）设立阶段的规制

我国对双层股权结构公司设立阶段的规制主要体现在公司类型限制、市值限制、IPO状态限制及股东身份限制方面。首先，我国仅允许创新创业公司采取双层股权结构上市，双层股权结构公司仅可在科创板、创业板及新三板上市。其次，科创板及新三板均对双层股权结构上市公司提出了特殊的市值要求。科创板对使用双层股权结构上市的公司市值要求：预计市值不低于100亿元人民币，或预计市值不低于50亿元人民币且最近一年营业收入不低于5亿元人民币；新三板对双层股权结构公司上市的市值要求相对较低。再次,若公司采用双层股权结构,其应当经出席股东大会的股东所持 2/3 以上表决权通过。科创板与创业板还特别规定,仅允许 IPO 公司采取双层股权结构上市,若该公司在 IPO 之前不具有双层股权结构,则不得在上市后以任何形式应用该股权结构。最后,高投票权持有者应当是公司董事或实际控制董事的股东,持有股份合计应当达到公司全部已发行有表决权股份的 10% 以上,且能够为公司发展或业务扩张等做出重大贡献。

(2)运行阶段的规制

在运行阶段,我国对双层股权结构的上市规制主要体现在高投票权比例规制与"日落条款"规制上。在高投票权比例规制方面,上海、深圳证券交易所均将高投票权与普通投票权的最高投票比例限制在 10∶1;且规定在公司对修改章程、改变高投票权享有的表决权数量、解聘或聘请独立董事或监事、公司合并或解散等重要事项进行表决时,高表决权股票享有的投票权数量将与普通投票权相等。"日落条款"是终结双层股权结构以缓解代理成本问题的重要手段,事件型"日落条款"常被作为双层股权结构的强制规制手段应用。我国科创板及创业板规定了几种事件型"日落条款":高投票权股东不再担任公司董事或该等人员实际控制的主体,或高投票权股东持有的资本权益低于 10% 时;高投票权股东失去履职能力、离任或死亡时;高投票权股东失去对相关持股主体的实际控制时;高投票权股东转让高投票权股份或委托他人代为行权时;公司控制权发生变更时,双层股权结构自动转化为单一股权结构。新三板则额外规定,表决权差异安排的实施期限届满或者失效事由发生时,双层股权结构转化为单一股权结构。这一条款虽不能被称为对时间型"日落条款"的"法定化"规定,但却能够为双层股权结构公司提供赋权性指引,促使其自主选择适用的"日落条款"以解决代理成本问题。

(3)事后救济阶段的规制

长期以来,我国证券市场的事后治理路径具有"重行轻民"和"重监管轻诉讼"的特点,被学界诟病已久。《公司法》所规定的股东派生诉讼制度有着提起诉讼的股东承担诉讼费用但胜诉利益却由全体股东分享的弊端。因此在实践中,派生诉讼机制很少被使用,导致了证券市场事后治理轻民事诉讼的困境。2020 年 3 月 1 日,我国新《证券法》正式实施,其中第 95 条第 3 款借鉴美国模式,结合我国实际情况对"中国式证券集体诉讼"做出了新的规定:投资者保护机构受五十名以上投资者委托,可以作为诉讼代表人,按照"明示退出""默示加入"的诉讼原则,依法为受害投资者提起民事损害赔偿诉讼。这一举措对完善双层股权结构公司公众股东的权利救济与纠纷解决意义重大。

**2. 我国科创板双层股权结构上市规制体系的不足**

(1)内部监督机制失效之风险的规制困境

如前所述,两权分离的缺失导致双层股权结构公司面临严重的内部监督机制失效风险。解决内部监督问题的有效路径是监事制度和独立董事制度,因为监事、独立董事与高投票权股东之间不存在重大利害关系,能够保持独立性,客观地对公司管理层进行有效监管以维护公众股东合法权益。但我国仅新三板要求双层股权结构公司聘任或解聘监事时回归"一股一票"表决权结构,科创板及创业板并无此规定,导致监事的独立性不足,监督职能受到阻碍。

此外,虽然我国科创板、创业板及新三板均要求双层股权结构公司聘任或解聘独立董事时回归"一股一票"表决权结构,但由于我国独立董事制度存在逻辑障碍,独立董事处于弱势地位,面临严重的责任焦虑问题,导致其监督、限制作用难以发挥,且独立董事受到信息不对称的影响,其所掌握的公司信息滞后于其他董事会成员,难以及时履行监督职责。因此即使作出了保障双层股权结构独立董事独立性的规定,该条款实际效用也十分微弱。

(2)信息披露机制不完善

公众股东在双层股权结构公司中普遍处于比在单一股权结构公司更严重的信息不对称的弱势地位,需要针对性保护。虽然我国科创板、创业板及新三板均对双层股权结构上市公司的信息披露作出了特别规定,要求充分、详细披露公司上市相关情况,尤其是风险状况、公司治理情况以及投资者保护条款落实情况等信息,但该规制条款过于偏向原则性规定,相较于其他国家和地区的规制条款,存在可执行空间较小的问题。

(3)双层股权结构退出机制效用微弱

我国双层股权结构退出机制主要依靠"日落条款"实现,但我国对双层股权结构的"日落条款"规制反限于事件型"日落条款",以特定客观事件的发生为触发条件,如高投票权股东的死亡、离职及控制权转移等,而这些事件往往较难达成或较容易通过主观行为避免,无法有效控制双层股权结构公司市场表现随时间推移而下滑的风险和其他天然弊端。为克服上述弊端,我国需完善双层股权结构退出机制,比如引入时间型"日落条款"。

(4)事后救济机制的缺陷分析

虽然中国版证券集体诉讼制度的落地丰富了双层股权结构的事后规制途径,但由于我国缺少控制股东信义义务的审查标准,高投票权股东因违信行为而被提起诉讼时,司法作用可能难以有效发挥。实践层面,我国并未对高投票权股东的滥权行为作出特别规定。双层股权结构中,一旦高投票权股东滥用其控制地位,包括董事会在内的管理层将面临被架空的窘境,而现行《公司法》对董事信义义务的规定又不足以震慑高投票权股东,这极易导致公众股东利益受损。程序层面,中国版证券集体诉讼制度规定,可由投资者保护机构受委托作为代表人参加诉讼。这在实践中给了投资者保护机构选择诉讼的权利,其会倾向于选择已受行政处罚或刑事判决的案件及社会影响大的案件进行诉讼,因此该机制在很大程度上仅能起到示范作用,很难广泛应用。

延伸阅读 2　附有对赌协议的股权投资业务会计处理思考[①]

鉴于对赌具有降低投资方交易风险的功能,在私募股权投资实务中,投资方在其投资协议中经常约定对赌条款。但是,我国私募股权投资实务中的对赌协议种类繁多,形式多样。因此,对赌双方在对赌协议签订与执行的过程中应该如何进行适当的会计处理,其分歧不小。根据我国私募股权投资实践,结合企业会计准则的规定,对赌协议签订与执行过程中面临的会计问题,可以分为两个层面,即对赌协议签订时的会计问题与对赌协议执行的会计问题。

### (一)附有对赌协议的股权投资业务相关会计处理方式

1. 对赌协议签订时的会计处理

根据估值调整的权利享有方不同,对赌协议可分为单向对赌协议和双向对赌协议。实践中,对赌协议的签订双方是否在协议签订之后进行必要的会计处理?根据企业会计准则规定,双方是否应该进行必要的会计处理呢?过去的实践中,在对赌协议签订之后,有些协议双方并不会就对赌协议进行会计处理,这或许是由于过去会计准则规定得不够明确,也可能是协议双方的某种主观动机使然。但是,根据企业会计准则的规定,企业是需要进行一定的会计处理的。

根据企业会计准则第 13 号(CAS 13)"或有事项"规定,结合对赌协议的内容,我们可以得出以下推论:一是对赌协议的核心内容是协议双方互相或一方对另一方的业绩承诺,应该属于或有事项;二是协议双方中的任何一方,都不应当确认或有资产和或有负债;三是与对赌协议中的业绩承诺这一或有事项相关的义务同时满足准则规定的上述三个条件时,承担义务的协议方(以下称为"融资方")应当将该义务确认为预计负债。根据以上分析,本书认为:对赌协议签订时,协议双方面临的都仅仅是或有事项,因此,无须进行会计确认。对赌协议签订之后,融资方应该根据实际业绩与承诺业绩之间的差距情况,判断与或有事项相关的义务是否同时满足准则规定的上述三个条件;如果同时满足这些条件,就应该确认预计负债。这种情况是可能发生的。尤其是在对赌协议即将到期但尚未执行的情况下,如果承诺的业绩因无法实现而执行协议时的赔偿,赔偿金额也能可靠计量,那么,融资方就应该确认预计负债。

---

[①] 杨燕萍. 附有对赌协议的股权投资业务会计处理思考[J]. 财会通讯,2021(11):103-105,110.

若考虑对赌协议所含的期权并结合主要合同条款,我们可以认为包含对赌协议的私募股权投资在会计处理上是嵌入主合同的一种衍生金融工具,对赌协议与主协议共同构成了混合工具。通常情况下,私募股权投资机构通过对赌协议条款会导致投资金额中涉及负债的部分;根据我国企业会计准则第20号(CAS 20)"企业合并"和企业会计准则第22号(CAS 22)"金融工具的确认与计量"的相关规定,针对对赌协议与主协议构成的混合工具需要整体确认为一项以公允价值计量且其变动计入当期损益的金融负债进行会计处理。此外,CAS 22针对嵌入合同的公允价值如何进行计量给出了明确规定,会计处理上嵌入合同的公允价值根据混合合同公允价值减去主合同公允价值进行确认。如果嵌入合同在取得日和各资产负债表日确认无法单独进行确认和计量的,会计处理上要求将混合合同整体确认为一项以公允价值计量且其变动计入当期损益的金融负债。CAS22的这一规定,与国际财务报告准则第3号(IFRS 3)提出的"或有对价"这一概念保持了一致。根据国际财务报告准则第3号"企业合并"的规定,或有对价应当在取得日按照公允价值计量分为一项金融负债或者权益工具。当或有对价归类为金融负债时,会计处理上需要将或有对价在每个资产负债表日按照公允价值计量且其变动计入当期损益;当或有对价归类为权益工具时,或有对价在后续每个资产负债表日不需要进行会计处理。企业应将带有对赌协议的私募股权投资作为衍生金融工具进行会计处理。

在私募股权投资实践中,或有对价安排较多情况下是以净利润作为变量。对于以被投资企业的净利润作为变量的对赌协议是否符合嵌入衍生金融工具进行会计处理和确认,理论界和实务界存在两种不同的观点。部分学者认为,以被投资企业的净利润作为变量的对赌协议不属于衍生金融工具,主要理由是企业会计准则中列举的典型金融变量中不包括净利润,故认为净利润是非金融变量。还有部分学者认为,以被投资企业的净利润作为变量的对赌协议属于金融变量,主要理由是企业会计准则中列举的典型金融变量中虽没有包括净利润,而且会计准则中并未给出金融变量详细的定义和相关认定指南,净利润作为企业财务的基础指标,具有反映企业盈利能力的重要作用,其作为金融变量是合适也是恰当的。作者认为会计处理上应当将对赌协议所涉及的或有对价作为投资成本的一部分,按照投资日的公允价值进行确认和计量。投资方应当在购买日基于对被投资方未来业绩预测情况、利率情况、货币时间价值等影响综合确定其公允价值。此外,除非是在购买日初始分类时被划分为以权益结算的或有对价。根据我国金融工具准则的相关规定,只有当购买方没有义务交付非固定数量的自身权益工具进行结算,或者只有通过交付固定数量的自身权益工具换取固定数额的现金或其他金融资产进行结算时,或有对价才能被分类为权益工具。凡是被划分为以金融资产、金融负债结算的或有对价,其后续公允价值的变化将对后续期间的损益产生影响。综上所述,结合金融工具和企业合并准则对对赌协议进行会计处理应该更符合企业会计准则的精神。

2. 对赌协议执行的会计处理

(1)投资方与目标公司之间的对赌执行

一是现金补偿。投资方因执行对赌协议而从目标公司取得的现金补偿,实践中通常的做法是将其确认为"营业外收入"。这样的会计处理,说明投资方将"私募股权投资"与"对赌执行"理解为两个相互独立的事件。如果将它们理解为同一份合同决定的相互关联事件,那么,投资方取得现金补偿,就可以调减长期股权投资成本。如果将现金补偿确认为营业外收入而非调减长期股权投资成本,那么长期股权投资也应该按获得补偿金额计提减值准备,因为,获得补偿的前提是业绩承诺没有达到,这意味着私募股权投资是基于被高估的企业业绩定价的。

二是股权补偿。投资方与目标公司之间的对赌协议执行时,投资方取得的股权补偿是指当目标公司未实现对赌业绩时,目标公司现有股东同意投资方按照极低(象征性)的价格向目标公司进行增资。实践中通常的做法是将补偿所得股权的公允价值与实际投资支出的差额确认为"营业外收入"。这样的会计处理,说明投资方将"私募股权投资"与"对赌执行"理解为两个相互独立的事件。如果将它们理解为同一份合同决定的相互关联事件,那么,投资方取得股权补偿,就应该按实际投资支出计入长期股权投资。如果将补偿所得股权的公允价值与实际投资支出的差额确认为"营业外收入",而非按实际投资支出计入长期股权投资,那么,长期股权投资也就应该补偿所得股权的公允价值与实际投资支出的差额计提减值准备。

三是目标公司回购投资方股权。目标公司采取减资的方式回购投资方的股权,以完成对赌协议的执行。实践中,投资方的股权被回购完毕后,通常视为投资方转让其所持有的目标公司的股权,其取得的超过投资本金的部分被视为投资收益。

(2)投资方与目标公司股东之间的对赌执行

一是现金补偿。同投资方与目标公司之间的对赌执行中的现金补偿情形。

二是股权补偿。投资方与目标公司股东之间的对赌协议执行时,投资方取得的股权补偿,是指目标公司现有股东需要将目标公司一定比例的股权无偿转让给投资方,实践中通常的做法是根据该笔获赠股权的公允价值确认为营业外收入。如果将对赌协议和投资协议视为一个整体,投资方获赠股权时,就应该改变持股数量记录,但不改变长期股权投资账面价值。如果将获赠股权的公允价值确认为营业外收入,投资方就应该按同样的金额计提长期股权投资减值准备。

三是目标公司回购投资方股权。投资方的股权被目标现有股东回购,实践中视为投资方转让其所持有的目标公司的股权,其取得的超过投资本金的部分确认为投资收益。

# 复习思考题与练习题

## 一、复习思考题

1. 简述企业所有者权益的来源及确认条件。
2. 论述实收资本或股本的性质。
3. 简述留存收益的含义、构成和会计处理。

## 二、练习题

C 股份有限公司 20×2 年 12 月 1 日所有者权益资料如下:

| | |
|---|---:|
| 核定注册资本 | 10 000 000 元 |
| 普通股股本(面值 20 元,发行在外 500 000 股) | 10 000 000 元 |
| 资本公积 | 7 500 000 元 |
| 盈余公积——法定盈余公积 | 5 000 000 元 |
| 盈余公积——任意盈余公积 | 2 000 000 元 |
| 未分配利润 | 400 000 元 |

12 月发生下列业务:

(1)C 公司持有的其他权益工具投资期末增值 500 000 元。
(2)结转全年税后利润 1 600 000 元。
(3)按税后利润 10% 提取法定盈余公积,5% 提取任意盈余公积。
(4)董事会宣告分派现金股利,每股 1 元。
(5)董事会宣告分派股票股利,每 10 股普通股赠送红股 1 股(股票股利采用面值计价)。
(6)以银行存款支付现金股利。

要求:
(1)编制上述业务的会计分录。
(2)列示 20×2 年 12 月 31 日资产负债表中所有者权益各项的数额。

# 第二篇

# 收入、费用与利润

# 第四章　收入、费用与利润

### ▶ 本章概述

合理确认与计量收入、费用与利润,是如实反映企业各期经营成果的重要环节,也是正确进行纳税申报与利润分配的基础。本章重点阐述企业收入、费用与利润的确认与计量,净利润的分配程序及核算方法,同时结合思政案例与延伸阅读进行内容拓展。

### ▶ 思政目标

通过企业捐助案例分析与企业家事迹介绍,增强学生的家国情怀与社会责任感。

### ▶ 育人元素

培养社会主义核心价值观——爱国,树立社会责任感与担当意识。

## 第一节　新收入准则与收入概述

### 一、新收入准则修订概述

2006年2月,财政部发布《企业会计准则第14号——收入》和《企业会计准则第15号——建造合同》,对企业的收入确认、计量和相关信息的披露进行了规范。其中,收入准则规范企业销售商品、提供劳务和让渡资产使用权取得的收入,建造合同准则规范企业建造合同取得的收入;销售商品收入主要以风险和报酬转移为基础确认,提供劳务收入和建造合同收入主要采用完工百分比法确认。然而,随着市场经济的日益发展、交易事项的日趋复杂,实务中收入确认和计量面临越来越多的问题。例如,如何划分收入准则和建造合同准则的边界,如何区分销售商品收入和提供劳务收入,如何判断商品所有权上的主要风险和报酬转移,如何区分按总额还是净额确认收入,如何对包含多重交易安排或可变对价的复杂合同进行会计处理,等等。这从客观上要求我们完善现行收入相关准则,切实满足实践需要。

此外,国际会计准则理事会于 2014 年 5 月发布了《国际财务报告准则第 15 号——与客户之间的合同产生的收入》(以下简称"国际财务报告准则第 15 号"),自 2018 年 1 月 1 日起生效。该准则改革了现有的收入确认模型,突出强调了主体确认收入的方式应当反映其向客户转让商品或服务的模式,确认金额应当反映主体因交付该商品或服务而预期有权获得的金额,并设定了统一的收入确认计量的五步法模型,即识别与客户订立的合同、识别合同中的单项履约义务、确定交易价格、将交易价格分摊至各单项履约义务、履行每一单项履约义务时确认收入。

综上,为切实解决我国现行准则实施中存在的具体问题,进一步规范收入确认、计量和相关信息披露,并保持我国企业会计准则与国际财务报告准则持续趋同,我国财政部借鉴国际财务报告准则第 15 号,并结合我国实际情况,修订形成了新收入准则。

## 二、收入概述

### (一)收入的含义

收入是指企业在日常活动中形成的、会导致所有者权益增加的、与所有者投入资本无关的经济利益的总流入。

收入主要包括企业为完成其经营目标所从事的经常性活动实现的收入,如工业企业生产并销售商品、商业企业销售商品等实现的收入;另外,企业发生的与经常性活动相关的其他活动,如工业企业对外出售不需用的原材料等所形成的经济利益的总流入也构成收入。但企业发生的既不属于经常性活动也不属于与经常性活动相关的其他活动,如工业企业报废固定资产和无形资产等形成的经济利益的总流入不属于收入,应当确认为营业外收入。

### (二)收入的分类

按其形成来源和列报内容划分,收入可以分为营业收入、投资收益、公允价值变动收益、资产处置收益、其他收益等。

**1. 营业收入**

它是指企业在从事销售商品、提供服务等日常经营过程中取得的收入。营业收入包括主营业务收入和其他业务收入。主营业务收入是指企业通过完成其经营目标所从事的主要经营活动实现的收入。例如,工业企业生产并销售产品产生的收入、商业企业销售商品产生的收入、建筑企业提供建造服务的收入、银行贷款产生的利息收入、证券公司提供证券经纪业务产生的手续费及佣金收入、保险公司提供保险服务产生的保险业务收入、租赁公司提供租赁服务产生的租赁收入。其他业务收入是指企业通过主要经营业务以外的其他经营活动实现的收入,如工业企业对外出售不需要的原材料、转让无形资产产生的收入。

2. 投资收益

它是指企业从事各项对外证券投资活动取得的净收益。

3. 公允价值变动收益

它是指企业持有以公允价值计量且其变动计入当期损益的金融资产、投资性房地产等资产的公允价值变动形成的收益。

4. 资产处置收益

它是指企业转让固定资产、无形资产等产生的损益。

5. 其他收益

它是指因政府补助而形成的收益。

## 第二节 收入确认与计量重要条款的理解与会计处理

### 一、收入的确认和计量方法

收入项目较多,本节主要阐述根据 2017 年颁布的《企业会计准则第 14 号——收入》(以下简称"收入准则")规定确认的与客户之间的合同产生的营业收入。根据收入准则,企业确认收入的方式应当反映其向客户转让商品或服务的模式,确认金额应当反映企业因交付该商品或服务而预期有权获得的金额,并设定了统一的收入确认计量的五步法模型。

步骤 1:识别与客户订立的合同。

步骤 2:识别合同中的单项履约义务。

步骤 3:确定交易价格。

步骤 4:将交易价格分摊至各单项履约义务。

步骤 5:履行每一单项履约义务时确认收入。

> **知识链接**

仅在境内上市的企业,在 2020 年 1 月 1 日起执行 2017 年颁布的《企业会计准则第 14 号——收入》前,有关收入的确认、计量和披露主要遵照财政部 2006 年发布的《企业会计准则第 14 号——收入》和《企业会计准则第 15 号——建造合同》(以下分别简称"收入准则(2006)"和"建造合同准则(2006)",统称"原准则")。其中,收入准则(2006)规范企业销售商品、提供劳务和让渡资产使用权取得的收入,建造合同准则(2006)规范企业建造合同取得的收入。

### (一)识别与客户订立的合同

收入确认的第一步是识别与客户订立的合同,其中合同是指双方或多方之间订立有法律约束力的权利义务的协议。合同有书面形式、口头形式以及其他形式。客户是指与企业订立合同以向该企业购买其日常活动产出的商品或服务(以下简称"商品")并支付对价的一方。

**1. 满足收入确认的合同条件**

仅当企业与客户之间的合同同时满足下列条件(以下简称"合同五项条件")时,企业才能按要求确认收入。

(1)合同各方已批准该合同并承诺将履行各自义务。

(2)该合同明确了合同各方与所转让商品或提供劳务(以下简称"转让商品")相关的权利和义务。

(3)该合同有明确的与所转让商品相关的支付条款。

(4)该合同具有商业实质,即履行该合同将改变企业未来现金流量的风险、时间分布或金额。没有商业实质的非货币性资产交换,不确认收入。如两家石油公司之间同意交换石油以便及时满足其位于不同指定地点的客户需求的合同。

(5)企业因向客户转让商品而有权取得的对价很可能收回。企业应通过考虑客户的支付能力和意愿来评估对价是否很可能收回,主要有以下两方面:

①客户支付企业因向其转让商品或服务而有权获得的对价金额的能力(财务能力)。

②客户支付对价金额的意图。对客户意图的评估要求企业考虑所有的事实和情况,包括该客户或客户类别的过往实务。

**【实务题 4-1】** 收入确认中对价可收回性的判断。

甲房地产开发公司与客户订立一项合同,以 1 000 万元出售一栋建筑物。客户计划在该建筑物内开设一家餐馆,并以该餐馆的收益偿还甲公司的欠款。在该建筑物所在的地区,新餐馆面临激烈竞争且该客户缺乏餐饮行业的经营经验。

客户在合同开始时支付了不可返还的保证金50万元,并就剩余95%的价款与甲公司签订了不具追索权的长期融资协议(剩余95%属于客户以建筑物作为抵押向甲公司的借款)。如果客户违约,则企业可重新拥有该建筑物,但不能向客户索取进一步赔偿(不具追索权),即使抵押物不能涵盖所欠款项的总额。甲公司就该建筑物发生的成本为600万元。合同开始时客户获得对该建筑物的控制权。

【解析】 鉴于下列因素,甲公司认为客户的支付能力和意图可能令人生疑。

(1)客户计划主要以其餐馆业务(该业务因行业内竞争激烈和客户的经验有限而面临风险)产生的收益来偿还贷款(贷款余额巨大)。

(2)客户缺乏可用以偿还贷款的其他收益或资产。

(3)由于贷款不附追索权,因此客户对该贷款承担的负债有限。

因此甲公司并非很可能取得因转让建筑物而有权获得的对价。企业应将收到的50万元作为保证金负债。

合同开始日通常是指合同生效日。在合同开始日即满足"合同五项条件"的合同,企业在后续期间无需对其进行重新评估,除非有迹象表明相关事实和情况发生重大变化。如果在合同开始日,合同不满足"合同五项条件",企业应当对其进行持续评估,并在其满足"合同五项条件"时按照规定进行会计处理。

## 2. 合同合并与变更

合同合并是指将两份或多份合同合并为一份合同。当企业与同一客户(或该客户的关联方)同时订立或在相近时间内先后订立的两份或多份合同,在满足下列条件之一时,应当合并为一份合同进行会计处理。

(1)该两份或多份合同基于同一商业目的而订立并构成一揽子交易。

(2)该两份或多份合同中的一份合同的对价金额取决于其他合同的定价或履行情况。

(3)该两份或多份合同中所承诺的商品(或每份合同中所承诺的部分商品)构成单项履约义务。

【实务题4-2】 为建造一个冶炼厂,建造承包商A公司与客户一揽子签订了三份合同,分别建造一个选矿车间、一个冶炼车间和一个工业污水处理系统。根据合同规定,这三个工程将由该建造承包商同时施工,并根据整个项目的施工进度办理价款结算。

【解析】 这三份合同是基于同一商业目的而订立并构成一揽子交易,表明满足条件(1);根据合同规定,这三个工程将由该建造承包商同时施工,并根据整个项目的施工进度办理价款结算,三份合同中的一份的对价金额取决于其他合同的定价和履行情况,表明满足条件(2);三项工程分别建造,表明三份合同中所承诺的商品构成单项履约义务,表明满足条件(3)。因此,建造承包商 A 公司应将该组合同合并为一个合同进行会计处理。

合同变更是指经合同各方批准对原合同范围或价格作出的变更。合同变更既可能形成新的具有法律约束力的权利和义务,也可能变更了合同各方现有的具有法律约束力的权利和义务。当存在合同变更时,企业应当区分合同变更部分作为单独合同、合同变更作为原合同终止及新合同订立、合同变更部分作为原合同的组成部分三种情况,并对其分别进行处理。

### (二)识别合同中的单项履约义务

合同开始日,企业应当对合同进行评估,识别该合同所包含的各单项履约义务。其中,履约义务是指合同中企业向客户转让可明确区分商品的承诺(单项履约义务)。企业承诺向客户转让的商品通常会在合同中明确约定,即合同中通常会约定可明确区分商品。

其中,可明确区分商品是指企业向客户承诺的同时满足下列条件的商品:

(1)客户能够从该商品本身或从该商品与其他易于获得资源一起使用中受益。如果商品或服务可以被使用、消耗或按大于其残值的金额出售,或者以其他产生经济利益的方式持有,则客户能够从该商品或服务中获益。

(2)企业向客户转让该商品的承诺与合同中其他承诺可单独区分,主要有以下几种情况:

①企业无须提供重大的服务以将该商品与合同中承诺的其他商品整合成某组合产出转让给客户。

②该商品不会对合同中承诺的其他商品作重大修改或定制。

③该商品与合同中承诺的其他商品不具有高度关联性。例如,客户能够决定不购买该商品或服务且不会显著影响合同所承诺的其他商品或服务的事实,这可能表明该商品或服务并非高度依赖于其他已承诺的商品或服务或与其高度关联。

已承诺的商品或服务可能包括但不限于:销售企业所生产的商品(如制造商的存货),销售企业所购买的商品(如零售商的货物),销售企业所购买的对商品或服务的权利(如企业作为当事人转销的票券),为客户执行合同所议定的一项或多项任务,代表客户建造、制造或开发一项资产。

【实务题 4-3】 确定商品或服务是否可明确区分。

软件开发商甲企业与客户订立一项合同,约定转让软件许可证、实施安装服务并在两年内提供未明确规定的软件更新和技术支持。甲企业单独出售许可证、安装服务和技术支持。安装服务通常也可以由其他企业执行,并且不会对软件作出重大修订。该软件在没有更新和技术支持的情况下仍可正常运行。

【解析】 甲企业认定软件是在其他商品和服务之前交付,并且在没有更新和技术支持的情况下仍可正常运行。因此,客户能够从单独使用各项商品和服务,或将其与可易于获得的其他商品和服务一起使用中获益。另外,甲企业向客户转让各项商品和服务的承诺可与其他承诺单独区分开来,特别是企业认为安装服务并未对软件本身作出重大修订。因此,软件及安装服务是企业承诺的单独产出,而非用于生产组合产出的投入。

基于上述评估,企业可识别出合同中关于下列商品或服务的四项履约义务:(1)软件许可证;(2)安装服务;(3)软件更新;(4)技术支持。

【实务题4-4】 假定已承诺的商品和服务与实务题4-3相同,但合同明确规定,作为安装服务的一部分,软件将作重大定制以增添重要的新功能,从而使软件能够与客户使用的其他定制软件应用程序相对接。定制安装服务可由其他企业提供。

【解析】 尽管定制安装服务可由其他企业提供,但软件安装服务会使软件作重大定制以增添重要的新功能,即企业使用许可证和定制安装服务作为投入以生产合同所列明的组合产出。因此,转让许可证的承诺不可与定制安装服务单独区分开来,软件许可证和定制安装服务不可明确区分。

软件更新和技术支持可与合同中的其他承诺明确区分开来。这是因为客户可以从单独使用更新和技术支持,或将其与易于获得的其他商品和服务一起使用中获益。

基于上述评估,企业识别出合同中关于下列商品或服务的三项履约义务:(1)定制安装服务(包括软件许可证);(2)软件更新;(3)技术支持。

但值得注意的是,企业为履行合同而应开展的初始活动,通常不构成履约义务,除非该活动向客户转让了承诺的商品。例如,服务提供方可能需要执行各类行政任务以便为合同的订立做好准备。这些任务的执行并未在其实施时向客户转让服务。因此,这些准备活动并非履约义务。

另外,企业向客户转让一系列实质相同且转让模式相同的、可明确区分商品的承诺,也应当作为单项履约义务,比如家政公司提供一年的保洁服务。转让模式相同,是指每一项可明确区分商品均满足在某一时段内履行履约义务的条件,且采用相同方法确定其履约进度。

## (三)确定交易价格

企业应当根据合同条款,并结合其以往的习惯做法确定交易价格。在确定交易价格时,企业应当假定商品或服务将根据现有合同按承诺转让给客户,且合同将不会被撤销、续期或变更。

在确定交易价格时,企业应当考虑可变对价等因素的影响。对价金额可能因折扣、返利、退款、抵免、价格折让、激励措施、业绩奖金、罚款或其他类似项目而改变。如果企业获得对价的权利以某一未来事件的发生或不发生为条件,已承诺的对价也可能改变。例如,如果产品销售附带退货权,或承诺在实现特定里程碑时将支付固定金额作为业绩奖金,则对价金额是可变的。

企业在判断合同中是否存在可变对价时,不仅应当考虑合同条款的约定,在下列情况下,即使合同中没有明确约定,合同的对价金额也是可变的:一是根据企业已公开宣布的政策、特定声明或者以往的习惯做法等,客户能够合理预期企业将会接受低于合同约定的对价金额,比如企业会以折扣、返利等形式提供价格折让。二是其他相关事实和情况表明,企业在与客户签订合同时就打算向客户提供价格折让。例如,企业与一新客户签订合同,虽然企业没有对该客户销售给予折扣的历史经验,但是,根据企业拓展客户关系的战略安排,因首次合作企业愿意接受低于合同约定的价格。

合同中存在可变对价的,企业应当按照期望值或最可能发生金额确定可变对价的最佳估计数。期望值是一系列可能发生的对价金额的概率加权金额的总和。如果企业拥有大量具有类似特征的合同,则期望值可能是可变对价金额的恰当估计。最可能发生金额是一系列可能发生的对价金额中最可能发生的单一金额(合同最可能产生的单一结果)。如果合同仅有两个可能结果(例如,企业能够实现或未能实现业绩奖金目标),则最可能发生金额可能是可变对价金额的恰当估计。

【实务题4—5】 甲公司生产和销售洗衣机。20×0年3月,甲公司向零售商乙公司销售1 000台洗衣机,每台价格为3 000元,合同价款合计300万元。甲公司向乙公司提供价格保护,同意在未来6个月内,如果同款洗衣机售价下降,则按照合同价格与最低售价之间的差额向乙公司支付差价。甲公司根据以往执行类似合同的经验,预计各种结果发生的概率如表4—1所示。

表4—1　　　　　　　　　　　预计各种结果发生的概率

| 未来6个月内的降价金额(元/台) | 概率(%) |
| --- | --- |
| 0 | 40 |
| 200 | 30 |
| 500 | 20 |
| 1 000 | 10 |

注:上述价格均不包含增值税。

【解析】 甲公司认为期望值能够更好地预测其有权获取的对价金额。假设不考虑有关将可变对价计入交易价格的限制要求,在该方法下,甲公司估计交易价格为每台 2 740 元(3 000×40%+2 800×30%+2 500×20%+2 000×10%)。

在估计某项不确定性对企业有权获得的可变对价金额的影响时,企业应当对整个合同一致地采用同一种方法。并且,企业使用期望值或最可能发生金额确定可变对价的最佳估计数时,包含可变对价的交易价格,应当不超过在相关不确定性消除时累计已确认收入极可能不会发生重大转回的金额。企业在评估累计已确认收入是否极可能不会发生重大转回时,应当同时考虑收入转回的可能性及其比重。

### (四)将交易价格分摊至单项履约义务

当合同中包含两项或多项履约义务时,我们需要将交易价格分摊至各单项履约义务,以使企业分摊至各单项履约义务(或可明确区分的商品)的交易价格能够反映其因向客户转让已承诺的相关商品而预期有权收取的对价金额。

#### 1. 基于单独售价的交易价格分摊

合同中包含两项或多项履约义务的,企业应当在合同开始日,按照各单项履约义务所承诺商品的单独售价的相对比例,将交易价格分摊至各单项履约义务。企业不得因合同开始日之后单独售价的变动而重新分摊交易价格。单独售价,是指企业向客户单独销售商品的价格。企业在类似环境下向类似客户单独销售商品的价格,应作为确定该商品单独售价的最佳证据。

若商品的单独售价无法直接观察,企业应当综合考虑其能够合理取得的全部相关信息,包括市场状况、企业特定因素,以及有关客户或客户类别的信息,采用市场调整法、成本加成法、余值法等方法合理估计单独售价。在估计单独售价时,企业应当最大限度地采用可观察的输入值,并对类似的情况采用一致的估计方法。

**知识链接**

市场调整法,是指企业根据某商品或类似商品的市场售价,考虑本企业的成本和毛利等进行适当调整后,确定其单独售价的方法。 成本加成法,是指企业根据某商品的预计成本加上其合理毛利后的价格,确定其单独售价的方法。 余值法,是指企业根据合同交易价格减去合同中其他商品可观察的单独售价后的余值,确定某商品单独售价的方法。 企业在商品近期售价波动幅度巨大,或者因未定价且未曾单独销售而使售价无法可靠确定时,可采用余值法估计其单独售价。 例如,企业以 10 万元的价格向客户销售 A 和 B 两件可明确区分的商品;A 商品经常单独对外销售,其销售价格为 6.5 万元;B 商品为新产品,企业尚未对其定价且未曾单独销售,市场上也无类似商品出售,在这种情况下,企业采用余值法估计 B 商品的单独售价为 3.5 万元(10-6.5)。

## 2. 存在合同折扣时的交易价格分摊

合同折扣是指合同中各单项履约义务所承诺商品的单独售价之和高于合同交易价格的金额。

对于合同折扣，企业应当在各单项履约义务之间按比例分摊。但有确凿证据表明合同折扣仅与合同中一项或多项（而非全部）履约义务相关的，企业应当将该合同折扣分摊至相关的一项或多项履约义务。同时满足下列三项条件时，企业应当将合同折扣全部分摊至合同中的一项或多项（而非全部）履约义务：一是企业经常将该合同中的各项可明确区分商品单独销售或者以组合的方式单独销售；二是企业经常将其中部分可明确区分的商品以组合的方式按折扣价格单独销售；三是归属于上述第二项中每一组合的商品的折扣与该合同中的折扣基本相同，且针对每一组合中的商品的分析为将该合同的整体折扣归属于某项或多项履约义务提供了可观察的证据。

合同折扣仅与合同中一项或多项（而非全部）履约义务相关，且企业采用余值法估计单独售价时，应当首先按照前款规定在该一项或多项（而非全部）履约义务之间分摊合同折扣，然后采用余值法估计单独售价。

【实务题4-6】 企业定期单独出售产品A、B和C，从而确定单独售价（见表4-2）：

表4-2　　　　　产品单独售价

| 产 品 | 单独售价（元） |
| --- | --- |
| 产品A | 40 |
| 产品B | 55 |
| 产品C | 45 |
| 合 计 | 140 |

此外，企业定期以60元的价格将产品B和C一同出售。20×0年7月28日企业与客户订立一项合同，以100元的价格出售产品A、B和C。企业将在不同时点履行针对每项产品的履约义务。

【解析】 该合同包含针对整项交易的折扣40元，如按单独售价的相对比例分摊交易价格，这一折扣将按比例分摊至全部三项履约义务。但是，题中指出企业定期以60元的价格将产品B和C一同出售，即以40元的价格出售产品A，因此企业有证据证明应当将全部折扣分摊至转让产品B和C的承诺。

如果企业在同一时点转移对产品B和C的控制，则企业在实务上可将两个产品的转让作为单一履约义务进行会计处理。也就是说，企业可将60元的交易价格分摊至这项单一履约义务，并在产品B和C同时转让给客户时确认60元的收入。

如果合同要求企业在不同时点转移对产品 B 和 C 的控制,则 60 元的分摊金额应单独分摊至转让产品 B(单独售价为 55 元)和产品 C(单独售价为 45 元)的承诺,具体如表 4—3 所示:

表 4—3　　　　　　　　产品已分摊的交易价格

| 产　品 | 已分摊的交易价格(元) |
|---|---|
| 产品 B | 33[55÷B、C 产品单独售价总额(100)×60] |
| 产品 C | 27[45÷B、C 产品单独售价总额(100)×60] |
| 合　计 | 60 |

### (五)履行每一单项履约义务时确认收入

企业应当在履行了合同中的履约义务,即在客户取得相关商品控制权时确认收入。取得相关商品控制权,是指能够主导该商品的使用并从中获得几乎全部的经济利益。企业收入确认的方式包括在某一时段内履行履约义务和在某一时点履行履约义务两种。

**1. 在某一时段内履行履约义务与收入确认**

对于在某一时段内履行的履约义务,企业应当在该段时间内按照履约进度确认收入,但履约进度不能合理确定的除外。

满足下列条件之一的,属于在某一时段内履行履约义务的情况:

(1)客户在企业履约的同时即取得并消耗企业履约所带来的经济利益。比如与保洁服务类似的常规性或经常性服务,在此类服务中企业在履约过程中是持续地向客户转移该服务控制权的,该履约义务属于某一时段内履行的履约义务,企业应当在提供该服务的期间内确认收入。企业在判断时可以假定在企业履约的过程中更换为其他企业继续履约剩余义务,如果该继续履行合同的企业实质上无需重新执行企业累计至今已完成的工作,则表明客户在企业履约的同时即取得并消耗了企业履约所带来的经济利益。

(2)客户能够控制企业履约过程中在建的商品。该商品可以是有形资产,也可以是无形资产。它包括在产品、在建工程、尚未完成的研发项目、正在进行的服务等。由于客户控制了在建的商品,客户在企业提供商品的过程中获得其利益,因此,该履约义务属于在某一时段内履行的履约义务。

(3)企业履约过程中所产出的商品具有不可替代用途,且该企业在整个合同期间内有权就累计至今已完成的履约部分收取款项。其中,具有不可替代用途,是指因合同限制或实际可行性限制,企业不能轻易地将商品用于其他用途。有权就累计至今已完成的履约部分收取款项,是指在由于客户或其他方原因终止合同的情况下,企业有权就累计至今已完成的履约部分收取能够补偿其已发生成本和合理利润的款项,并且该权利具有法律约束力。

**【实务题 4-7】** 评估履约义务是在某一时点还是在某一时段内履行。

企业正在建造一幢包含多个单元的住宅楼。某客户与企业订立一项针对指定在建单元的具有约束力的销售合同。每一住宅单元均拥有类似的建筑平面图及面积,但各单元的其他属性(如单元在楼宇中的位置)则有所不同。

情形1:假设客户在订立合同时支付保证金,且该保证金仅在企业未能按合同完成该单元的建造时才可返还。剩余合同价格须在合同完成后、客户实际取得该单元时支付。如果客户在该单元建造完成前违约,则企业仅有权保留已付的保证金。

情形2:假设客户在订立合同时支付不可返还的保证金,并须在住宅单元的建造过程中支付进度款。合同具有禁止企业将该单元转让给另一客户的实质性条款。此外,除非企业未能按承诺履约,否则客户无权终止合同。如果客户在进度款到期时未能履行其支付已承诺进度款的义务,则企业在已完成相关单元建造的情况下有权获得合同规定的所有已承诺对价。此前的法庭判例中,在开发商已履行其合同义务的情况下,开发商要求客户履约的类似权利得到了法庭的支持。

**【解析】**

情形1:在合同开始时,企业确定其并不具有就累计至今已完成的履约部分获得付款的可执行权利,因为直至单元建造完成前,企业仅有权保留客户已付的保证金。因此,企业应将该住宅单元的销售作为在某一时点履行的履约义务进行会计处理。

情形2:在合同开始时,企业确定其履约所创造的资产(单元)不可被企业用于替代用途,因为合同禁止企业将该指定单元转让给另一客户。企业还具有就累计至今已完成的履约部分获得付款的权利。因为如果客户未能履行其义务,企业在继续按承诺履约的情况下将具有获得合同规定的所有已承诺对价的可执行权利。因此,该履约义务为在某一时段内履行的履约义务。

对于在某一时段内履行的履约义务,企业应当考虑商品的性质,采用产出法或投入法确定适当的履约进度。产出法是根据已转移给客户的商品对于客户的价值确定履约进度。产出法包括:测量累计至今已完成的履约行为,评估已实现的结果、已达到的里程碑、流逝的时间及已生产或已交付的商品或服务单位。

**【实务题 4-8】** 甲公司与客户签订合同,为该客户拥有的一条铁路更换100根铁轨,合同价格为10万元(不含税价)。截至20×0年12月31日,甲公司共更换铁轨60根,剩余部分预计在20×1年3月31日之前完成。该合同仅包含一项履约义务,且该履约义务满足在某一时段内履行的条件。假设不考虑其他情况。

【解析】 甲公司提供的更换铁轨的服务属于在某一时段内履行的履约义务,甲公司按照已完成的工作量确定履约进度。因此,截至20×0年12月31日,该合同的履约进度为60%(60÷100×100%),甲公司应确认的收入为6万元(10×60%)。

投入法是根据企业为履行履约义务的投入确定履约进度,可采用投入消耗的资源、花费的工时数、发生的成本、流逝的时间或使用的机器运转时数等指标确定履约进度。如果企业的工作或投入在履约期间平均消耗,则企业按直线法确认收入可能是恰当的。

【实务题4-9】 某健身公司是A市多家健身俱乐部的所有者兼经营者,其与某位客户订立一项合同,约定客户可在一年内使用其在A市内任意一家健身俱乐部提供的服务。客户可无限次使用健身俱乐部的服务并承诺每月向该企业支付100元的费用。

【解析】 企业通过使其健身俱乐部可供客户使用而履约,客户在企业履约的同时取得即消耗企业履约所提供的利益。因此,企业的履约义务是在某一时段内履行。

客户可从企业提供的健身服务中获得的利益是平均分布在全年的,无论客户是否实际使用它,其都能从健身俱乐部可供其使用中获益。因此,对于该项在某一时段内履行的履约义务,计量履约进度的最佳方式是基于时间的计量,并且在年内按直线法确认每月100元的收入。

当履约进度不能合理确定时,企业已经发生的成本预计能够得到补偿的,应当按照已经发生的成本金额确认收入,直到履约进度能够合理确定为止。

### 2. 在某一时点履行履约义务与收入确认

对于在某一时点履行的履约义务,企业应当在客户取得相关商品控制权时点确认收入。在判断客户是否已取得商品控制权时,企业应当考虑下列迹象:

(1)企业就该商品享有现时收款权利,即客户就该商品负有现时付款义务。

(2)企业已将该商品的法定所有权转移给客户,即客户已拥有该商品的法定所有权。

(3)企业已将该商品实物转移给客户,即客户已实物占有该商品。

(4)企业已将该商品所有权上的主要风险和报酬转移给客户,即客户已取得该商品所有权上的主要风险和报酬。

(5)客户已接受该商品。

(6)其他表明客户已取得商品控制权的迹象。

其中,与商品所有权有关的风险是指商品可能发生减值或毁损等形成的损失,不包括次要风险以及应收账款的收账风险。与商品所有权有关的报酬是指商品中包含的未来经济利益,如商品升值以及因商品的使用所形成的经济利益等。

商品所有权上的主要风险和报酬转移给了客户,意味着销货方将不再承担所售商品发生的任何损失,或不再享受所售商品所带来的任何经济利益。

## 二、收入会计处理举例

### (一)销售商品

企业销售商品,当与客户之间的合同同时满足"合同五项条件",其应当在履行履约义务时确认收入。企业根据具体情况,借记"银行存款""应收账款"等账户;根据不含增值税的价款,贷记"主营业务收入"账户;根据收取的增值税销项税额,贷记"应交税费——应交增值税(销项税额)"账户。

但在实际业务中,还存在以下三种特定交易:

#### 1. 附有销售退回条款的销售

对于附有销售退回条款的销售,企业应当在客户取得相关商品控制权时,按照因向客户转让商品而预期有权收取的对价金额(即不包含预期因销售退回将退还的金额)确认收入;按照预期因销售退回将退还的金额确认负债;按照预期将退回商品转让时的账面价值,扣除收回该商品预计发生的成本(包括退回商品的价值减损)后的余额,确认为一项资产;按照所转让商品转让时的账面价值,扣除上述资产成本的净额结转成本。

【实务题4-10】 甲公司20×1年11月1日销售一批商品,共销售50 000件,每件售价100元,每件成本70元。同时,甲公司与客户签订销售退回条款,约定20×2年3月31日前该商品如出现质量问题可予以退货。甲公司销售当日预计该商品的退货率为10%,20×1年12月31日甲公司根据最新情况重新预计该商品的退货率为8%。假设不考虑增值税。

【解析】 该批商品20×1年11月1日应确认的收入=50 000×100×(1−10%)=4 500 000(元)。20×1年12月31日,根据最新情况重新预计商品的退货率降低了2%,应补充确认收入=50 000×100×(10%−8%)=100 000(元)。

#### 2. 附有质量保证条款的销售

质量保证分为服务型质量保证和保障型质量保证。

(1)服务型保证

在评估质量保证是否在向客户保证所销售商品符合既定标准之外提供了一项单独的服务时,企业应当考虑该质量保证是否为法定要求、质量保证期限以及企业承诺履行任务的性质等因素。客户能够选择单独购买质量保证的,该质量保证构成单项履约义务。质量保证期限越长,越有可能是单项履约义务。企业作为单项履约义务提供的额外服务,在履行义务后确认收入。无法合理区分是否存在单项履约义务的,企业应当将这两类质量保证一起作为单项履约义务进行会计处理。

(2)保障型保证

如果企业除符合既定标准之外未提供额外服务,质量保证责任应当按照或有事项的要求进行会计处理,即在销售商品时预计产品保证费用,借记"销售费用"科目,贷记"预计负债"科目;实际发生保修费时,借记"预计负债"科目,贷记"银行存款"等科目。

【实务题4-11】 甲公司为了促销某款手机,在销售的同时,约定免费提供一年期的维修服务,该维修服务既包括手机自身质量问题的修理,也包括非自身质量问题的修理。假设这两项服务可以被合理地区分。

【解析】 甲公司因手机自身质量问题提供的维修服务,应作为或有事项处理,不构成单项履约义务;因非手机自身质量问题提供的维修服务属于额外提供的服务,且能合理区分,因此应作为单项履约义务,在取得销售价款中按合理比例进行分摊,分别确认手机的销售收入和提供维修的服务收入。

3. 售后回购

对于售后回购交易,企业应当区分下列两种情形,并分别进行会计处理。

一是企业因存在与客户的远期安排而负有回购义务或企业享有回购权利的,表明客户在销售时点并未取得相关商品控制权,企业应当作为租赁交易或融资交易进行相应的会计处理:若回购价格低于原售价的,应当视为租赁交易,按照租赁准则进行会计处理;若回购价格不低于原售价的,应当视为融资交易,在收到客户款项时确认金融负债,并将该款项和回购价格的差额在回购期间内确认为利息费用等。企业到期未行使回购权利的,应当在该回购权利到期时终止确认金融负债,同时确认收入。

二是企业负有应要求回购商品义务的,应当在合同开始日评估客户是否具有行使该要求权的重大经济动因,客户具有行使该要求权重大经济动因的,企业应当将售后回购作为租赁交易或融资交易,按照上述第一种情形进行会计处理;否则,企业应当将其作为附有销售退回条款的销售交易进行会计处理。

【实务题4-12】 甲公司向乙公司销售一台设备,销售价格为200万元,同时双方约定1年到期时,甲公司将以150万元的价格回购该设备。假设不考虑相关税费等其他因素影响。

【解析】 甲公司账务处理如下:

(1)收到出售款时,不能确认收入,应作为租赁处理:

借:银行存款 2 000 000
  贷:其他应付款 2 000 000

同时,应将存货转为固定资产(此处分录省略)。

(2)购回设备时：

借：其他应付款　　　　　　　　　　　　　　　　2 000 000
　　贷：其他业务收入　　　　　　　　　　　　　　　500 000
　　　　银行存款　　　　　　　　　　　　　　　　1 500 000

甲公司应根据折旧政策，计提该固定资产折旧，计入其他业务成本（此处分录省略）。

【实务题4-13】　甲公司向乙公司销售一台设备，销售价格为100万元，同时双方约定1年到期时，甲公司将以105万元的价格回购该设备。假设不考虑相关税费等其他因素影响。

【解析】

(1)收到出售款时，不能确认收入，应作为融资处理：

借：银行存款　　　　　　　　　　　　　　　　　1 000 000
　　贷：其他应付款　　　　　　　　　　　　　　　1 000 000

同时，应将存货转为固定资产（此处分录省略）。

(2)购回设备：

借：其他应付款　　　　　　　　　　　　　　　　1 000 000
　　财务费用　　　　　　　　　　　　　　　　　　　50 000
　　贷：银行存款　　　　　　　　　　　　　　　　1 050 000

甲公司应根据折旧政策，计提该固定资产折旧，计入当期损益（此处分录省略）。

## (二)提供服务

企业对外提供服务的，如果属于在某一时点履行的履约义务，应采用与前述销售商品相同的办法确认营业收入，通过"主营业务收入"账户核算。如果属于在某段时间内履行的义务，对于一次就能完成的服务，如理发、饮食等，应在提供服务时确认"主营业务收入"。对于需要持续一段时间才能完成的劳务，如安装、培训、旅游服务等，应当考虑服务的性质，采用产出法或投入法确定适当的履约进度，分期确认营业收入。

为了履行合同的义务，必然有投入，这就产生了合同履约成本，企业应当对这些成本进行分析，属于其他企业会计准则（如《企业会计准则第1号——存货》《企业会计准则第4号——固定资产》《企业会计准则第6号——无形资产》）规范范围的，应当按照相关企业会计准则进行会计处理。不属于其他企业会计准则规范范围且同时满足下列条件的，应当作为合同履约成本确认为一项资产：(1)该成本与一份当前或预期取得的合同直接相关；(2)该成本增加了企业未来用于履行（或持续履行）履约义务的资源；(3)该成本预期能够收回。

同样,企业为了取得合同还可能会发生销售佣金、差旅费、投标费等,在会计处理时有两个去向:资本化和费用化。(1)资本化:企业为取得合同发生的增量成本(合同取得成本)预期能够收回的,应当作为合同取得成本确认为一项资产。增量成本是指企业不取得合同就不会发生的成本,如销售佣金等。(2)费用化:合同取得成本确认为资产摊销期限不超过1年的,可以在发生时计入当期损益;企业为取得合同发生的、除预期能够收回的增量成本之外的其他支出,计入当期损益,比如无论是否取得合同均会发生的差旅费、投标费、为准备投标资料发生的相关费用等,应当在发生时计入当期损益。

【实务题4-14】 20×9年4月1日某咨询公司与客户签订一项咨询合同。该合同规定,咨询期2年,咨询费450 000元;咨询费分三次平均支付,第一期在项目开始时支付,第二期在项目中期支付,第三期在项目结束时支付,估计总成本为270 000元(用银行存款支付)。该咨询公司各年发生的成本如表4-4所示。该咨询公司按投入法分期确认各年的收入并结转成本。此项服务按时间比例确定履约进度。

表4-4　　　　　　　某咨询公司咨询期间各年发生的成本　　　　　　单位:元

| 年　度 | 20×9 | 20×0 | 20×1 | 合　计 |
| --- | --- | --- | --- | --- |
| 发生的成本 | 105 000 | 135 000 | 30 000 | 270 000 |

【解析】 咨询合同中的义务属于在某段时间内履行的履约义务,应当按履约确认收入,并按要求归集和结转成本。

某咨询公司的会计处理如下:

(1)20×9年

实际发生成本时:

　　借:合同履约成本——服务成本　　　　　　　　　　　　　　105 000
　　　　贷:银行存款(应付职工薪酬等)　　　　　　　　　　　　　105 000

预收款项时:

　　借:银行存款　　　　　　　　　　　　　　　　　　　　　　150 000
　　　　贷:合同负债　　　　　　　　　　　　　　　　　　　　　150 000

12月31日按履约进度确认收入:

履约进度=9(个月)÷24(个月)=37.5%

确认收入=450 000×37.5%-0=168 750(元)

　　借:合同负债　　　　　　　　　　　　　　　　　　　　　　168 750
　　　　贷:主营业务收入　　　　　　　　　　　　　　　　　　　168 750

同时结转成本:

借：主营业务成本 105 000
　　贷：合同履约成本 105 000

(2) 20×0年

实际发生成本时：

借：合同履约成本——服务成本 135 000
　　贷：银行存款(应付职工薪酬等) 135 000

预收款项时：

借：银行存款 150 000
　　贷：合同负债 150 000

12月31日按履约进度确认收入：

履约进度＝21(个月)÷24(个月)＝87.5%

确认收入＝450 000×87.5%－168 750＝225 000(元)

借：合同负债 225 000
　　贷：主营业务收入 225 000

同时结转成本：

借：主营业务成本 135 000
　　贷：合同履约成本 135 000

(3) 20×1年，金华咨询公司的会计处理如何进行？请大家试一试。

# 第三节　费用与利润重要条款的理解与会计处理

## 一、费用重要条款的理解与会计处理

### (一)费用的含义与分类

#### 1. 费用的含义

按照配比原则，正确计算企业的利润，不仅要合理确认、计量和记录企业在会计期间内取得的各项收入，而且要合理确认、计量并记录为取得收入而发生的各种费用。

费用是与收入相对的一个概念，它是指企业在日常活动中发生的、会导致所有者权益减少的、与向所有者分配利润无关的经济利益的总流出。总流出包括工业企业生产并销售产品、商业企业销售商品、咨询公司提供咨询服务、软件公司为客户开发软件、安装公司提供安装服务、商业银行对外贷款、保险公司签发保单、租赁公司出租资产为取得收入而发生的营业成本、税金及附加、销售费用、管理费用、财务费用、资产减值损失和信用减值损失等。

### 2. 费用的分类

按其列报内容,费用可以分为营业成本、税金及附加、销售费用、管理费用、财务费用、资产减值损失和信用减值损失等。

此外,企业从事各项对外证券投资活动形成的损失、持有以公允价值计量且其变动计入当期损益的金融资产、投资性房地产和生物资产等公允价值变动形成的损失、转让固定资产或无形资产等形成的损失,也属于费用。

### (二)费用相关的会计处理要点

在资产负债观下,费用通常根据资产和负债的变动确认。费用的确认还应当符合权责发生制和配比原则的要求。权责发生制和配比原则规定了企业应在何时确认费用。例如,营业成本应当根据资产(库存商品等)的减少金额确认,并且应当在取得营业收入的期间确认,这样体现了营业收入和营业成本的直接配比。再如,折旧费用应当根据资产价值的减少金额确认,每期折旧费用一般根据资产的使用寿命平均计算,这体现了与时间配比的要求。有些期间费用,因其无直接因果关系可循,又无预期未来经济利益可作为分配依据,从谨慎性原则出发并考虑简化核算,一般于发生时立即确认为当期费用,计入当期损益。

费用是通常按实际发生的金额,或采用合理的方法计算的金额计量。下面主要阐述有关营业费用和期间费用的会计处理。

### 1. 营业费用

(1)营业成本

它是指为了取得营业收入而发生的成本。营业成本包括主营业务成本和其他业务成本。主营业务成本是指企业通过完成其经营目标所从事的主要经营活动而发生的费用,如企业确认销售商品、提供劳务等主营业务收入时应结转的成本。主营业务成本核算,见本章实务题4-14,这里不再重复。

其他业务成本是指企业确认的除主营业务活动以外的其他经营活动所发生的支出,包括销售材料的成本、出租固定资产的折旧额、出租无形资产的摊销额、出租包装物的成本或摊销额等。

(2)税金及附加

税金及附加是指应由营业收入(包括主营业务收入和其他业务收入)补偿的各种税金及附加费,主要包括消费税、城市维护建设税、教育费附加、房产税、土地使用税、车船税、印花税等。

企业销售应纳消费税的商品,应按规定计算结转应交消费税,借记"税金及附加"账户,贷记"应交税费——应交消费税"账户。企业取得营业收入以后,应按规定计算结转应交城市维护建设税和应交教育费附加,借记"税金及附加"账户,贷记"应交税费——应交城市维护建设税"和"应交税费——应交教育费附加"账户。企业应按规定计算结转应交房产税、土地使用税、车船税,借记"税金及附加"账户,贷记"应交税费——应交房产税""应交税费——应交土地使用税""应交税费——应交车船税"账户。企业按规定应缴纳的印花税,是以购买印花税票方式支付,应根据实际购买印花税票的金额,借记"税金及附加"账户,贷记"银行存款"账户。

2. 期间费用

(1)销售费用

销售费用是指企业在销售商品、提供劳务和让渡资产使用权过程中发生的各项费用以及专设销售机构的各项经费。它包括运输费、装卸费、包装费、保险费、展览费、广告费、租赁费(不包括融资租赁费),以及为销售本企业商品而专设的销售机构(含销售网点、售后服务网点等)的职工薪酬、业务费等经营费用。

(2)管理费用

管理费用是指企业为组织和管理生产经营活动所发生的费用,包括企业的董事会和行政管理部门在企业的经营管理中发生的,或者应由企业统一负担的公司经费(包括行政管理部门职工薪酬、修理费、物料消耗、办公费和差旅费等)、工会经费、董事会费(包括董事会成员津贴、会议费和差旅费等)、聘请中介机构费、咨询费(含顾问费)、诉讼费、业务招待费、技术转让费、排污费以及企业生产车间(部门)和行政管理部门等发生的固定资产修理费用等。

(3)财务费用

财务费用是指企业为筹集生产经营所需资金等而发生的费用,包括应作为期间费用的利息支出(减利息收入)、汇兑损失(减汇兑收益)、金融机构手续费以及筹集生产经营资金发生的其他费用等。

## 二、利润重要条款的理解与会计处理

### (一)利润的含义与分类

利润是企业在一定会计期间的经营成果,包括营业利润、利润总额、净利润。相关计算如下:

营业利润=营业收入—营业成本—税金及附加—销售费用—管理费用—财务费用—资产减值损失±公允价值变动收益(或损失)±投资收益(或损失)

利润总额＝营业利润＋营业外收入－营业外支出

净利润＝利润总额－所得税费用

收入和费用是形成利润的主要来源。除了收入、费用外，营业外收支也是构成利润的来源。营业外收支是指企业发生的与日常活动没有直接关系的各项收支。虽然它们与企业的生产经营活动没有多大的关系，但从企业主体考虑，同样带来经济利益流入或流出，也是增加或减少利润不可忽视的因素。营业外收入是指企业发生的与日常活动无直接关系的各项利得，主要包括报废固定资产或无形资产的净收益、债务重组利得、捐赠利得等。营业外支出是指与企业生产经营无直接关系的各项损失，主要包括固定资产盘亏、报废固定资产或无形资产的净损失、债权重组损失、罚款支出、对外捐赠支出和非常损失等。

### （二）利润形成的会计处理

企业利润形成过程的会计处理方法有两种：表结法和账结法。这里我们以账结法举例说明。

账结法是指企业在期末将全部损益类账户（除"以前年度损益调整"外）的本期净发生额转入"本年利润"账户，通过"本年利润"账户结出当期利润和本年累计利润的方法。平时采用账结法结算利润的企业，损益类账户期末均无余额。账结法中，相关结账分录如下：

(1) 结转本期收入时：

借：主营业务收入
　　其他业务收入
　　投资收益
　　公允价值变动损益
　　其他收益
　　营业外收入
　贷：本年利润

(2) 结转本期成本、费用与损失时：

借：本年利润
　贷：主营业务成本
　　其他业务成本
　　税金及附加
　　销售费用
　　管理费用

财务费用

资产减值损失

信用减值损失

营业外支出

所得税费用

### (三)利润分配的会计处理

企业实现的净利润应根据国家有关法规及公司章程的规定进行分配。利润分配的过程和结果是否合理,不仅关系到所有者的合法权益是否得到保护,而且关系到企业能否长期稳定地发展。

**1. 利润分配的一般程序**

根据我国《公司法》等有关法律法规的规定,企业当年实现的利润在缴纳所得税后,一般应当按照如下顺序进行分配:

(1)弥补以前年度亏损;

(2)提取法定盈余公积;

(3)提取任意盈余公积;

(4)向投资者分配股利。

**2. 利润分配的会计处理**

利润分配一般于年终进行。企业的利润分配通过"利润分配"账户进行,它是"本年利润"的调整账户,也是连接利润表与资产负债表的中间账户。该账户按利润分配的具体内容设置"提取法定盈余公积""提取任意盈余公积""应付现金股利或利润""转作股本的股利""盈余公积补亏""未分配利润"等明细账户进行明细核算。具体的会计处理可参考下面这道例题的分析:

【**实务题4-15**】 20×0年度,A公司实现净利润90万元,并按规定进行利润分配。

【解析】

(1)年度净利润的结转:年终决算时,企业将全年实现的净利润从"本年利润"账户转入"利润分配——未分配利润"账户。

借:本年利润　　　　　　　　　　　　　　　　　900 000

　　贷:利润分配——未分配利润　　　　　　　　　　　　900 000

(2)按税后利润的10%提取法定盈余公积:

借:利润分配——提取法定盈余公积　　　　　　　90 000

　　贷:盈余公积——法定盈余公积　　　　　　　　　　　90 000

(3)根据股东大会决议,提取任意盈余公积 50 000 元,分派普通股现金股利 400 000 元:

  借:利润分配——提取任意盈余公积      50 000
    利润分配——应付股利        400 000
    贷:盈余公积——任意盈余公积       50 000
      应付股利           400 000

(4)最后将"利润分配"账户所属其他明细账户的余额结转至"未分配利润"明细账户:

  借:利润分配——未分配利润        540 000
   贷:利润分配——提取法定盈余公积     90 000
      ——提取任意盈余公积     50 000
      ——应付现金股利      400 000

年终经过上述结转后,除"未分配利润"明细账户外,其他各明细账户均无余额。如果"未分配利润"明细账户的余额在贷方,表示累积未分配的利润;如果"未分配利润"明细账户的余额在借方,表示累积未弥补的亏损。本例中,"利润分配——未分配利润"明细账户的余额在贷方,为 360 000 元(900 000 - 90 000 - 50 000 - 400 000),即为 A 公司本年年末的累计未分配利润。

# 第四节 本章课程思政案例及延伸阅读

企业在寻求较好财务绩效的同时,其社会责任也不容忽视。本章课程思政案例和延伸阅读侧重于企业日常经营过程中社会责任的体现。

## 一、本章课程思政案例

### (一)案例主题与思政意义

【案例主题】

通过案例分析,了解社会责任在品牌价值中的重要作用,以及慈善事业对共同富裕中初次分配和再分配的重要补充作用。

【思政意义】

通过鸿星尔克捐助案例以及民营企业家张謇的事迹介绍,增进学生的家国情怀,强化社会责任感。

### (二)案例描述与分析

【案例描述】

基于鸿星尔克捐助河南水灾的案例分析[①]

鸿星尔克(ERKE)创立于2000年,发展至今已成为集研发、生产、销售为一体的中国大型运动服饰企业。多年以来,在与安踏、李宁、特步、361°等同行企业的激烈竞争中,鸿星尔克渐落下风,遭遇库存挤压、门店关闭、市场份额下滑等困难,被迫将市场瞄准三、四线县市,实行"做强县级、做优地级"的品牌战略。选择"下沉"的鸿星尔克异常低调,与安踏等企业的差距越来越大。即便如此,鸿星尔克始终没有忽视对社会责任的担当与履行,在国家遭受地震、疫情、旱涝灾害等危难之际倾囊相助,在扶贫助残方面更是毫不吝啬。甚至在净利润为负的情况下,鸿星尔克依然坚定地践行企业社会责任,传递助残助弱、回馈社会的价值观,为国货品牌树立起行善的优良榜样。

自2021年7月20日起,河南遭遇罕见持续性强降水,郑州、新乡等地受灾严重。截至8月2日,河南省共有150个县、1 663个乡镇、1 453.16万人受灾,共造成302人遇难、50人失踪,直接经济损失达1 142.69亿元。"一方有难、八方支援",河南水灾迅速引起全国关注,不少企业、明星及民众纷纷捐款捐物,其中也包括鸿星尔克。

7月21日,鸿星尔克发布微博宣布向河南捐赠5 000万元物资,令网友深感意外。这是因为鸿星尔克的发展正处在瓶颈期,从营业额来看,2020年鸿星尔克为28.43亿元,尚不及安踏营业额的十分之一,也不及李宁营业额的五分之一,同样也落后于特步和361°。而鸿星尔克的捐赠金额在众多运动品牌中排在第一位,与安踏并驾齐驱,超过特步的3 000万元、李宁的2 500万元以及361°的1 000万元。捐赠金额与营业额、市场地位的不匹配,充分彰显了鸿星尔克的魄力与责任感,也迅速引爆了网络舆论。

在家国情怀的加持下,网民情绪被激发,并采用行动来宣泄情绪,后续演绎为一种新的消费方式——野性消费。在家国情怀、公益事业和爆梗不断地加持下,鸿星尔克迅速成为新的"国货之光"。在《中国500强最具价值品牌排行榜》中,鸿星尔克的品牌价值跃居运动品牌第二位,品牌价值达到400.65亿元,仅次于安踏(507.93亿元),力压李宁(327.12亿元)与361°(181.52亿元)。鸿星尔克的发展窘况与对社会责任的担当形成明显的反差。

【案例分析】

从上述案例的描述可见:企业承担社会责任有利于提升品牌价值,而提升效果与

---

[①] 陈凌婧、胡璇.企业社会责任、网络情绪传播与品牌价值:基于鸿星尔克的案例分析[J].商业经济研究,2022(03):94—96.注:本书对部分内容进行了删减和调整。

网络情绪的传播息息相关。同时,该案例也对国货品牌的崛起具有重要的启示意义:(1)国货品牌要坚定践行社会责任,做中国的良心企业。与其把营销费用花在请明星代言,不如用于履行企业社会责任,尤其在国家危难时的善举与大义,国货品牌更能引起广大消费者的共鸣与赞赏,这才是最好的品牌宣传,同时规避了代言人可能的道德风险。(2)关注网络情绪,正确引导舆论。网络情绪作为助燃剂,在企业社会责任提升品牌价值的过程中起到重要作用,因此国货品牌要注重对网络情绪的洞察,引导正向的舆论,制止网络谣言或虚假信息。

强调爱国情怀、公益爱心、诚信等正向价值观的品牌会激发网络情绪,受到社会热捧,但其必须建立在企业与品牌日积月累、发自内心的基础上,刻意为之反而可能适得其反。企业承担社会责任应是自发、长期、常态化的,不应是一时作为,也不能以功利心态将其视为一种营销手段,否则会受到网民质疑、捧杀甚至攻击,反而贬低了品牌价值。

### (三)案例讨论与升华

**【案例讨论】**

请大家搜集近几年企业或者企业家进行慈善捐赠的相关案例并进行分析,探寻他们参与慈善事业背后的力量是什么?

**【案例升华】**

2021年8月17日,中央财经委员会第十次会议指出,在高质量发展中促进共同富裕,正确处理效率和公平的关系,构建初次分配、再分配、三次分配协调配套的基础性制度安排。慈善事业作为第三次分配的主要方式,是对初次分配和再分配的重要补充。

第三次分配是人们在道德、文化、观念等影响下,通过慈善事业、志愿服务等方式自觉自愿参与的社会资源和财富流动,是推进全体人民实现共同富裕的重要途径。党和国家对慈善事业的重视程度前所未有,不仅为第三次分配助力共同富裕开辟了广阔的前景,也为广大企业家履行社会责任、展现企业风采、实现企业价值提供了广阔的舞台。

如何认识企业家慈善行为背后的力量?慈善文化、家国情怀、社会责任是被反复提及的词语。

2020年11月,习近平总书记考察南通博物苑,了解我国近代著名企业家、教育家张謇创办实业、发展教育和兴办社会公益事业的情况。习近平总书记强调,民营企业家富起来以后,要见贤思齐,增强家国情怀、担当社会责任,发挥先富帮后富的作用,积极参与和兴办社会公益事业。

"张謇成为激励后世企业家实业报国、履行社会责任的精神丰碑,为企业家正确处理义与利、公与私、家与国之间的关系提供了示范引领。"江苏省南通市政协主席、市慈善总会黄巍东会长说,兼济天下、共同富裕,是爱国企业家典范张謇的慈善情怀,也是每一位企业家的慈善情怀,更是我们每一个慈善人的应有情怀。

## 二、延伸阅读

### 延伸阅读 张謇:中国民营企业家的先贤和楷模[①]

2020年11月12日,正在江苏考察调研的习近平总书记来到南通博物苑,参观张謇生平展陈。总书记指出,张謇在兴办实业的同时,积极兴办教育和社会公益事业,造福乡梓,帮助群众,影响深远,是中国民营企业家的先贤和楷模。3个多月前,总书记在企业家座谈会上,也曾称赞清末民初的张謇是爱国企业家的典范。总书记如此关注的张謇,究竟是一位怎样的人物?让我们一起来了解。

1. 状元办厂:愿成一分一毫有用之事,不愿居八命九命可耻之官

张謇,我国近代著名企业家、政治家、教育家,1853年出生于江苏通州(今南通)海门常乐镇,祖上几代都以农商为生。为了改变家庭命运,他从小就被父亲送入私塾学习。1894年,41岁的张謇高中状元,被授予翰林院修撰,步入仕途。

不久后,中日甲午战争爆发,清政府与日本签订丧权辱国的《马关条约》,激起张謇极大的愤慨和忧虑。他在日记中写道:"几罄中国之膏血,国体之得失无论矣!"

当时的中国士大夫一向耻于经商,但张謇却认为只有发展民族工业,才能抵制帝国主义侵略,于是毅然放弃功名仕途,以极大的勇气回到家乡创业办厂。他这样表明心志:"愿成一分一毫有用之事,不愿居八命九命可耻之官。"

2. 实业救国:天地之大德曰生,世间之大事莫过国计民生

立志从商之后,张謇便开始"实业救国"的实践。他发现当时中国输入的最大宗商品是棉纺织品和钢铁,遂意识到棉纺织业关系人民生活、制铁事业关系国家生存,发展棉、铁两业,"可以操经济界之全权"。

于是,张謇大力倡导并践行"棉铁主义"。1895年,他在南通创办大生纱厂。"大生"二字源自《易经》:"天地之大德曰生",这寄托了张謇的理想——天地间最大的事,便是国计民生。

大生纱厂自开工后规模不断扩大,先后建成四个纱厂,是当时全国最大的纺织企业系统。张謇还先后创办了通海垦牧公司、大达轮船公司、复新面粉公司、资生铁冶公司、淮海实业银行等数十家企业,并投资江苏省铁路公司、镇江大照电灯厂等企业,为

---

① 中央纪委国家监委.张謇:中国民营企业家的先贤和楷模[EB/OL].(2020-11-13)[2023-02-20]. http://www.ccdi.gov.cn/toutu/202011/t20201113_229984.html.

我国近代实业贡献了毕生精力。

**3. 兴办教育：主张"父教育而母实业"，创办中国第一所民办师范**

张謇主张"父教育而母实业"，认为"实业与教育迭相为用"，倡导通过实业壮大国力，又通过教育来为国育才。在发展实业初见成效后，他便运用积累的资金着手创办新式学校。1903年，中国第一所民办师范——通州师范学校，开始招生。

张謇独自创办或参与创办师范、纺织、医学、农业等高等学校和职业、专科学校近400所。在普通教育中，又构建起幼儿教育、小学教育、中学教育、大学教育的教育体系。他的教育思想与办学实践，在中国近代教育史上占有重要地位。

**4. 办博物馆："设为庠序学校以教"，创办中国第一所公共博物馆**

张謇认为，博物馆可以起到补充学校教育的作用。于是在1905年，他在南通濠河之畔创办了中国第一所公共博物馆——南通博物苑。张謇专门作了一副楹联，介绍办博物馆的初衷："设为庠序学校以教，多识鸟兽草木之名。"

为了办好博物馆，张謇除了自费购地建馆外，还捐出自己的藏品，向社会征集展品。早期的南通博物苑陈列自然、历史、美术、教育文物与标本，已经是一个综合性的博物馆。

**5. 投身公益：一生所获财富，皆为社会服务**

张謇一生所获财富，皆为社会服务——他先是兴办实业，而后倾资兴学、以商养学，并将从商的红利捐作教育、慈善和地方公益经费。

在公益慈善活动中，张謇开拓和推进了体育场、公园、幼儿园、养老院等设施的建设。过60岁生日时，张謇不喜奢侈铺张，于是决定将亲友所赠之礼用来修建一座养老院，关爱社会上的孤寡老人。他提倡兴建的养老院坐落于南通城南白衣庵东侧，可同时收养120位老人。

**6. 家风节俭：自号"啬翁"，告诫家人"居家勤俭之法"**

张謇曾被人们称为南通首富，可他却自号"啬翁"——取"吝啬"之意。他始终保持俭朴的生活习惯，并要求家人勤俭持家。他回老家常乐，或去公司，大多是步行或坐独轮车。

他在家书中说道："凡人家用度，若但出入相当，已不足以预备非常之急。若复过度，则更不合处家之道。"以此告诉家人居家勤俭的道理。

张謇是中国近代史上响当当的人物。他终生抱定"实业救国、教育救国"的信念，为中国近代民族工业和教育事业做出巨大贡献。我国万米级载人深潜器科考母船被命名为"张謇号"，就是为了弘扬张謇实干兴邦的理念。

## 复习思考题与练习题

### 一、复习思考题

1. 简述收入确认计量的五步法模型。
2. 简述收入确认的合同应满足的五项条件。
3. 简述企业利润分配的一般程序,具体应如何核算?

### 二、练习题

资料:A 公司为增值税一般纳税人,适用税率为 13%。20×0 年 A 公司发生有关事项及其会计处理如下。

(1)7 月 1 日,因融资需要,将所生产的一批产品销售给同是增值税一般纳税人的 B 公司,不含税售价 600 万元,成本为 480 万元,商品已经发出,货款已收妥存入银行。按照双方协议,自销售后的一年内,A 公司将以 650 万元(不含税)的价格回购该批商品。至年末,A 公司尚未回购。

7 月 1 日,A 公司对该批商品销售确认了收入,并结转了相应成本。

(2)11 月 28 日,A 公司接受一项产品安装工程,安装期为 4 个月,合同总收入为 40 万元。至当年末已预收款 24 万元,实际发生成本 20 万元,估计还将发生成本 12 万元。当年末 A 公司已将 24 万元全部确认为收入,并结转成本 20 万元。

(3)12 月 2 日,A 公司向 C 公司销售商品一批,总售价(不含增值税)120 万元,总成本 65 万元,商品已经发出,货款已由购货方在 11 月初全额预付。C 公司当天收到商品后,发现商品质量未达到合同规定要求,立即根据合同相应条款与 A 公司协商,要求 A 公司给予一定的价格减让,否则予以退货。至年末,双方尚未就此达成一致,A 公司也未采取任何补救措施。

对上项商品销售,12 月 A 公司确认了相应收入并结转了成本。

(4)12 月 30 日,A 公司采用分期收款方式出售大型设备 1 套,合同约定总价款 2 500 万元,约定从 20×0 年开始分 5 年平均收取、年末结算。销售当日该设备的市价为 2 000 万元,成本 1 500 万元。

要求:

(1)逐笔分析、判断 A 公司对上述业务的会计处理是否正确,并说明理由。

(2)如错误,请编制 20×0 年度正确的会计分录。

# 第三篇

## 财务会计理论与实务的其他领域

# 第五章 所得税会计

## ▶ 本章概述

本章在概述会计利润和应税利润差异的基础上，总结资产负债表债务法的一般程序，并结合实务题对资产、负债计税基础，暂时性差异和递延所得税及所得税费用的确认和计量等所得税会计事项进行重点分析，同时结合思政案例与延伸阅读进行内容拓展。

## ▶ 思政目标

深刻理解递延所得税的确认对会计信息质量的影响，加强会计确认过程中的职业道德建设，增强诚信、法治意识。

## ▶ 育人元素

树立诚信、法治的价值观。

## 第一节 所得税会计概述

企业的会计核算以向财务报告使用者提供高质量的会计信息为目标，国家的税收管理则以鼓励纳税人公平竞争、合理纳税为目标。为了实现目标，企业的会计核算要求以会计准则为规范，税务处理则必须以税收法规为依据。而会计准则与税收法规两者对收入、费用(利得、损失，下同)等影响"所得"的规范不同，从而导致会计利润与应税利润之间存在差异，这就为所得税会计提出了一系列需要解决的问题。

## 一、会计利润与应税利润的差异

会计利润是指根据会计准则确定的一定期间内扣除所得税费用前的利润，即利润表中的利润总额；应税利润则是指根据税收法规确定的一定期间内应缴纳所得税的利润，亦称为"应税所得""应纳税所得额"。会计利润与应税利润之间的差异主要体现为永久性差异、时间性差异与暂时性差异。

### （一）永久性差异

永久性差异，是指会计利润与应税利润之间因会计准则和税法法规对某些收入、费用的确认口径不同而导致的某一期间发生、以后期间不能转回的差异。"确认口径不同"有两层含义：一是确认与否的口径不同；二是确认金额的口径不同。例如企业某报告期内取得的持有国债的利息收入200万元，按照会计准则规定确认为当期的投资收益，并计入会计利润，而按税法规定作为免税收入则不计入应税利润，这200万元的差异就属于确认与否的口径不同导致的差异。再比如，企业某报告期内计入管理费用的业务招待费900万元中有80万元属于超过税法规定税前列支标准的，那么这80万元的差异就属于确认金额的口径不同导致的差异。永久性差异在本期发生，以后期间不得转回，由此导致的会计利润与应税利润的差异永久存在。

### （二）时间性差异与暂时性差异

时间性差异，是指会计利润与应税利润之间因会计准则和税法法规对某些收入、费用的确认时间不同而导致的某一期间发生、以后期间能够转回的差异。即在会计利润与应税利润的确定上，会计上先确认收入或费用而税法上后确认，或者税法上先确认收入或费用而会计上后确认，两者确认收入或费用金额在各单一的期间存在差异，但是总额是相等的。暂时性差异是指一项资产或者负债的账面价值与计税基础之间的差异。资产、负债的账面价值是指资产负债表中有关资产、负债的报告价值；资产、负债的计税基础则是指计税时归属于有关资产、负债的金额。

时间性差异都是暂时性差异，但是暂时性差异不都是时间性差异。暂时性差异除了包括所有的时间性差异以外，还包括未作为资产、负债确认的项目产生的暂时性差异和可抵扣亏损及税款递减产生的暂时性差异等。

在永久性差异和暂时性差异两种计税差异中，由于永久性差异是单向的、不可逆转的，故其会计处理原则应以税法的规定为基础，将会计所得调整为应税所得；而暂时性差异是暂时的、可逆转的，因此，所得税会计的核心集中在对这种差异的会计处理上。

## 二、所得税会计的一般程序

企业所得税的会计处理,经历了由应付税款法到递延法、利润表债务法以及资产负债表债务法的变迁。

### 知识链接

企业在所得税会计处理中,无论采用哪一种方法,也无论会计准则对会计利润的确认与计量规范有何变化,企业每期都要在会计利润基础上根据税法规定调整并确定应税利润,以便根据应税利润与现行税率计算确定本期应交所得税。

我国现行企业会计准则规定,所得税会计处理采用资产负债表债务法。资产负债表债务法,是将资产、负债的账面价值与计税基础之间的暂时性差异对未来期间的纳税影响,在资产负债表中予以递延,并根据每一会计期间确认的递延所得税和应交所得税确认所得税费用的会计处理方法。

资产负债表债务法的基本程序如下:

(1)按照相关会计准则规定确定资产负债表中除递延所得税资产和递延所得税负债以外的其他资产和负债项目的账面价值。

(2)按照会计准则中对于资产和负债计税基础的确定方法,以适用的税收法规为基础,确定资产负债表中有关资产、负债项目的计税基础。

(3)比较有关资产、负债的账面价值与计税基础,确定暂时性差异;分别确定应纳税暂时性差异和可抵扣暂时性差异对未来的纳税影响,即递延所得税负债和递延所得税资产的期末应有余额;将其与递延所得税负债和递延所得税资产的期初余额相比,进而确认当期递延所得税负债和递延所得税资产的发生额。

(4)就企业当期发生的交易或事项,按照适用的税法规定计算确定当期应纳税所得额,将应纳税所得额与适用的所得税税率计算的结果确认为当期应交所得税,作为当期所得税。

(5)确定利润表中的所得税费用。利润表中的所得税费用由当期所得税和递延所得税两部分构成。企业在计算确定当期所得税和递延所得税的基础上,将两者之和(或之差)作为利润表中所得税费用。

# 第二节　所得税会计重要条款的理解与会计处理

## 一、资产、负债的计税基础

### (一) 资产的计税基础

资产的计税基础,是指企业收回资产账面价值过程中,计算应纳税所得额时按照税法规定可以自应税经济利益中抵扣的金额,即某一项资产在未来期间计税时按照税法规定可以税前扣除的总金额。

资产在初始确认时,其计税基础一般为取得成本,即企业为取得某项资产支付的成本在未来期间准予税前扣除。在资产持续持有过程中,其计税基础是指资产的取得成本减去以前期间按照税法规定以及税前扣除的金额后的余额。例如,固定资产、无形资产等长期资产在某一资产负债表日的计税基础是指其成本扣除按照税法规定已在以前期间税前扣除的累计折旧额或累计摊销额后的金额。例如资产的后续计量中涉及计提减值准备、确认公允价值变动损益,这种情况下,按照税法规定已确认的未实现损失(资产减值损失、公允价值变动损益)或利得需在未来实际发生时才准予税前扣除(或者计税),因此此类资产在某一资产负债表日的计税基础是确认资产减值损失或公允价值变动损益之前的价值。

【实务题 5-1】　20×1 年年末甲公司某些资产的资料如下:

(1) 应收账款账面余额 900 000 元,未计提坏账准备;交易性金融资产在资产负债表中的报告价值为 500 000 元,利润表中报告的当年确认交易性金融资产公允价值变动损失为 30 000 元。

(2) 存货期末账面余额 180 000 元,存货跌价准备期末账面余额 30 000 元(其中,当期计提存货跌价准备 9 000 元)。

(3) A 设备成本 500 000 元,已计提折旧 100 000 元(已在当年和以前期间抵扣),税法允许将剩余成本在未来期间予以抵扣;B 设备系非同一控制吸收合并取得的,按合并日公允价值 90 000 元作为取得成本并入账,该设备在被合并方原账面价值为 85 000 元,税法允许未来期间税前抵扣的折旧费为 85 000 元。

(4) 期末无形资产账面余额 600 000 元,累计摊销账面余额 150 000 元,无形资产减值准备期末余额 70 000 元,资产负债表中的报告价值为 380 000 元。

(5)使用上述资产产生的收入以及处置利得都是应税项目。

【解析】 根据上述资料,确定20×1年年末各相关资料的计税基础。其计算过程见表5—1。

表5—1　　　　　　　　20×1年年末有关资产计税基础的确定　　　　　　　单位:元

| 项 目 | 计税基础 |
| --- | --- |
| 应收账款 | 900 000 |
| 交易性金融资产 | 500 000+30 000=530 000 |
| 存 货 | 180 000 |
| 固定资产 | 500 000−100 000+85 000=485 000 |
| 无形资产 | 600 000−150 000=450 000 |

### (二) 负债的计税基础

负债的计税基础,是指负债的账面价值减去未来期间计算应纳税所得额时按照税法规定可予抵扣的金额。它用公式表示为:

负债的计税基础=账面价值−未来期间按照税法规定可予税前扣除的金额

负债的确认与偿还一般不会影响企业的损益,也不会影响其应纳税所得额,未来期间计算应纳税所得额时按照税法规定可予抵扣的金额为零,计税基础即为账面价值。但是,某些情况下,负债的确认可能会影响企业的损益,进而影响不同期间的应纳税所得额,使得其计税基础与账面价值之间产生差额,例如与产品保修费用有关的预计负债。

【实务题5—2】 20×1年年末甲公司某些资产的资料如下:

甲公司20×1年因销售产品向客户承诺提供3年保修服务,并将符合预计负债确认条件的100万元保修费用确认为当年的销售费用,当年尚未发生保修支出。根据上述资料,该项预计负债在甲公司20×1年12月31日资产负债表中的账面价值为100万元。

【解析】

(1)如果税法规定相关费用在该负债的偿还即实际发生产品保修支出的期间允许税前扣除,则20×1年年末:

该项预计负债的计税基础=账面价值−未来可予税前扣除的费用
=100−100
=0

(2)如果税法规定在产品保修支出实际发生的期间只允许税前扣除80万元的费

用,则20×1年年末:

该项预计负债的计税基础=账面价值-未来可予税前扣除的费用

$$=100-80$$

$$=20(万元)$$

【实务题5-3】 A公司于20×1年12月20日自客户收到一笔合同预付款,金额2 000万元,作为预收账款核算。按照适用税法规定,该款项应计入取得当期应纳税所得额计算缴纳所得税。

【解析】 该预收账款在A公司20×1年12月31日资产负债表中的账面价值为2 000元。该预收账款的计税基础=账面价值(2 000万元)-未来期间计算应纳税所得额时按照税法规定可予抵扣的金额(2 000万元)=0。

该项负债的账面价值2 000万元与其计税基础零之间产生了2 000万元的暂时性差异。该差异是指在未来期间企业按照会计规定确认收入,产生经济利益流入时,因其在产生期间已经计算缴纳了所得税,未来期间则不再计入应纳税所得额,从而会减少企业于未来期间的所得税税款流出。

【实务题5-4】 甲企业20×1年12月计入成本费用的职工工资总额为4 000万元,至20×1年12与31日尚未支付。按照税法规定,当期计入成本费用的4 000万元工资支出中,可予税前扣除的合理部分为3 000万元。

【解析】 该项应付职工薪酬负债于20×1年12月31日的账面价值为4 000万元。该项应付职工薪酬负债于20×1年12月31日的计税基础=账面价值(4 000万元)-未来期间计算应纳税所得额时按照税法规定可予抵扣的金额(0)=4 000(万元)。

该项负债的账面价值4 000万元与其计税基础4 000万元相同,不形成暂时性差异。该事项的会计处理与税收处理存在差异,但之所以不形成暂时性差异的原因是两者之间1 000万元差异在产生当期不能税前扣除,在未来期间也不能税前扣除,从而构成一项永久性差异,其不会对企业未来期间的计税产生影响。

### (三)特殊项目的计税基础

某些交易或者事项发生以后,虽然因为不符合资产、负债的确认条件而未形成资产负债表资产或者负债项目,但是按照税法规定却可以确认其计税基础。比如,企业发生的符合条件的广告费和业务宣传费,除另有规定外,不超过销售收入15%部分准予扣除,超过部分需要结转以后年度扣除。该类费用在发生时按照会计准则计入当期损益,没有形成资产负债表中的资产或者负债,但是按照税法规定可以确定其计税基础,即以后纳税年度准予税前扣除金额。类似这种情况还有会计上于实际发生时直接计入当期损益、税法允许分期摊销或者开始经营之日的当年一次性扣除的筹建费。

## 二、暂时性差异

### （一）资产、负债的暂时性差异

资产、负债的暂时性差异，是指资产、负债的账面价值与其计税基础不同而产生的差额。暂时性差异按其未来应税利润的影响不同，分为应纳税暂时性差异和可抵扣暂时性差异两类。

**1. 应纳税暂时性差异**

应纳税暂时性差异，是指在确定未来收回资产或清偿负债期间的应纳税所得额时，将导致产生应税金额的暂时性差异。应纳税暂时性差异通常产生于以下两种情况，见表5—2。

表5—2　　　　　应纳税暂时性差异

| 要　素 | 比　较 |
|---|---|
| 资　产 | 账面价值＞计税基础 |
| 负　债 | 账面价值＜计税基础 |

（1）资产的账面价值大于其计税基础。资产的账面价值代表企业在持续使用或者最终出售该项资产时将取得的经济利益总额，而计税基础代表的是资产在未来期间可予税前扣除的金额。资产的账面价值若大于其计税基础，意味着该项资产未来期间产生的经济利益超过可税前扣除的金额，两者之间的差额需要交税，从而增加未来期间的应纳税所得额，因此属于应纳税暂时性差异。

（2）负债的账面价值小于其计税基础。负债的账面价值为企业预计未来期间清偿该项负债时的经济利益流出，而其计税基础代表的是账面价值在扣除税法规定未来期间允许税前扣除的金额之后的差额。负债的账面价值与计税基础不同产生的暂时性差异，实质上是税法规定就该项负债在未来期间可以税前扣除的金额。负债的账面价值小于其计税基础，则意味着就该项负债在未来期间可以税前抵扣的金额为负数，即应在未来期间应纳税所得额的基础上调增，增加未来期间的应纳税所得额，因此也属于应纳税暂时性差异。

**2. 可抵扣暂时性差异**

可抵扣暂时性差异，是指在确定未来收回资产或清偿负债期间的应纳税所得额时，将导致产生可抵扣金额的暂时性差异。可抵扣暂时性差异通常产生于以下两种情况，见表5—3。

表 5—3　　　　　　　　可抵扣暂时性差异

| 要　素 | 比　较 |
| --- | --- |
| 资　产 | 账面价值＜计税基础 |
| 负　债 | 账面价值＞计税基础 |

(1)资产的账面价值小于其计税基础。资产的账面价值如果小于其计税基础,意味着该项资产未来期间产生的经济利益低于可税前扣除金额,两者之差可予抵扣,属于可抵扣暂时性差异。

(2)负债的账面价值大于其计税基础。由负债的计税基础计算公式可以推断,负债账面价值大于其计税基础而产生的暂时性差异,实质上税法规定就该项负债可以在未来期间税前扣除的金额,因此,这个差额也属于可抵扣暂时性差异。

【实务题5-5】　沿用实务题5—1、5—2的资料。20×1年年末甲公司有关资产、负债的暂时性差异计算过程见表5—4。

【解析】

表 5—4　　　　　20×1年年末有关资产、负债的暂时性差异　　　　　单位:元

| 项　目 | 计税基础 | 账面价值 | 可抵扣暂时性差异 | 应纳税暂时性差异 |
| --- | --- | --- | --- | --- |
| 应收账款 | 900 000 | 900 000 | 0 | 0 |
| 交易性金融资产 | 530 000 | 500 000 | 30 000 | — |
| 存　货 | 180 000 | 150 000 | 30 000 | — |
| 固定资产 | 485 000 | 490 000 | — | 5 000 |
| 无形资产 | 450 000 | 380 000 | 70 000 | — |
| 预计负债 | 0 | 1 000 000 | 1 000 000 | — |
| 合　计 | — | — | 1 130 000 | 5 000 |

知识链接

常见的资产、负债的暂时性差异形成的原因:以公允价值进行后续计量的资产,税法规定计税基础为其取得成本;对于固定资产,会计准则与税法规定的折旧年限、折旧方法不同以及计提的减值准备;对于无形资产,税法规定内部研发费用按形成无形资产的成本的150%摊销,对于使用寿命不确定的无形资产,会计上不予摊销,计税时按照税法规定确定的摊销额允许税前扣除以及计提减值准备的处理;对于长期股权投资,权益法下对初始成本进行调整,而税法要求计税基础维持原取得成本、权益法下因确认投资收益或享有被投资方其他权益变化而调整长期股权投资账面价值,但其计税基础并不随之发生变化;对于预计负债,会

计上确认的与售后服务有关的预计负债,税法规定相关支出应于发生时税前扣除;对于合同负债,会计上未确认为收入但税法规定应计入当期应纳税所得额。

### (二)特殊项目产生的暂时性差异

**1. 未作为资产、负债确认的项目产生的暂时性差异**

某些交易或事项发生以后,因为不符合资产、负债确认条件而未体现为资产负债表中的资产或负债,但按照税法规定能够确定其计税基础的,其账面价值零与计税基础之间的差异也构成暂时性差异。比如前面提到的企业发生的符合条件的广告费和业务宣传费支出等有规定扣除标准的费用,该类费用在发生时按照会计准则规定即计入当期损益,不形成资产负债表中资产,但按照税法规定可以确定其计税基础的,两者之间的差异也形成暂时性差异。

**【实务题5-6】** A公司20×1年发生了4 000元广告费支出,发生时已作为销售计入当期损益。税法规定,该类支出不超过当年销售收入15%的部分允许当期税前扣除,超过部分允许以后年度结转税前扣除。假定A公司20×1年实现销售收入为20 000元。

**【解析】** 上述广告费用虽然不影响资产负债表,但是实际发生的广告费用4 000元在当年税法允许抵扣的金额只有3 000元(20 000×15%),1 000元超过部分需要以后年度税前扣除,因此,可以理解为资产账面价值为0,计税基础为1 000元,形成可抵扣暂时性差异1 000。

**2. 可抵扣亏损及税款抵减产生的暂时性差异**

按照税法规定可以结转以后年度的未弥补亏损及税款抵减,虽不是因资产、负债的账面价值与计税基础不同产生的,但与可抵扣暂时差异具有同样的作用,均能够减少未来期间的应纳税所得额,进而减少未来期间的应交所得税,会计处理上视同可抵扣暂时性差异。

**【实务题5-7】** 甲公司于20×1年因政策性原因发生经营亏损2 000万元,按照税法,该亏损可用于抵减以后5个年度的应纳税所得额。该公司预计未来5年能产生足够的应纳税所得额弥补该亏损。

**【解析】** 虽然该经营亏损不是由资产、负债的账面价值与其计税基础不同产生的,但从性质上可以减少未来期间企业的应纳税所得额和应交所得税,属于可抵扣暂时性差异,金额为2 000万元。

### 三、递延所得税的确认和计量

企业在计算确定应纳税暂时性差异与可抵扣暂时性差异后,应当按照所得税会计规定的原则确认相关的递延所得税负债以及递延所得税资产。

> **知识链接**
>
> 企业对确认的递延所得税负债或递延所得税资产的处理,分以下三种情况:(1)一般情况下,确认的递延所得税负债或递延所得税资产,应计入所得税费用;(2)根据与直接计入所有者权益的交易或事项有关的暂时性差异确认的递延所得税资产或递延所得税负债及其变化,应计入所有者权益;(3)根据与企业合并中取得的资产、负债有关的暂时性差异确认的递延所得税负债或递延所得税资产,调整合并中产生的商誉价值或计入合并当期损益。

### (一)递延所得税负债的确认和计量

#### 1. 递延所得税负债的确认

企业在确认因应纳税暂时性差异产生的递延所得税负债时,应遵循以下原则:除所得税准则中明确规定可不确认递延所得税负债的情况以外,企业对于所有的应纳税暂时性差异均应确认相关的递延所得税负债。除与直接计入所有者权益的交易或事项以及企业合并中取得资产、负债相关的以外,在确认递延所得税负债的同时,企业应增加利润表中的所得税费用。与应纳税暂时性差异相关的递延所得税负债的确认,体现了会计上的谨慎性原则,即企业进行会计核算时不应高估资产、低估负债。

递延所得税负债,是指按照应纳税暂时性差异和现行税率计算确定的负债,其性质属于应付的税款,在未来期间转为应纳税款。期末递延所得税负债应有余额大于期初的递延所得税负债的余额而形成的差额,应确认递延所得税费用,借记"所得税费用"账户,贷记"递延所得税负债"账户;反之,应冲减递延所得税负债,并作为递延所得税收益处理,借记"递延所得税负债"账户,贷记"所得税费用"账户。

【实务题5-8】 甲公司于20×5年12月底购入一台机器设备,成本为525 000元,预计使用年限为6年,预计净残值为零。会计上按直线法计提折旧,因该设备符合税法规定的税收优惠条件,计税时可采用年数总和法计提折旧,假定税法规定的使用年限及净残值均与会计相同,且该公司各会计期间均未对固定资产计提减值准备,除该项固定资产产生的会计与税法之间的差异外,不存在其他会计与税收的差异。

【解析】 该公司每年因固定资产账面价值与计税基础不同应确认的递延所得税情况见表5-5。

表5-5　　　　　　　　机器设备各年的递延所得税情况　　　　　　　　单位:元

| 项目 | 20×5 | 20×6 | 20×7 | 20×8 | 20×9 | 20×0 |
|---|---|---|---|---|---|---|
| 实际成本 | 525 000 | 525 000 | 525 000 | 525 000 | 525 000 | 525 000 |

续表

| 项 目 | 20×5 | 20×6 | 20×7 | 20×8 | 20×9 | 20×0 |
|---|---|---|---|---|---|---|
| 累计会计折旧 | 87 500 | 175 000 | 262 500 | 350 000 | 437 500 | 525 000 |
| 账面价值 | 437 500 | 350 000 | 262 500 | 175 000 | 87 500 | 0 |
| 累计计税折旧 | 150 000 | 275 000 | 375 000 | 450 000 | 500 000 | 525 000 |
| 计税基础 | 375 000 | 250 000 | 150 000 | 75 000 | 25 000 | 0 |
| 暂时性差异 | 62 500 | 100 000 | 112 500 | 100 000 | 62 500 | 0 |
| 适用税率 | 25% | 25% | 25% | 25% | 25% | 25% |
| 递延所得税负债余额 | 15 625 | 25 000 | 28 125 | 25 000 | 15 625 | 0 |

该项固定资产各年度账面价值与计税基础以及递延所得税负债的确认如下：

(1) 20×5 年资产负债表日：

账面价值=525 000－87 500=437 500(元)

计税基础=525 000－150 000=375 000(元)

资产的账面价值大于其计税基础，形成的差异为 62 500 元，此差异会增加未来期间的应纳税所得额和应交所得税，属于应纳税暂时性差异，应确认与其相关的递延所得税负债 15 625 元(62 500×25%)，账务处理如下：

借：所得税费用　　　　　　　　　　　　　　　　　　　15 625
　　贷：递延所得税负债　　　　　　　　　　　　　　　　　15 625

(2) 20×6 年资产负债表日：

账面价值=525 000－175 000=350 000(元)

计税基础=525 000－275 000=250 000(元)

资产的账面价值大于其计税基础，形成的差异为 10 000 元，属于应纳税暂时性差异，应确认与其相关的递延所得税负债 25 000 元，但是递延所得税负债的期初余额为 15 625 元，当期应进一步确认递延所得税负债 9 375 元(25 000－15 625)，账务处理如下：

借：所得税费用　　　　　　　　　　　　　　　　　　　9 375
　　贷：递延所得税负债　　　　　　　　　　　　　　　　　9 375

(3) 20×7 年资产负债表日：

账面价值=525 000－262 500=262 500(元)

计税基础=525 000－375 000=150 000(元)

资产账面价值大于计税基础，形成的差异为 112 500 元，属于应纳税暂时性差异，应确认与其相关的递延所得税负债28 125元,递延所得税期初余额为25 000元,当期应进一步确认递延所得税负债3 125元,账务处理如下:

  借:所得税费用           3 125
    贷:递延所得税负债         3 125

(4) 20×8年资产负债表日:

账面价值=525 000-350 000=175 000(元)

计税基础=525 000-450 000=75 000(元)

资产账面价值大于计税基础,形成的差异为100 000元,属于应纳税暂时性差异,应确认与其相关的递延所得税负债25 000元,递延所得税期初余额为28 125元,当期应转回原已确认的递延所得税负债3 125元,账务处理如下:

  借:递延所得税负债         3 125
    贷:所得税费用          3 125

(5) 20×9年资产负债表日:

账面价值=525 000-437 500=87 500(元)

计税基础=525 000-500 000=25 000(元)

资产账面价值大于计税基础,形成的差异为62 500元,属于应纳税暂时性差异,应确认与其相关的递延所得税负债15 625元,递延所得税期初余额为25 000元,当期应转回原已确认的递延所得税负债9 375元,账务处理如下:

  借:递延所得税负债         9 375
    贷:所得税费用          9 375

(6) 20×0年资产负债表日:

该项固定资产的账面价值及计税基础均为零,两者之间不存在暂时性差异,前期已确认的与该项资产相关的递延所得税负债应全额转回,账务处理如下:

  借:递延所得税负债         15 625
    贷:所得税费用          15 625

**2. 递延所得税负债的计量**

所得税准则规定,资产负债表日,对于递延所得税负债,应当根据适用税法规定,按照预期收回该资产或者清偿负债期间适用税率计量。即递延所得税负债应以相关应纳税暂时性差异转回期间按照税法规定适用的所得税税率计量。无论应纳税暂时性差异的转回期间如何,相关的递延所得税负债不要求折现。

## （二）递延所得税资产的确认和计量

### 1. 递延所得税资产的确认

递延所得税资产，是指按照可抵扣暂时性差异和现行税率计算确定的资产，其性质属于预付的税款，在未来期间抵扣应纳税款。期末递延所得税资产应有余额大于期初的递延所得税资产余额的差额，应确认递延所得税收益，冲减所得税费用，借记"递延所得税资产"账户，贷记"所得税费用"账户；反之，应冲减递延所得税资产，并作为递延所得税费用处理，借记"所得税费用"账户，贷记"递延所得税资产"账户。

【实务题5-9】 20×9年丁公司内部研究开发形成的无形资产，在当年年末达到预定用途（尚未开始摊销），其成本为1 000万元；预定摊销年限为10年。按税法规定，研究开发支出形成无形资产的，按照无形资产成本的150%摊销。

【解析】 根据上述资料，丁公司20×9年年末、20×1年年末的会计处理如下：

(1)20×9年年末。按税法规定可予未来期间税前扣除的金额为1 500万元(1 000×150%)，即其计税基础为1 500万元。其账面价值为1 000万元，于是产生了500万元的可抵扣暂时性差异。但是，由于该项无形资产并非产生于企业合并，同时在初始确认时既不影响会计利润也不影响应纳税所得额，因此，期末将1 000万元的开发支出确认为无形资产的同时，不应确认相关的递延所得税资产。

(2)20×1年年末。该无形资产期末账面价值为900万元(1 000－1 000÷10)，其计税基础则为1 350万元(1 500－1 500÷10)，对450万元可抵扣暂时性差异的纳税影响应予以确认，其账务处理为：

借：递延所得税资产　　　　　　　　　　　　　　　　1 125 000
　　贷：所得税费用　　　　　　　　　　　　　　　　　　　1 125 000

### 2. 递延所得税资产的计量

与递延所得税负债的计量原则一致，递延所得税资产的账面价值应当代表其为企业带来未来经济利益的能力。企业在确认了递延所得税资产以后，因各方情况发生变化，导致按照新的情况估计，在有关可抵扣暂时性差异转回的期间内，无法产生足够的应纳税所得额以利用可抵扣暂时性差异，使得与递延所得税资产相关的经济利益无法全部实现，对于预期无法实现的部分，应当减记递延所得税资产的账面价值。

## 四、当期所得税与所得税费用的确认和计量

所得税会计的主要目的之一是为了确定当期应交所得税以及利润表中的所得税费用。在按照资产负债表债务法核算所得税的情况下，利润表中的所得税费用包括当期应交所得税和当期应确认的递延所得税两个部分。

## （一）当期应交所得税

当期所得税是指企业按照税法规定计算确定的针对当期发生的交易和事项，应缴纳给税务部门的所得税金额，即当期应交所得税。

企业在确定当期应交所得税时，对于当期发生的交易或事项，会计处理与税法处理不同的，应在会计利润的基础上，按照适用税法进行调整，计算出当期应纳税所得额，按照应纳税所得额与适用所得税税率计算确定当期应交所得税。一般情况下应纳税所得额可在会计利润的基础上，考虑会计与税收法规之间的差异，其公式为：

应纳税所得额＝会计利润＋按照会计准则规定计入利润表，但计税时不允许税前扣除的费用±计入利润表的费用与按照税法规定可税前抵扣金额之间的差额±计入利润表的收入与按照税法规定应计入应纳税所得额的收入之间的差额－税法规定的不征税收入±其他需要调整的因素

## （二）当期应确认的递延所得税

递延所得税是指按照所得税准则规定当期应予确认的递延所得税资产和递延所得税负债金额，即递延所得税资产及递延所得税负债当期发生额的综合结果，但不包括计入所有者权益的交易或事项的所得税影响。它用公式表示即：

递延所得税＝（递延所得税负债的期末余额－递延所得税负债的期初余额）－（递延所得税资产的期末余额－递延所得税资产的期初余额）

## （三）所得税费用

计算确定当期所得税及递延所得税以后，利润表中应予确认的所得税费用为两者之和，即：所得税费用＝当期应交所得税＋当期应确认的递延所得税。

【实务题5-10】 A公司自20×9年开始采用资产负债表债务法。20×1年度利润表中的利润总额为4 000万元，所得税税率为25%。当年发生的有关交易和事项中，会计处理与税收处理存在差别的有：

(1)向关联企业捐赠现金500万元。假设按照税法规定，企业向关联方的捐赠不允许税前扣除。

(2)确认因违反环保规定应支付的罚款600万元。

(3)期末持有的交易性金融资产成本为200万元，公允价值为900万元。税法规定，以公允价值计量的金融资产持有期间市价变动不计入应税利润。

(4)期末资产负债表中"存货"项目的报告价值为1 500万元，当年对存货计提80万元的存货跌价准备（"存货跌价准备"科目的年初余额为40万元）。

(5)20×9年1月开始计提折旧的一项固定资产，成本为1 000万元，使用年限为

10年,净残值为0,会计处理按双倍余额递减法计提折旧,税收处理按直线法计提折旧。假设税法规定的使用年限及净残值与会计规定相同,无其他影响纳税的情况。

**【解析】** 根据上述资料,20×1年确认所得税的会计处理如下:

(1)计算当年应交所得税:

应纳税所得额＝4 000＋500＋600－700＋80＋60＝4 540(万元)

应交所得税＝4 540×25％＝1 135(万元)

(2)计算确定20×1年年末暂时性差异。上述交易或事项涉及的暂时性差异情况见表5－6。

表5－6　　　　　　　　　20×1年年末暂时性差异计算表　　　　　　单位:万元

| 项　目 | 账面价值 | 计税基础 | 应纳税暂时性差异 | 可抵扣暂时性差异 |
|---|---|---|---|---|
| 交易性金融资产 | 900 | 200 | 700 | — |
| 存　货 | 1 500 | 1 620 | — | 120 |
| 固定资产原值 | 1 000 | 1 000 | — | — |
| 减:累计折旧 | 360 | 200 | — | — |
| 减值准备 | 0 | 0 | — | — |
| 固定资产账面价值 | 640 | 800 | — | 160 |
| 其他应付款 | 600 | 600 | — | — |
| 总　计 | — | — | 700 | 280 |

(3)计算确定20×1年递延所得税的年初已有余额、年末应有余额:

①年初余额:

递延所得税资产＝40×25％＋100×25％＝35(万元)

递延所得税负债＝0×25％＝0

②年末余额:

递延所得税资产＝280×25％＝70(万元)

递延所得税负债＝700×25％＝175(万元)

(4)计算确定本年应确认的递延所得税:

应确认的递延所得税资产＝70－35＝35(万元)

应确认的递延所得税负债＝175－0＝175(万元)

应确认的递延所得税＝175－35＝140(万元)

(5)计算确定利润表中应确认的所得税费用:

所得税费用＝1 135＋140＝1 275(万元)

(6)编制当年确认所得税费用的会计分录(单位:万元):

| | | |
|---|---|---|
| 借:所得税费用 | | 1 275 |
| 递延所得税资产 | | 35 |
| 贷:递延所得税负债 | | 175 |
| 应交税费——应交所得税 | | 1 135 |

# 第三节 本章课程思政案例及延伸阅读

企业对递延所得税不同的处理方式会带来差异显著的经济后果。为扩展本章内容的理解,本章课程思政案例侧重于递延所得税资产和递延所得税负债内容的延伸,并结合目前实务中对资产负债表债务法应用过程中存在的一些问题进行分析和阐述。

## 一、本章课程思政案例

### (一)案例主题与思政意义

**1. 案例主题**

理解资产负债表债务法的应用,并深刻认识递延所得税处理恰当性带来的经济后果。

**2. 思政意义**

结合案例深刻认识递延所得税的确认与管理对企业资产质量、财务指标以及损益的影响。会计等管理人员应该诚信、守法,在职业判断时保持中立性,降低盈余管理的空间,保证企业递延所得税等相关会计信息的可靠性和真实性。

### (二)案例描述与分析

**【案例描述】**

#### 企业递延所得税会计信息质量研究——基于水井坊的案例分析[①]

四川水井坊股份有限公司(以下简称"水井坊")成立于1993年12月,并于1996年12月6日在上海证券交易所挂牌上市,股票代码600779。公司的主要业务为酒类产品的生产和销售,致力于将"水井坊"打造成国内知名度最高、最受信赖的高端白酒品牌。

---

① 刘诗琴、唐妤.企业递延所得税会计信息质量研究——基于水井坊的案例分析[J].中国注册会计师,2019(8):123-125.注:本书对部分内容进行了调整。

**【案例分析】**

1. 递延所得税资产占比逐年增大,降低企业资产质量

根据 Wind 数据库的统计结果,2018 年递延所得税资产占比前 100 位的上市公司中,*ST 莲花占比最高,达到了总资产的 21.48%,比重最低的掌趣科技也达到 2.76%,平均占比为 4.41%。水井坊的递延所得税资产在总资产中的占比一直较高,如表 5—7 所示,2012 年年末其递延所得税资产的金额达到 1.32 亿元,2012—2018 年其递延所得税资产占总资产比重均高于 3.5%(除 2014 年减计了大量递延所得税资产以外),2013 年年末比重更是达到了 6.49%。如此高占比的递延所得税资产,其确认和计量值得关注。但依据目前会计准则规定,递延所得税资产的确认,需要对未来应纳税所得额进行估计,这份"估计"意味着企业无法准确地确定是否能够取得、什么时候取得。从这个意义上看,大量确认不是真正资产的递延所得税资产,并且使其在总资产中的占比越大,企业的资产质量只会越来越差,由此所提供的会计信息质量将会受到怀疑。

表 5—7　　　水井坊 2012—2018 年年末递延所得税资产金额及占比表　　　单位:亿元

| 项　目 | 2012 | 2013 | 2014 | 2015 | 2016 | 2017 | 2018 |
| --- | --- | --- | --- | --- | --- | --- | --- |
| 递延所得税资产 | 1.32 | 1.34 | 0.26 | 0.66 | 0.79 | 1.21 | 1.13 |
| 总资产 | 26.52 | 20.62 | 16.22 | 17.95 | 22.04 | 27.89 | 31.98 |
| 比　重 | 4.98% | 6.50% | 1.60% | 3.68% | 3.58% | 4.34% | 3.53% |

2. 递延所得税的存在影响财务指标计算的准确性

递延所得税资产或负债还会影响企业财务指标的计算,因为确认大量的递延所得税资产会美化企业的财务报表、掩盖企业的真实财务状况并造成财务信息使用者对企业财务状况的误判,从而降低会计信息的可靠性。但是,目前我国财务指标的计算中都没有考虑过这种影响。本书选取资产负债率和每股净资产这两个指标,分析递延所得税资产或负债对财务指标的影响。

表 5—8 和表 5—9 分别是根据水井坊 2012—2016 年年度报告上披露的数据计算出的资产负债率和每股净资产,以及在剔除了递延所得税资产或负债的影响之后的数值。从表 5—8 数据可以看出,直接使用年报上的金额计算出的资产负债率都低于剔除递延所得税资产、负债之后的数值。以 2015 年为例,根据水井坊 2015 年年报,17.95 亿元的年末总资产除以 5.13 亿元的负债,由此计算出资产负债率为 28.6%。而如果在总资产中减去递延所得税资产、负债之后重新计算,得出的数值为 29.7%,比原资产负债率高出了 1.1%。企业的资产负债率越低就说明其具备越好的偿债能力,虽然不高于 30% 的资产负债率并不算高,但是无法否认的是,递延所得税的确对

资产负债率产生了一定影响,无法完全反映企业的真实信息。

从每股净资产的角度来看,每股净资产越高代表企业盈利水平越强,水井坊2015年年末的股东权益为12.81亿元,总股本为4.89亿股,二者相除得出每股净资产2.62元,剔除递延所得税净额0.66亿元后计算得到的每股净资产只有2.49元,比原数值低了0.13元。同时,分析2012—2016年的数据后我们发现,扣除了递延所得税后的每股净资产都低于未扣除前的数值,这说明递延所得税掩盖了公司的真实经营水平。

通过对表5—8和表5—9数据的比较,虽然水井坊的资产负债率和每股净资产在剔除前后的差额并不大,但我国目前有关上市公司财务状况的评估均是基于剔除前的数据,其所反映的信息也将对评估的准确性产生一定的影响,容易误导投资者的判断。

表5—8　　水井坊2012—2016年考虑递延所得税资产、负债前后的资产负债率表　　单位:%

|  | 2012 | 2013 | 2014 | 2015 | 2016 |
| --- | --- | --- | --- | --- | --- |
| 剔除递延所得税资产、负债前 | 28.50 | 21.36 | 26.43 | 28.60 | 33.31 |
| 剔除递延所得税资产、负债后 | 30.00 | 22.60 | 26.86 | 29.70 | 34.55 |

表5—9　　水井坊2012—2016年考虑递延所得税资产、负债前后的每股净资产表　　单位:元

|  | 2012 | 2013 | 2014 | 2015 | 2016 |
| --- | --- | --- | --- | --- | --- |
| 剔除递延所得税资产、负债前 | 3.87 | 3.27 | 2.44 | 2.62 | 3.01 |
| 剔除递延所得税资产、负债后 | 3.61 | 3.01 | 2.39 | 2.49 | 2.85 |

3. 递延所得税为企业提供了盈余管理的空间

对于递延所得税资产是否能够实现的问题,首先需要对企业正常生产经营中未来可能实现的应纳税所得额、暂时性差异未来的转回等因素进行预测。这些预测都依赖于管理人员的主观判断,缺乏实际的判断依据且具有较大的不确定性,因此管理层很可能为了自身利益或达到某种目标,对递延所得税相关项目进行操纵,为盈余管理提供了空间。

表5—10　　　　　水井坊2012—2016年净利润和所得税费用表　　　　　单位:亿元

| 年份 | 利润总额 | 净利润 | 所得税费用 | 当期所得税费用 | 递延所得税费用 |
| --- | --- | --- | --- | --- | --- |
| 2012 | 5.39 | 3.39 | 2.00 | 2.17 | −0.17 |
| 2013 | −1.59 | −1.52 | −0.07 | 0.43 | −0.50 |

续表

| 年份 | 利润总额 | 净利润 | 所得税费用 | 当期所得税费用 | 递延所得税费用 |
|------|---------|-------|-----------|---------------|---------------|
| 2014 | −3.03 | −4.03 | 1.00 | 0.15 | 0.85 |
| 2015 | 1.06 | 0.88 | 0.18 | 0.58 | −0.40 |
| 2016 | 2.68 | 2.24 | 0.44 | 0.57 | −0.13 |

从表5-10的相关数据发现，水井坊2014年亏损4亿元，其所得税费用高达1亿元，而2015年发生盈利时所得税费用反而只有0.18亿元。水井坊2012—2016年的当期所得税费用均为正数，说明从税法的角度来看，其每年都是盈利的，因此所得税费用应大于零。但是由于所得税费用是由当期所得税和递延所得税共同构成的，加上递延所得税的影响后，所得税费用就变得扑朔迷离，如水井坊在2013年确认了大量的递延所得税资产，使得递延所得税费用为−0.5亿元，与0.43亿元的当期所得税相加后，当年的所得税费用就变为了负值。因此，递延所得税的确认可能会使会计信息的可理解性和真实性受损。水井坊在2013年和2014年都发生了亏损，特别是2014年产生了4亿元的巨额亏损。而根据2014年水井坊前三季度的公告，当时的亏损还仅为1.4亿元，但最终年报中的亏损却高达4亿元，这其中很大一部分原因就是递延所得税资产的减计。

根据表5-10的数据，2013年水井坊的递延所得税费用为负值，然而2014年却确认了0.85亿元的递延所得税资产，加上当期所得税后，最终得出了1亿元的巨额所得税费用，导致2014年的亏损达到了4亿元。连续亏损两年后，在2015年的关键时期，水井坊的递延所得税又变为负值，最终只确认了0.18亿元的所得税费用，实现盈利并成功摘帽。2013—2015年水井坊递延所得税费用如此大的转变，不禁让人怀疑是不是利用递延所得税在2014年巨亏甩包袱，从而为2015年扭亏为盈摘帽做准备。

综合以上分析，净利润最终会受到多方面的共同影响，其中所得税费用的影响不容忽视。企业如果在确认递延所得税资产的过程中进行人为操纵，会通过影响企业所得税费用的方式进而影响净利润，使其符合公司的某种目标。递延所得税资产本质上不会为企业带来未来经济利益的流入，并不符合资产的定义，却在非流动资产中列示。企业如果大量确认这种高额的虚资产，必然会削弱会计信息的真实性和可靠性，其对净利润的影响很有可能成为企业进行利润操纵的方式之一，给报表使用者传递不实的会计信息。

不仅仅是所得税的盈余管理问题，近几年偷税、骗税案件也屡见不鲜，相关人员最终均受到法律的严惩。比如：2021年国家税务总局公布外贸领域十起出口骗税典型案例，根据相关法律法规予以严厉处罚，对涉及犯罪的移交司法机关予以起诉。2021

年8月,上海市税务局稽查明星郑某签订阴阳合同,涉嫌偷税问题,最终对其追缴税款、加收滞纳金并处罚款共计2.99亿元;2021年,薇某因藏匿个人收入、虚假申报等方式偷逃税款6.43亿元,最终被浙江省杭州市税务局追缴税款、加收滞纳金并处罚款共计13.41亿元。

我国自古以来就是礼仪之邦,早在两千多年前,孔子就主张"言必信,行必果"。诚信是中华民族的传统美德。党的十八大提出社会主义核心价值观,其中包括诚信、法治。在中国共产党的领导下,贯彻中国特色社会主义法治理论,全面推进依法治国,促进国家治理体系和治理能力现代化,需要全民守法。

诚信、守法也是当今社会最基本的社会行为准则。一方面我们应该认识到依法治国在税务领域的实践,另一方面应该做到讲诚信、守法纪、依法纳税,弘扬中华优秀传统文化,做社会主义法治的忠实崇尚者和社会主义核心价值观的自觉践行者。

### (三)案例讨论与升华

**【案例讨论】**

通过以上对递延所得税会计处理的分析,我们发现其虽然反映了信息的相关性,但却在各方面使信息的可靠性和真实性降低,反而造成了会计信息质量的下降。可见,递延所得税处理得是否恰当会带来不同的经济后果。结合水井坊的案例,你有何提高会计信息质量的有效建议?

**【案例升华】**

习近平总书记在庆祝中国共产党成立95周年大会上的讲话指出:"坚持不忘初心、继续前进,就要坚持中国特色社会主义道路自信、理论自信、制度自信、文化自信,坚持党的基本路线不动摇,不断把中国特色社会主义伟大事业推向前进。"2018年美国对华发动贸易战,对中国出口美国部分商品加征关税并限制中国企业对美投资并购。国务院关税税则委员会决定对原产于美国的大豆、汽车、化工品等14类106项商品加征25%关税,通过税制调整,捍卫国家利益。2020年,我国爆发新冠肺炎疫情,国家财税部门适时推出一系列针对疫情防控关键领域和重点行业的税收优惠政策,助力打赢疫情防控阻击战,体现了税收制度的高度灵活性。因此,我们应该在掌握税收知识的同时,培养正确的税收观念,增强社会责任意识及家国情怀。

党的二十大报告指出:"必须坚持守正创新。我们从事的是前无古人的伟大事业,守正才能不迷失方向、不犯颠覆性错误,创新才能把握时代、引领时代。我们要以科学的态度对待科学、以真理的精神追求真理,坚持马克思主义基本原理不动摇,坚持党的全面领导不动摇,坚持中国特色社会主义不动摇,紧跟时代步伐,顺应实践发展,以满腔热忱对待一切新生事物,不断拓展认识的广度和深度,敢于说前人没有说过的新话,敢于干前人没有干过的事情,以新的理论指导新的实践。"2016 年全面"营改增"的推行为企业减轻税负;2022 年财政部、国家税务总局和科技部为加大支持科技创新,将企业研发费用税前加计扣除比例提高至 100%;国家税务总局大幅放宽可享受企业所得税优惠的小型微利企业标准,对小微企业进一步减免所得税,诸多举措无不彰显我国在坚持社会主义基本经济制度的基础上,顺应实践发展,对财政税务制度的守正创新。

## 二、本章延伸阅读

**延伸阅读1　税改落地 美国商业巨头为何纷纷忙着减记递延所得税资产**[①]

外汇天眼 App 讯:本周二(1 月 16 日),美国巨头公司花旗集团(Citigroup Inc., C)和通用汽车公司(General Motors Co., GM)公布了总计 290 亿美元与最新税改法案有关的支出。

未来几天其他公司也可能出现类似的情况,即使数字没有那么庞大。

花旗集团周二公布第四财季业绩时表示,计入一笔 190 亿美元的支出用于所谓的递延税资产减记,递延税资产类似借据,可用来支付未来税款。受上月颁布的税改法案影响,花旗集团计入了 220 亿美元支出,其中递延税资产减记占了大头。

通用汽车周二在一次会议上表示,在 2 月 6 日公布第四财季业绩时将计入约 70 亿美元的支出,原因同上。

此类支出源于从长远看会给企业带来益处的一个政策:新税法将美国公司税税率从之前的 35%下调至 21%。

递延税资产是指公司可保留过去的税收减免和扣除优惠,用于抵消未来的税单。但当税率下降时,企业的税单也会收缩。许多这类税收优惠和扣减的价值就会下降。其原因在于,需要实现更高的利润才能将其用完,而且时间可能要长于最初的设想。在这种情况下,企业必须减记递延税资产,导致业绩中要计入支出。这类资产通常源自以往的损失。花旗集团和通用汽车在金融危机期间曾出现大规模损失,目前拥有大量的递延税资产。截至 9 月 30 日,花旗的递延税资产规模为 455 亿美元,通用汽车为 301 亿美元。

不过两家公司强调,下调后的税率最终将对其有利。花旗集团首席执行官迈克尔·科尔巴特(Michael Corbat)在该行的业绩电话会议上说,总体而言,税改对花旗及其股东是净利好。

---

① 傅荣.高级财务会计(第 5 版)[M].北京:中国人民大学出版社,2019:151-152.

除了直接冲击利润之外,递延税资产相关的支出还会对公司财务状况产生其他影响:导致公司的账面价值(即资产净值)下降。这可能会令投资者感到不安,不过下调后的税率未来将给股东带来更多利润,这样的想法或可安抚投资者。

银行还有另一重担忧:账面价值下降也可能影响监管资本(即银行为吸收损失而要求持有的缓冲资金)的衡量指标。如果这个指标降得太低,监管机构或许会限制银行派息或回购股票。

花旗集团周二说,递延所得税资产减记加上税改的其他效应,令该行一级普通股权益受到了60亿美元的冲击。即便如此,该行强调指出,其资本水平远远超出监管指引,并致力于继续执行向股东返还资本的计划。

该行还表示,将计入30亿美元与海外持有利润相关的一次性减记。

虽说花旗集团和通用汽车是新税法所造成短期痛苦的最大规模案例,但受到影响的不仅仅是它们。据预计,其他将在未来几周报告第四季度业绩的公司也将出现减记的情形。

比如,周三发布报告的美国银行(Bank of America Co.,BAC)已经表示,预计将计入30亿美元的减记。美国国际集团(American International Group Inc.,AIG)去年11月表示,受税率下调影响,该行递延所得税资产的价值可能下降约70亿美元。截至2016年年底,该公司递延所得税资产规模为207亿美元。该公司将于2月8日报告第四季度业绩。美国国际集团发言人周二未予进一步置评。

与之相反,拥有递延所得税负债(即未来应付税款)的企业可能计入利得。其原因在于,这些负债如今的价值也已经降低。富国银行(Wells Fargo & Co.,WFC)上周五报告了业绩,该行因为拥有递延所得税负债而计入39亿美元利得。

### 延伸阅读2 "乐视网"递延所得税资产过度确认[①]

乐视网于2004年11月成立于北京中关村高科技园区,是一家享有国家级高新技术企业资质的上市公司。自上市以来,乐视网依靠"平台+内容+终端+应用"的经营模式缔造了一个又一个神话般的财务数据。2016年起乐视网的财务问题初现端倪,随后其财务危机和信用危机不断加深,直至公司创始人贾跃亭于2017年5月的突然辞职使乐视的经营危机全面爆发。2016年之前,乐视网看似无懈可击的财务报表却暗流涌动,其合并报表的净利润远远大于利润总额,这一异象背后的始作俑者就是递延所得税资产。乐视网一方面将大量非全资子公司亏损计入"递延所得税资产",造成了净利润远大于营业利润的表面繁荣,从而利用粉饰的财务报表抬高了股票价格和公

---

[①] 王艳林、杨松岩.递延所得税资产、盈余管理与大股东掏空——基于乐视网递延所得税资产过度确认的案例分析[J].财会通讯,2019(01):3—6.注:本书对部分内容进行了删减。

司总市值；另一方面，乐视网以贾跃亭为代表的大股东在股价高位时不断减持，掏空了上市公司大量现金。

### （一）净利润大于利润总额——递延所得税资产过度确认

根据利润表的一般编制方法，利润总额经过扣除所得税费用得到净利润，而所得税费用又是由税前利润总额经过纳税调整项目的增减变动乘以所得税税率得出。由此可见，在所得税税率不变的情况下，影响所得税费用的因素有两个：一个是当期利润总额，另一个则是纳税调整事项。一般情况下，企业的净利润远远小于利润总额，其原因是一般企业"所得税费用"为正数。但是，乐视网的利润表却呈现出相反的态势，即其净利润显著大于利润总额，而形成这一事项的主要原因是当期过度确认了大额递延所得税资产（见表5—11）。

表5—11　　　乐视网2012—2016年净利润与递延所得税资产相关数据　　　单位：万元

| 项目 | 2012年 | 2013年 | 2014年 | 2015年 | 2016年 |
| --- | --- | --- | --- | --- | --- |
| 营业利润 | 19 741.12 | 23 670.76 | 4 786.65 | 6 942.28 | −33 749.90 |
| 利润总额 | 22 801.17 | 24 640.09 | 7 289.91 | 7 416.92 | −32 870.90 |
| 所得税费用 | 3 804.59 | 1 402.01 | −5 589.75 | −14 294.76 | −10 681.59 |
| 净利润 | 18 996.58 | 23 238.08 | 12 879.66 | 21 711.68 | −22 189.30 |
| 递延所得税资产 | 238.05 | 2 675.70 | 19 621.86 | 50 725.15 | 76 334.34 |
| 递延所得税资产占总资产的比重 | 0.08% | 0.53% | 2.22% | 2.99% | 2.37% |
| 母公司递延所得税资产占合并报表的比重 | 88.56% | 20.27% | 5.40% | 5.25% | 6.98% |

从表5—11可以看出，2014—2016年乐视网连续三年的净利润大于利润总额，其原因在于乐视网合并报表的所得税费用始终为负数，其三年的所得税费用分别为−5 589.75万元、−10 681.59万元和−14 294.76万元。之所以会形成如此高额的所得税费用，主要原因是确认了过多的递延所得税资产。2012—2016年乐视网的递延所得税资产由2012年238.05万元增长至2016年的7.63亿元，增长速度分别为1 024.01%、633.34%、158.51%和50.59%，实现了五年间近320.67%的增长。但是从母公司报表和合并报表关于递延所得税资产的报告情况来看，2012年母公司递延所得税资产占合并报表递延所得税资产的88.56%，而2016年母公司确认的递延所得税资产只占合并报表中的6.98%。因此，我们可以判断，乐视网通过子公司大量确认递延所得税资产从而在合并报表层面确认负的所得税费用，进而致使合并利润表的净利润数额大于利润总额。乐视网确认了大量递延所得税资产，却极少确认递延所得

税负债,从而导致递延所得税费用大幅度减少,虚增了利润,实现了乐视网合并利润表中净利润远远超越利润总额,从而美化了其财务报表。

### (二)递延所得税资产的形成原因——非全资子公司亏损

乐视网之所以会形成如此高额的递延所得税资产,主要原因是非全资子公司的亏损。从表5-12可以看出,乐视网递延所得税资产主要由内部未实现利润、可抵扣亏损和各种计提准备金构成,其中2013—2016年可抵扣亏损占乐视网递延所得税资产总额的比重分别为74.26%、91.80%、83.63%和85.22%。由此可见,乐视网高额的递延所得税资产主要归因于子公司的亏损。乐视网2015年扣除投资收益后的营业利润为负数,公司盈利能力下降。在这种情况下,乐视网仍然认为亏损可以由未来盈利弥补,这样的处理有虚增资产甚至粉饰报表的嫌疑。

表5-12　　　　乐视网2012—2016年递延所得税资产构成情况　　　　单位:万元

| 项目 | 2012年 | 2013年 | 2014年 | 2015年 | 2016年 |
| --- | --- | --- | --- | --- | --- |
| 内部未实现利润 | 0 | 0 | 0 | 4 723.24 | 2 536.11 |
| 可抵扣亏损 | 0 | 1 987.07 | 18 013.25 | 42 423.70 | 65 054.99 |
| 坏账准备 | 211.10 | 595.81 | 1 477.63 | 3 387.81 | 7 861.25 |
| 存货跌价准备 | 0 | 79.93 | 121.25 | 82.52 | 746.11 |
| 无形资产减值准备 | 26.95 | 12.89 | 9.72 | 78.86 | 75.36 |
| 融资租赁摊销利息 | 0 | 0 | 0 | 29.01 | 60.54 |
| 递延所得税资产合计 | 238.05 | 2 675.70 | 19 621.86 | 50 725.15 | 76 334.34 |

根据母公司对子公司的控股关系,乐视网的控股子公司可以被划分为全资和非全资子公司。从表5-13可以看出,乐视网旗下的非全资子2012—2016年的净利润大部分为负数。2014—2016年5家非全资子公司的亏损总额分别是-56 860.79万元、-65 356.66万元和-176 383.68万元。以亏损最为严重的乐视致新为例,2014年其净利润为-4.52亿元,2015年净利润亏损高达7.3亿元,与这些亏损相应的收入则约为86.93亿元。以母公司乐视网占非全资子公司的持股比例来确认子公司亏损占公司递延所得税资产的比重,则非全资子公司亏损额占当期合并报表确认递延所得税资产的72.44%、21.40%和86.93%。由此可以判断,乐视网确认的递延所得税资产绝大部分是来自于非全资子公司的亏损。

表 5—13　　　　乐视网 5 家非全资子公司 2012—2016 年的净利润变动情况　　　单位：万元

| 项　目 | 2012 年 | 2013 年 | 2014 年 | 2015 年 | 2016 年 |
|---|---|---|---|---|---|
| 乐视致新电子科技（天津）有限公司 | -1 502.59 | 0.68 | -45 167.55 | -63 565.68 | -73 051.88 |
| 乐视网文化发展（北京）有限公司 | — | -153.30 | -386.55 | -28.99 | -103.07 |
| 乐视云计算有限公司 | — | — | -3 263.30 | -1 761.99 | -100 282.41 |
| 乐视体育文化产业发展（北京）有限公司 | — | — | -8 043.39 | — | -2 710.65 |
| 乐视电子商务（北京）有限公司 | — | — | — | 0 | -235.67 |
| 非全资子公司递延所得税资产占母公司比重 | — | 1.36% | 72.44% | 21.40% | 86.93% |

2015 年乐视网对乐视致新的控股权比重为 58.55%，即乐视致新净利润中只有 58.88% 是属于乐视网的，因此 7.3 亿元的亏损额中，4.27 亿元归属于乐视网，而余下的 3.03 亿元则归属于少数股东。根据合并报表的编制方法，母公司在期末按照持股份额将子公司的净利润纳入合并报表，同时纳入子公司当期形成的递延所得税资产，当期子公司形成的递延所得税资产又会对合并报表的利润产生正向影响，使得母公司在合并报表层面可以更多地通过子公司的亏损来确认递延所得税资产，从而形成负的所得税费用最终以达到将净利润数额调至高于利润总额。事实上，乐视网这些巨亏的非全资子公司的实际控制人均为乐视网董事长贾跃亭或者是与乐视网有关联的公司，表面上看是其他少数股东亏损，实际上却是通过子公司少数股东的巨损向大股东输送巨额利益，粉饰了乐视网的经营业绩，实现了股价和业绩的不断上涨，以为其进行利润输送奠定基础。

（三）递延所得税资产过度确认的动因——盈余管理

递延所得税资产为管理层进行盈余管理提供了更加广阔的空间。乐视网正是将其大量非全资子公司亏损产计入"递延所得税资产"，造成了净利润远大于营业利润的怪象从而粉饰和美化了企业经营利润，向投资者传达企业经营状况良好的利好消息，抬高了公司股价和总市值。

（1）美化了公司经营业绩。递延所得税资产的过度确认直接导致企业净利润虚增，即便在利润总额为负的情况下，也会出现上市公司盈利的虚假繁荣，从而向投资者传递利好消息。表 5—14 列示了乐视网 2012—2016 年剔除递延所得税资产影响前后反映盈利能力的主要财务指标的对比信息。

表 5-14　乐视网 2012—2016 年剔除递延所得税资产影响前后权益净利率与每股收益

| 年份 | 权益净利率 剔除前 ① | 权益净利率 剔除后 ② | 差额 ③=①-② | 变动百分比 =③/② | 每股收益 剔除前 ⑦ | 每股收益 剔除后 ⑧ | 差额 ⑨=⑦-⑧ | 变动百分比 =⑨/⑧ |
|---|---|---|---|---|---|---|---|---|
| 2012 | 16.48% | 19.78% | -3.30% | -16.68% | 0.46 | 1.04 | -0.58 | -55.77% |
| 2013 | 15.50% | 16.43% | -0.93% | -5.66% | 0.32 | 0.59 | -0.27 | -45.76% |
| 2014 | 3.83% | 2.17% | 1.66% | 76.50% | 0.44 | 0.09 | 0.35 | 388.89% |
| 2015 | 5.13% | 1.75% | 3.38% | 193.14% | 0.31 | 0.09 | 0.22 | 244.44% |
| 2016 | -2.15% | -3.19% | 1.04% | -32.60% | 0.29 | -0.18 | 0.47 | -261.11% |

由表 5-14 可以看出,递延所得税资产的过度确认对于反映企业盈利能力的指标——权益净利率和每股收益,均产生了较大影响。从权益净利率的变动情况来看,在递延所得税资产过度确认的情况下,2014—2016 年乐视网的权益净利率分别为 3.83%、5.13% 和 -2.15%;剔除递延所得税资产的影响之后,乐视网的权益净利率分别为 2.17%、1.75% 和 -3.19%,相比剔除之前下降了 1.66%、3.38% 和 1.04%;权益净利率在剔除递延所得税资产影响前后的变动幅度分别为 76.50%、193.14% 和 -32.60%。即 2014—2016 年乐视网通过递延所得税资产对权益净利率粉饰作用分别达到 76.50%、193.14% 和 -32.60%,尤其在 2015 年,这一作用更为显著,起到了近似双倍提升权益净利率的作用。从每股收益的变化来看,2014—2016 年剔除递延所得税资产前后乐视网的每股收益分别为 0.44 和 0.09、0.31 和 0.09、0.29 和 -0.18,前后变动幅度高达 388.89%、244.44% 和 -261.11%,由此可见,递延所得税资产过度确认对每股收益粉饰作用更为明显,它成倍扩张了每股收益。以 2014 年数据为例,在没有递延所得税资产影响之下,每股收益为 0.09 元,在过度确认递延所得税资产之后,每股收益过山车般地增加到 0.44 元。从以上数据变化来看,乐视网通过递延所得税资产的过度确认粉饰了权益净利率和每股收益这两项投资者最为关注的财务指标,使得信息不对称情况下投资者更加追捧管理层通过盈余管理手段构筑起的乐视网"海市蜃楼"。

(2)抬高了公司股票价格与总市值。乐视网递延所得税资产的过度确认不但粉饰了财务报表,而且向投资者传递利好消息,从而导致股价的上涨。表 5-15 是乐视网 2012—2016 年 12 月 31 日股票价格和总市值的变动情况。从表 5-15 可以看出,自 2012 年起,乐视网的股票价格基本呈上升趋势,股票价格从 2012 年的 18.79 元上升为 2015 年的 59.04 元,涨幅高达 301.56%。2016 年因乐视网的经营模式和财务报表饱受质疑,其股价基本回落到 2014 年年末水平。就市值而言,2012—2016 年乐视网的总市值一路飙升,从 2012 年 78.54 亿元增加至 2016 年的 709.44 亿元,总市值五年间翻了 9.03 倍。期间,2015 年 5 月 12 日乐视网的市值达到上市以来的最高峰,总计 3 322.82 亿元。乐视网股票价格和总市值一路飙升一方面体现了投资者对乐视网的经营业绩的认可,另一方面则与乐视网不断的增资扩股密切相关。

表 5-15　　　　　　　乐视网 2012—2016 年资产负债表日股价和市值

| 项目 | 2012 年 | 2013 年 | 2014 年 | 2015 年 | 2016 年 |
| --- | --- | --- | --- | --- | --- |
| 每股市价(元) | 18.79 | 40.80 | 32.44 | 59.04 | 35.80 |
| 总股本(万股) | 41 800.00 | 79 846.63 | 84 119.01 | 185 601.52 | 198 168.01 |
| 总市值(亿元) | 78.54 | 325.77 | 272.88 | 1 095.79 | 709.44 |

### (四)递延所得税资产过度确认的终极目标——大股东掏空

一方面,乐视网通过非全资子公司亏损过度确认递延所得税资产,这种会计政策的选择使净利润高于利润总额,美化了母公司的合并财务报表,使其股票价格和市值一路攀升;另一方面,以贾跃亭为核心的大股东和控股股东则通过高位减持乐视网股份实现其掏空的终极目标。

(1)乐视网大股东减持行为。合理范围内的大股东减持行为对公司的经营发展是有利的,但是过度的大股东减持行为则向投资者传递了公司价值被高估和企业经营出现问题等负面信号。表 5-16 列示了乐视网 2012 年 12 月 31 日前十大股东持股情况。从表 5-16 可以看出,2012 年贾跃亭以 46.82% 的持股比例成为乐视网的第一大股东,贾跃芳和贾跃民与贾跃亭分别为姐弟、兄弟关系,贾跃亭家族实际控股比例高达 55.63%,由此可以认定贾跃亭家族为乐视网的大股东和实际控制人。

表 5-16　　　　　　　2012 年 12 月 31 日乐视网前十大股东持股情况

| 股东名称 | 股东性质 | 持股总数(万股) | 持股比例(%) |
| --- | --- | --- | --- |
| 贾跃亭 | 个人 | 19 571.41 | 46.82 |
| 贾跃芳 | 个人 | 2 633.40 | 6.30 |
| 刘弘 | 个人 | 1 463.82 | 3.50 |
| 李军 | 个人 | 1 053.36 | 2.52 |
| 贾跃民 | 个人 | 1 050.33 | 2.51 |
| 中国建设银行 | 机构投资者 | 882.88 | 2.11 |
| 汇金立方资本管理有限公司 | 机构投资者 | 686.07 | 1.64 |
| 全国社保基金 | 机构投资者 | 680.19 | 1.63 |
| 上海谊讯信息技术有限公司 | 机构投资者 | 467.35 | 1.12 |

续表

| 股东名称 | 股东性质 | 持股总数（万股） | 持股比例（%） |
|---|---|---|---|
| 中国工商银行 | 机构投资者 | 443.12 | 1.06 |

表5－17列示了乐视网大股东2014—2017年持续减持套现情况。从表5－17可以看出,2015年6月1日和6月3日贾跃亭分两次减持乐视股份合计2 524.03万股,此时创业板指数接近4 000点的历史高位,两日的减持均价分别为68.50元和73.33元,对应的总金额分别高达119 943.5万元和130 016.29万元,合计近25亿元。除此之外,在2015年10月30日,根据乐视网的公告,贾跃亭以协议方式以每股32元的价格将1亿股乐视股票转让给深圳鑫根基金公司,此轮减持获得32亿元的收益。通过2015年三次大规模的抛售股份,贾跃亭获得57亿元的收益。2016年贾跃亭没有进一步的减持行为,原因在于贾跃亭所持6.82亿股的股份中有6.14亿股处于质押状态,未质押股份占总持股份额的9.97%。2017年1月16日,乐视网引入融创作为战略投资人,贾跃亭转让1.7亿股乐视网股票给融创旗下天津嘉睿,获得60.41亿元收益。贾跃亭个人通过股权的处置自2015年6月至2017年1月短短的18个月就套现达到117.41亿元。同样,贾跃芳于2014年1月分三次减持乐视股份1 100万股,套现总额约5.44亿元。套现后,贾跃芳不再持有乐视网股份,并且卸任了乐视网监事职务。

表5－17　　　　　　　　　　乐视网大股东减持套现情况

| 大股东名称 | 减持日期 | 减持数量（万股） | 减持比例(相对上年年末持股额)(%) | 套现金额（万元） |
|---|---|---|---|---|
| 贾跃亭 | 2015年6月1日 | 1 751 | 4.71 | 119 943.50 |
| 贾跃亭 | 2015年6月3日 | 1 773.03 | 4.77 | 130 016.29 |
| 贾跃亭 | 2015年10月30日 | 10 000 | 26.89 | 32 000 |
| 贾跃亭 | 2017年1月16日 | 17 000 | 24.90 | 604 100 |
| 贾跃芳 | 2014年1月28日 | 1 100 | 21.98 | 54 400 |
| 贾跃芳 | 2014年6月26日 | 300 | 6.00 | 13 400 |

(2)大股东减持对中小股东的影响。乐视网大股东减持的掏空行为给中小股东带来了严重利益侵害。2015年6月和10月,乐视网大股东两次减持公司股份,第一次减持时股价由74.89元一路下跌到64.68元,跌幅达到13.63%;第二次减持时股价由55元跌至50.71元,跌幅达到7.8%。2017年乐视网在经历了虚假财务报表被曝光、贾跃亭出逃美国、多家银行起诉并挤兑和财报预亏116亿元的重重危机下,乐视网

的股价下跌到 5.08 元/股,这不但给机构投资者和众多中小投资者带来了高额损失,而且这种虚增利润抬高股价、大股东抛售掏空的行为也造成了资本市场的公信力和运行效率的明显下降。

乐视网利用递延所得税资产造就了非全资子公司全面亏损和母公司净利润大于利润总额的怪相,其粉饰完美的财报振奋了投资者的精神,使人们满心期待一个引领科技潮流、商业潮流的企业发展壮大,却不承想换来了一场大股东减持掏空上市公司的唏嘘,也为递延所得税资产准则的修订和会计政策选择提供了一定的借鉴。

## 复习思考题与练习题

### 一、复习思考题

1. 试论述资产负债表债务法的一般程序。
2. 何为永久性差异和暂时性差异?
3. 简述递延所得税资产和递延所得税负债的含义。
4. 企业的所得税费用包括哪些内容?

### 二、练习题

1. 资料:A 公司 20×9 年度利润表中利润总额为 3 000 万元,该公司适用的所得税税率为 25%。递延所得税资产及递延所得税负债不存在期初余额。与所得税核算有关的情况如下:

20×9 年发生的有关交易和事项中,会计处理与税收处理存在差别的如下:

(1)20×9 年 1 月开始计提折旧的一项固定资产,成本为 1 500 万元,使用年限为 10 年,净残值为 0,会计处理按双倍余额递减法计提折旧,税收处理按直线法计提折旧。假定税法规定的使用年限及净残值与会计规定相同。

(2)向关联企业捐赠现金 500 万元。假设按照税法规定,企业向关联方的捐赠不允许税前扣除。

(3)当期取得作为交易性金融资产核算的股票资成本为 800 万元,20×9 年 12 月 31 日的公允价值为 1 200 万元。税法规定以公允价值计量的金融资产持有期间市价变动不计入应纳税所得额。

(4)违反环保法规定应支付罚款250万元。

(5)期末对持有的存货计提了75万元的存货跌价准备。

要求:计算A公司相关资产、负债的账面价值与计税基础,确定20×9年当期应交所得税、递延所得税以及所得税费用。

2.资料:沿用资料1,假定A公司20×1年当期应交所得税为1 155万元。资产负债表中有关资产、负债的账面价值与其计税基础相关资料如表5—18所示,除所列示项目外,其他资产、负债项目不存在会计与税收的差异。

表5—18　　A公司20×1年有关资产、负债的账面价值与其他计税基础相关资料　　单位:万元

| 项 目 | 账面价值 | 计税基础 | 应纳税暂时性差异 | 可抵扣暂时性差异 |
| --- | --- | --- | --- | --- |
| 存货 | 4 000 | 4 200 | — | 200 |
| 固定资产原值 | 1 500 | 1 500 | — | — |
| 减:累计折旧 | 540 | 300 | — | — |
| 减值准备 | 50 | 0 | — | — |
| 固定资产账面价值 | 910 | 1 200 | — | 290 |
| 交易性金融资产 | 1 675 | 1 000 | 675 | |
| 预计负债 | 250 | 0 | | 250 |
| 总计 | | | 675 | 740 |

要求:计算A公司20×1年当期应交所得税、递延所得税以及所得税费用。

# 第六章　租赁会计

### ▶ 本章概述

本章在概述租赁的定义、识别与分类的基础上,总结租赁的主要内容,并结合实务题,从承租人和出租人视角重点分析会计处理及其列报披露等租赁会计事项,同时结合思政案例与延伸阅读进行内容拓展。

### ▶ 思政目标

全面了解租赁准则的历史沿革、新租赁准则对上市公司的影响以及影响差异,以发展的眼光看待会计问题,增进准则意识。

### ▶ 育人元素

培养良好的辩证唯物主义观。

## 第一节　租赁会计概述

### 一、租赁的定义与租赁的识别

#### (一)租赁的定义

租赁,是指在一定期间内,出租人将资产的使用权让与承租人以获取对价的合同。正确理解租赁的概念,我们要注意以下两点:第一,在租赁期内转移资产的使用权而非所有权,是租赁合同的本质。此特点使得租赁业务既有别于资产购销,也有别于运输、保管、仓储等并未转移资产使用权的服务性合同。第二,有偿转移资产使用权,是租赁得以实现的条件。这一特点使租赁区别于无偿提供使用权的借用合同。

与租赁有关的合同,应依据《企业会计准则第 21 号——租赁》进行会计处理,但也有例外。承租人通过许可使用协议取得的电影、录像、剧本、文稿等版权、专利等项目的权利,以出让、划拨或转让方式取得的土地使用权,适用《企业会计准则第 6 号——无形资产》;出租人授予的知识产权许可,适用《企业会计准则第 14 号——收入》;勘探或使用矿产、石油、天然气及类似不可再生资源的租赁,承租人承租生物资产,用建设经营移交等方式参与公共基础设施建设、运营的特许经营权合同,不适用租赁准则。

确定一项合同是否属于或者包含租赁业务,直接关系到是否根据租赁准则进行确认与计量,因此,租赁的识别是一个非常重要的问题。

### (二)租赁的识别

在合同开始日,企业应当评估合同是否为租赁或者包含租赁业务,以便确定相关合同是否适用《企业会计准则第 21 号——租赁》。原则性的规定是,如果合同中一方让渡了在一定期间内控制一项或多项已识别资产使用的权利以换取对价,那么该合同为租赁或者包含租赁。

为确定合同是否让渡了在一定期间内控制已识别资产使用的权利,企业应当评估合同中的客户是否有权获得在使用期间内因使用已识别资产所产生的几乎全部经济利益,并有权在该使用期间主导已识别资产的使用。这里涉及三个层次的判断:是否存在已识别资产? 客户是否在使用期间有权获得已识别资产所产生的几乎全部经济利益? 客户是否有权在使用期间主导已识别资产的使用方式和使用目的。

上述识别原则可采用图示的方式表述,租赁的识别决策树见图 6-1。

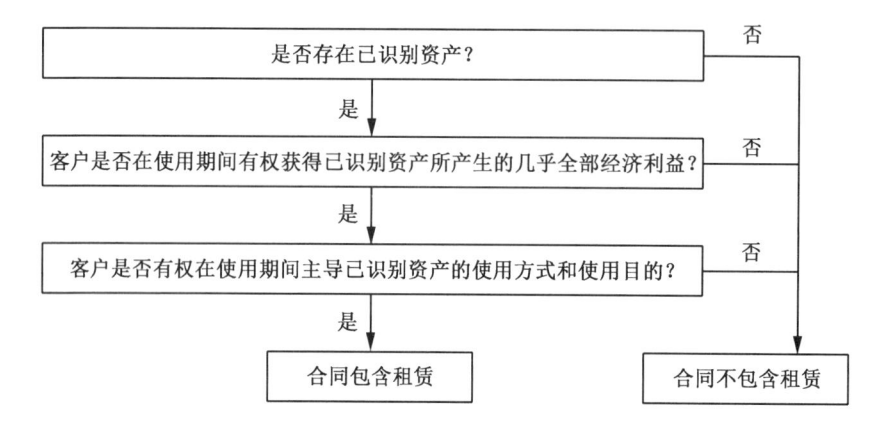

**图 6-1 租赁的识别决策树**

> **知识链接**

已识别的资产通常由合同明确规定，也可以在资产可供客户使用时隐性指定。但是，即使合同已对资产进行指定，如果资产的供应方在整个使用期间拥有对该资产的实质性替代权，则该资产不属于已识别资产。在评估是否有权获得因使用已识别资产所产生的几乎全部经济利益时，企业应当在约定的客户可使用资产的权利范围内考虑其所产生的经济利益。存在下列情况之一的，可视为客户有权主导对已识别资产在整个使用期间内的使用：第一，客户有权在整个使用期间主导已识别资产的使用目的和使用方式；第二，已识别资产的使用目的和使用方式在使用期开始前已预先确定，并且客户有权在整个使用期间自行或主导他人按照其确定的方式运营该资产，或者客户设计了已识别资产并在设计时已预先确定了该资产在整个使用期间的使用目的和使用方式。

**【实务题6-1[①]】** 甲公司（客户）与乙公司（供货商）的合同为甲公司提供了10节特定类型火车车厢的5年使用权。合同指定了具体的火车车厢，车厢为乙公司所有。甲公司决定何时何地使用这些车厢以及用其运输何种货物。不使用时，车厢被存放在乙公司。甲公司可将车厢用于其他目的（比如存储）。但合同明确规定甲公司不能运输特定类型的货物（比如易燃易爆物）。如果某个车厢需要保养或维修，乙公司应以同类型的车厢进行替换。除非甲公司违约，乙公司在这5年里不得收回车厢。合同还规定乙公司在甲公司要求时提供火车头和司机。火车头在乙公司处存放，乙公司向司机发出指示，详细说明甲公司的货物运输要求。乙公司可选择使用任一火车头履行甲公司的要求，并且该火车头既可用于牵引运输甲公司货物的车厢，也可用于牵引运输其他客户货物的车厢（即如果其他客户要求运输的货物目的地与公司要求的目的地距离不远且时间范围接近，乙公司可选择在该火车头牵引多达100节车厢）。

该合同是否包含租赁？

**【解析】**

（1）分析是否存在已识别资产。一方面，合同中明确指定了甲公司拥有5年使用权的这10节车厢；另一方面，车厢一旦被交付给甲公司，仅在需要保养或维修时方可替换，乙公司虽有替换车厢的能力但并不能通过行使替换车厢的权利去获得经济利益，因此不具有5年中的实质性替换权。由此可见，该合同存在10节被识别车厢。用于牵引车厢的火车头不是被识别资产，因为合同中既未明确也未隐含地指定某一火车头。

---

[①] 本章实务题相关资料大多选自或者改编自《国际财务报告准则第16号——租赁》的示例。

(2)分析客户是否有权获得整个使用期间几乎全部经济利益。甲公司作为承租人,拥有这10节车厢在整个使用期间内(包括不用于运输货物的时间)的专属使用权,因此,甲公司有权获得在5年使用期内使用这些车厢所产生的几乎全部经济利益。

(3)分析客户是否主导车厢的使用。合同在运输易燃易爆物品上的限制,是供应商的保护性权利,它只是规定了甲公司车厢使用权的范围,而在规定范围内,甲公司可以自行决定何时将何种货物运往何地,甚至有权自行决定不运输货物时如何使用这些车厢。可见,甲公司有权在使用期间主导已识别资产的使用。

综上所述,该合同包含租赁。

**【实务题6-2】** 甲商贸公司与乙船运公司签订了乙船运公司使用指定船(船运公司没有替换权)将甲商贸公司的指定货物在指定日期从大连港运至连云港的合同。运送甲商贸公司的货物将占据船只的几乎全部动力。乙船运公司负责船只的操作和维护,以及船上货物的安全运输。合同期间,甲商贸公司不得雇佣其他人员操作船只或自行操作船只。

该合同是否包含租赁?

**【解析】** 第一,合同中存在已识别资产,因为船只被指定且乙船运公司无权替换。第二,甲商贸公司作为客户有权获得使用期间内使用船只所产生的几乎全部经济利益,因为其货物的运输将占据船只几乎全部动力,从而避免了其他方从船只使用上获得利益。但是甲商贸公司没有控制船只使用的权利,因其无权改变船只的使用方式和使用目的,它也没有船只使用的其他决策权。

综上所述,该合同不包含租赁。

### (三)租赁其他相关概念

#### 1. 租赁开始日

租赁开始日,是指租赁合同签署日与租赁各方就主要租赁条款作出承诺日中的较早者。

#### 2. 租赁期

租赁期,是指承租人有权使用租赁资产且不可撤销的期间。值得一提的是,确定租赁期时要注意"选择权"的影响。承租人有续租选择,即有选择续租该资产且合理确定将行使该选择权,租赁期还应当包含续租选择权涵盖的期间。承租人有终止租赁选择权,即有权选择终止租赁该资产,但合理确定将不会行使该选择权的租赁期应当包含终止租赁选择权涵盖的期间;发生承租人可控范围内的重大事件或变化,且影响承租人是否合理确定将行使相应选择权的,承租人应当对其是否合理确定将行使续租选择权、购买选择权或不行使终止租赁选择权进行重新评估。

### 3. 租赁期开始日

租赁期开始日,是指承租人有权行使其使用租赁资产权利的日期,是租赁双方开始对租赁合同进行相关会计处理的日期。

### 4. 使用权资产

使用权资产是指承租人可在租赁期内使用租赁资产的权利。《国际财务报告准则第 16 号——租赁》将使用权资产定义为"代表承租人在租赁期内使用标的资产的权利的资产"。根据修订后的租赁准则,承租人将对租赁确认使用权资产。

### 5. 短期租赁

短期租赁,是指在租赁开始日,租赁期不超过 1 个月的租赁。包含购买选择权的租赁不属于短期租赁。

### 6. 低价值资产租赁

低价值资产租赁是指单项租赁资产为全新资产时价值较低的租赁。如果标的资产在全新时不属于低价值资产,则该标的资产的租赁不能按照低价值资产租赁进行处理。这里的关键是低价值资产的界定。低价值资产的判定仅与资产的绝对价值有关,不受承租人规模、性质或其他情况影响。因此,一项特定的资产是否为低价值资产,不同的承租人应对此得出相同的结论。当满足以下条件时,标的资产可被视为低价值资产:(1)承租人可从标的资产的单独使用,或将其与易于获得的其他资源一起使用中获利;(2)标的资产与其他资产不存在高度依赖或关联关系。平板电脑、个人电脑或办公家具和电话等都属于常见的低价值资产。

### 7. 融资租赁、经营租赁

融资租赁是指实质上转移了与租赁资产所有权有关的几乎全部风险和报酬的租赁。其所有权最终可能转移,也可能不转移。经营租赁,是指实质上没有转移与租赁资产所有权相关的风险与报酬的租赁。

### 8. 初始直接费用

初始直接费用是指为达成租赁所发生的增量成本。这里的增量成本是指若不进行该租赁,则不会发生的成本,即承租人和出租人在租赁谈判和签订租赁合同过程中发生的可直接归属于某租赁项目的费用,主要包括手续费、律师费、差旅费、印花税、佣金、谈判费等。

### 9. 租赁付款额

租赁付款额是指承租人向出租人支付的与在租赁期内使用租赁资产的权利相关的款项。

### 10. 资产余值、担保余值、未担保余值

资产余值是指租赁开始日估计的租赁期届满时租赁资产的公允价值。担保余值,

是指与出租人无关的一方向出租人提供担保,保证在租赁结束时租赁资产的价值至少为某指定的金额。未担保余值,是指租赁资产余值中,出租人无法保证能够实现或仅由与出租人有关的一方予以担保的部分。

**11. 租赁收款额、未实现融资收益**

租赁收款额是指出租人因让渡在租赁期内使用租赁资产的权利而应向承租人收取的款项。未实现融资收益,是指融资租赁业务中出租人的租赁投资总额与租赁投资净额两者之差。租赁投资总额,是指在融资租赁下出租人的未担保余值和租赁期开始日尚未收到的租赁收款额两者之和。租赁投资净额等于未担保余值和租赁期开始日尚未收到的租赁收款额按照租赁内含利率折现的现值之和。

**12. 租赁内含利率**

租赁内含利率是指使出租人的租赁收款额现值与未担保余值的现值之和等于租赁资产公允价值与出租人的初始直接费用之和的利率。即使得下面等式成立的利率:

租赁收款额现值+未担保余值现值=租赁资产公允价值+初始直接费用

**13. 转租赁**

转租赁是指在原出租人与原承租人之间的租赁(原租赁)仍然有效的情况下,原承租人(中间出租人)将标的资产转租给第三方的交易。

## 二、租赁的分类

### (一)承租人对租赁的分类

2018年修订的《企业会计准则第21号——租赁》规定,承租人不再对租赁划分为融资租赁和经营租赁两类,而是对所有租赁都采用一种方法进行会计处理:确认使用权资产和租赁负债,但短期租赁和低价值资产租赁除外。

### (二)出租人对租赁的分类

出租人应在租赁开始日,根据是否实质上转移了与租赁资产所有权有关的几乎全部风险与报酬,将租赁分为融资租赁和经营租赁两类。

**1. 融资租赁的判断标准**

一项租赁属于融资租赁还是经营租赁,取决于交易的实质而不是合同的形式。根据租赁准则,满足下列标准之一的,应认定为融资租赁。

(1)在租赁期届满时,租赁资产的所有权转移给承租人。也就是说,如果租赁合同中已经约定,或者根据其他条件在租赁开始日就可以合理地判断,租赁期届满时出租人会将租赁资产的所有权转移给承租人,那么,该项租赁就是融资租赁。

(2)承租人有购买租赁资产的选择权,所订立的购买价格与预计行使选择权时租赁资产的公允价值相比足够低,因而在租赁开始日就可以合理确定承租人将行使这种选择权。这里的"足够低"的标准如何掌握,需要企业结合具体实务进行必要的判断。

(3)资产的所有权虽然不转移,但租赁期占租赁资产使用寿命的大部分。这里的"大部分"一般掌握在租赁期占租赁资产使用寿命的75%以上(含75%)。值得注意的问题是:第一,这里的量化标准只是指导性标准,企业在实际应用中应以准则规定的相关条件为依据进行必要的判断;第二,使用这条量化标准时要注意区别租赁资产的"使用寿命"和"全部可使用年限",如果租赁资产是旧资产,在租赁前已使用年限超过资产自全新时起算的可使用年限的75%以上时,则不能采用这条标准判断租赁的类别。

(4)在租赁开始日,租赁收款额的现值几乎相当于租赁资产的公允价值。这里的"几乎相当于",通常掌握在90%以上(含90%)。同样,这里的量化标准只是指导性标准,企业在实务中应根据准则的相关规定进行具体的判断。

(5)租赁资产性质特殊,如果不作较大调整,只有承租人才能使用。融资租赁资产往往租赁时间长、租金金额大,而这样的资产需由出租人根据承租人对资产型号、规格等方面的特殊要求专门购买或建造,具有专购、专用的性质,这样的资产如果不作较大的重新改制,其他企业通常难以使用。因此,符合这一条件的租赁,可被认定为融资租赁。

### 2. 属于融资租赁的几个迹象

除了根据上述标准对租赁是否属于融资租赁进行判断之外,实务中可能还会存在一些可以判断为融资租赁的迹象。一项租赁存在下列一项或多项迹象的,也可能分类为融资租赁:

(1)若承租人撤销租赁,撤销租赁对出租人造成的损失由承租人承担。

(2)资产余值的公允价值波动所产生的利得或损失归属于承租人。

(3)承租人有能力以远低于市场水平的租金继续租赁至下一期间。

不属于融资租赁的租赁业务归类为经营租赁。

## 三、租赁会计主要内容

租赁业务中,承租方对通常的租赁业务,采用相应的会计处理方法;出租方对融资租赁和经营租赁等不同类型租赁业务,需要采用不同的会计处理方法。同时,业务中还可能涉及对租赁变更、转租赁以及售后回租等业务的会计处理。这些处理将对资产负债表、利润表、现金流量表以及所有者权益变动表中的相关信息的列报和披露产生重大影响。

对租赁会计的主要内容(承租人和出租人角度)的简要梳理见表6—1。

**表 6—1** 租赁会计主要内容概览

| | | | |
|---|---|---|---|
| 承租人 | 一般租赁 | 初始确认与计量 | 使用权资产的初始确认与计量；租赁负债的初始确认与计量 |
| | | 后续计量 | 基本：对使用权资产采用成本模式进行后续计量；偿还租赁负债并确认利息费用 |
| | | | 其他：重新计量租赁负债；租赁变更（也可能涉及重新计量租赁变更） |
| | 短期租赁和低价值资产租赁 | | 可以选择的简化处理；租赁变更的处理 |
| 出租人 | 融资租赁 | 租赁期开始日 | 终止确认出租资产、初始确认租赁应收款 |
| | | 后续计量 | 各期利息收入的确认与计量；对应收融资租赁款进行会计处理；出租人作为生产商或经销商的处理；租赁变更的处理 |
| | 经营租赁 | | 对租赁收款额确认为租金收入以及初始直接费用的处理；对租出资产的后续计量（折旧与摊销、减值）；租赁变更的处理 |

**知识链接**

租赁变更，是指原合同条款之外的租赁范围、租赁对价、租赁期限的变更，包括增加或终止一项或多项租赁资产的使用权，延长或缩短合同规定的租赁期等。

## 第二节 租赁会计重要条款的理解与会计处理

### 一、承租人的会计处理

#### （一）设置的会计科目

承租人企业应当设置"租赁负债""使用权资产""使用权资产累计折旧""使用权资产减值准备"等会计科目，分别对租赁负债和使用权资产进行确认和计量。

## （二）租赁负债和使用权资产的初始确认与计量

### 1. 租赁负债的初始计量

租赁负债应当按照租赁期开始日尚未支付的租赁付款额的现值进行初始计量。租赁付款额的概念及其内容前面已有介绍，现在的问题就是折现率的选择。根据租赁准则的规定，在计算租赁付款的现值时，承租人应当采用租赁内含利率作为折现率；无法确定租赁内含利率的，应当采用承租人增量借款利率作为折现率。

### 2. 使用权资产的初始计量

使用权资产应当按照成本进行初始计量。该成本包括四个部分：(1)租赁负债的初始计量金额；(2)在租赁期开始日或之前支付的租赁付款额，存在租赁激励的，扣除已享受的租赁激励相关金额；(3)承租人发生的初始直接费用；(4)承租人为拆卸及移除租赁资产、复原租赁资产所在场地或将租赁资产恢复至租赁条款约定状态预计将发生的成本。

> **知识链接**
>
> 租赁激励，是指出租人为达成租赁向承租人提供的优惠，包括出租人向承租人支付的与租赁有关的款项、出租人为承租人偿付或承担的成本等。

综上所述，租赁期开始日承租人对租赁负债以及使用权资产的初始确认与计量的账务处理基本思路如下：

借：使用权资产
　　租赁负债——未确认融资费用
贷：租赁负债——租赁付款（租赁开始日尚未支付的租赁付款额）
　　银行存款、预付账款等（租赁开始日或之前支付的租赁付款额，扣除租赁激励）
　　银行存款等（支付的初始直接费用）
　　预计负债（预计的拆除、复原、恢复等成本）

【实务题6-3】 甲公司作为承租人就某建筑物的某一楼层与乙公司签订了为期10年的租赁合同，合同有关条款和其他资料如下：

(1)该租赁合同具有5年的续租选择权。

(2)初始租赁期内付款额为每年50 000元，选择权期间为每年55 000元，年初支付当年所有款项。

(3)为获得该项租赁，承租人发生初始直接费用20 000元，其中，1 500元是该楼层前任租户支付的款项,5 000元为向此租赁的房地产中介支付的佣金。

(4)作为对承租人的激励,出租人同意为承租人报销5 000元的佣金并承担700元的装修费。

(5)租赁内含利率为5%。

(6)在租赁期开始日,承租人得出结论认为不能合理确定将行使续租选择权,因此,将租赁期确定为10年。

根据上述资料,做出甲公司租赁业务相关初始确认和计量的会计处理。

**【解析】**

(1)有关计算如下:

租赁负债=租赁期开始日尚未支付的租赁付款额的现值

$\qquad$ =50 000×(P/F,5%,9)

$\qquad$ =50 000×7.107 8

$\qquad$ =355 390(元)

使用权资产的成本=租赁负债+租赁期开始日支付的租赁付款额+支付的初始直接费用-租赁激励

$\qquad$ =355 390+50 000+20 000-5 000

$\qquad$ =420 390(元)

(2)初始确认和计量的会计处理如下:

借:使用权资产 420 390

  租赁负债——未确认融资费用 94 610

 贷:租赁负债——租赁付款额 450 000

  银行存款 65 000

### (三)租赁负债和使用权资产的后续确认与计量

**1. 租赁负债的后续计量**

租赁负债的后续计量,至少应从两个层次来进行梳理:一是一般情况下的租赁负债后续计量;二是需要重新计量租赁负债情况下的租赁负债后续计量。这里我们主要阐述一般情况下的租赁负债后续计量。租赁期开始日后,一方面,承租人应按合同约定分期偿还租赁付款额;另一方面,承租人应当按照固定的周期性利率计算租赁负债在租赁期内各期间的利息费用,并将其计入当期损益。一般情况下,这个周期性利率就是前述的将租赁付款额折算为租赁负债时采用的折现率。

**2. 使用权资产的后续计量**

在租赁期开始日后,承租人应采用成本模式对使用权资产进行后续计量。一方面,承租人应当参照《企业会计准则第 4 号——固定资产》有关折旧规定,对使用权资产计提折旧。折旧期限按以下原则确定:承租人能够合理确定租赁期届满时取得租赁资产所有权的,应当在租赁资产剩余使用寿命内计提折旧;无法合理确定租赁期届满时能够取得租赁资产所有权的,应当在租赁期与租赁资产剩余使用寿命两者孰短的期间内计提折旧。另一方面,承租人应当按照《企业会计准则第 8 号——资产减值》的规定,确定使用权资产是否发生减值,并对已识别的减值损失进行会计处理。

综上所述,租赁负债以及使用权资产的后续计量账务处理如下:

(1)对使用权资产计提折旧:

借:管理费用、制造费用等

  贷:使用权资产累计折旧

(2)确认每年的利息费用:

借:财务费用

  贷:租赁负债——未确认融资费用

(3)后续每年支付租金:

借:租赁负债——租赁付款额

  贷:银行存款

【实务题6-4】 根据实务题6-3相关信息,并假定甲公司对使用权资产采用直线法计提折旧,不考虑其他因素,做出甲公司对于租赁负债以及使用权资产的后续计量的相关会计处理。

【解析】

(1)甲公司使用权资产每年计提折旧的会计处理如下:

借:管理费用等　　　　　　　　　　　　　　　　　　　42 039

  贷:使用权资产累计折旧　　　　　　　　　　　　　　　　42 039

(2)租赁负债按照表6-2所述的方法进行后续计量。

表6-2　　　　　　　　　　　租赁负债、利息费用计算表　　　　　　　　　单位:元

| 年　度 | 租赁负债<br>年初金额<br>① | 利　息<br>②=①×5% | 租赁付款额<br>③ | 租赁负债<br>年末金额<br>④=①+②-③ |
|---|---|---|---|---|
| 1 | 355 390 | 17 770 | — | 373 160 |
| 2 | 373 160 | 16 158 | 50 000 | 339 318 |
| 3 | 339 318 | 14 466 | 50 000 | 303 784 |
| 4 | 303 784 | 12 689 | 50 000 | 266 473 |

续表

| 年　度 | 租赁负债年初金额 | 利　息 | 租赁付款额 | 租赁负债年末金额 |
|---|---|---|---|---|
| 5 | 266 473 | 10 824 | 50 000 | 227 297 |
| 6 | 227 297 | 8 865 | 50 000 | 186 162 |
| 7 | 186 162 | 6 808 | 50 000 | 142 970 |
| 8 | 142 970 | 4 649 | 50 000 | 97 619 |
| 9 | 97 619 | 2 381 | 50 000 | 50 000 |
| 10 | 50 000 | 0 | 50 000 | 0 |
| 合　计 | — | 94 610 | 450 000 | — |

(3)根据表6—2对租赁负债后续计量的会计处理如下：

①第1年年末确认当年利息费用：

借：财务费用　　　　　　　　　　　　　　　　　17 770
　　贷：租赁负债——未确认融资费用　　　　　　　　17 770

②第2年年初支付租金时：

借：租赁负债——租赁付款额　　　　　　　　　　50 000
　　贷：银行存款　　　　　　　　　　　　　　　　50 000

确认当年利息费用：

借：财务费用　　　　　　　　　　　　　　　　　16 158
　　贷：租赁负债未确认融资费用　　　　　　　　　　16 158

③第3年年初支付租金时：

借：租赁负债——租赁付款额　　　　　　　　　　50 000
　　贷：银行存款　　　　　　　　　　　　　　　　50 000

确认当年利息费用：

借：财务费用　　　　　　　　　　　　　　　　　14 466
　　贷：租赁负债——未确认融资费用　　　　　　　　14 466

④第4年至第9年的有关账务处理比照上述处理，此处略。

⑤第10年年初支付最后一笔租金时：

借：租赁负债——租赁付款额　　　　　　　　　　50 000
　　贷：银行存款　　　　　　　　　　　　　　　　50 000

当然，租赁负债后续计量中还会涉及租赁负债的重新计量，以及租赁变更对租赁负债和使用权资产的影响等比较复杂的内容，本节不予考虑。

## （四）短期租赁和低价值资产租赁的会计处理

对于短期租赁和低价值资产租赁,承租人可以选择不确认使用权资产和租赁负债。即承租人对短期租赁和低价值资产租赁,可以选择简化处理,即将租赁付款额在租赁期内分期按照直线法或其他系统合理的方法计入相关资产成本或当期损益。

不确认使用权资产和租赁负债的简化处理中,应当注意两个问题:第一,是按类还是按分项选择简化处理?根据租赁准则的规定,对于短期租赁,按租赁资产类别做出简化处理的选择;对于低价值资产租赁,根据每项租赁资产的具体情况做出简化处理的选择。第二,选择简化处理的租赁,发生租赁变更时应如何处理?根据租赁准则规定,简化处理的短期租赁发生租赁变更或因租赁变更之外的原因导致租赁期发生变化的,承租人应当将其视为一项新的租赁进行会计处理。

【实务题6-5】 20×1年11月初,甲企业由于场地搬迁,向乙企业租入一套写字间,租赁期限为4个月,租金总计50 000元。乙企业提供的激励措施是:允许甲企业使用该写字间5个月,并从第2个月起每月支付租金。在租赁开始日,甲企业用银行存款支付1 000元简易装修费以及60 000元押金。租赁期的第3个月,甲企业用现金支付600元的修缮费。若不考虑其他因素,承租人甲企业该如何进行账务处理?

【解析】 甲企业应进行如下账务处理:

(1)支付押金和简易装修费:

　　借:其他应收款　　　　　　　　　　　　　　　　　　　60 000
　　　　管理费用　　　　　　　　　　　　　　　　　　　　 1 000
　　　　贷:银行存款　　　　　　　　　　　　　　　　　　 61 000

(2)租期内第1个月确认应付租金:

　　借:管理费用　　　　　　　　　　　　　　　　　　　　10 000
　　　　贷:其他应付款　　　　　　　　　　　　　　　　　 10 000

(3)租期内第2个月至第5个月每月支付租金:

　　借:管理费用　　　　　　　　　　　　　　　　　　　　10 000
　　　　其他应付款　　　　　　　　　　　　　　　　　　　 2 500
　　　　贷:银行存款　　　　　　　　　　　　　　　　　　 12 500

(4)租赁期的第3个月支付局部修缮费:

　　借:管理费用　　　　　　　　　　　　　　　　　　　　　 600
　　　　贷:库存现金　　　　　　　　　　　　　　　　　　　　600

(5)租赁期满收回押金:

　　借:银行存款　　　　　　　　　　　　　　　　　　　　60 000

贷：其他应收款　　　　　　　　　　　　　　　　　　　　60 000

## 二、出租人的会计处理

### （一）融资租赁的会计处理

#### 1. 设置的会计科目

出租人企业应设置"融资租赁资产"科目对融资租赁资产的增减变动进行确认与计量。另外，出租人还需设置"应收融资租赁款""应收融资租赁款减值准备"等科目对租赁应收款进行确认与计量，并通过"其他业务收入"等科目核算相关的租赁收入和利息收入。

"融资租赁资产"科目核算租赁企业作为出租方人为开展融资租赁业务取得资产的成本。租赁业务不多的企业，也可以通过"固定资产"等科目核算相关资产。租赁企业和其他企业对于融资租赁资产在未融资租赁期间的会计处理遵循固定资产准则或其他适用准则。本科目可按租赁资产类别和项目进行明细核算。

"应收融资租赁款"科目核算出租人融资租赁产生的租赁投资净额。本科目可分别设置"租赁收款额""未实现融资收益""未担保余值"等明细科目。租赁业务较多的企业，还可以在"租赁收款额"明细科目下进一步设置明细科目核算。

"租赁收入"科目核算租赁企业作为出租人确认的融资租赁和经营租赁的租赁收入。本科目下可分别设置"利息收入""可变租赁付款额""经营租赁收入"等明细科目。一般企业根据自身业务特点采用"其他业务收入"等科目核算租赁收入。

#### 2. 应收融资租赁款的初始计量

在租赁期开始日，出租人应当对融资租赁确认应收融资租赁款，并终止确认融资租赁资产。如何对应收融资租赁款进行初始计量？对融资租赁资产是按其账面价值还是按公允价值进行终止确认？这两个问题是租赁期开始日会计处理的关键。根据修订后的租赁准则的规定，出租人应当以租赁投资净额作为应收融资租赁款的账面价值。不考虑可变租赁付款额等特殊情况时，租赁收款额、租赁投资总额和租赁投资净额之间的关系如下：

租赁收款额＝承租人需支付的固定付款额及实质固定付款额－租赁激励＋
　　　　　承租人购买选择权的行权价格＋承租人行使终止租赁选择权支付
　　　　　的款项＋由承租人等向出租人提供的担保余值

租赁投资总额＝租赁期开始日尚未收到的租赁收款额＋未担保余值

租赁投资净额＝按照租赁内含利率折现的租赁投资总额
　　　　　　＝租赁期开始日尚未收到的租赁收款额现值＋未担保余值的现值

综上所述,租赁期开始日,出租人应确认的应收融资租赁款的有关账务处理如下:
借:应收融资租赁款——租赁收款额
            ——未担保余值
    贷:应收融资租赁款——未实现融资收益
        融资租赁资产(租出资产的账面价值)
        资产处置损益等(租出资产的转让利得)
        银行存款等(支付的初始直接费用)

### 3. 应收融资租赁款的后续计量

租赁期开始日后,一方面,出租人应当按照固定的周期性利率计算并确认租赁期内各个期间的利息收入,"固定的周期性利率"是指租赁内含利率;另一方面,出租人应按照《企业会计准则第22号——金融工具确认和计量》和《企业会计准则第23号——金融资产转移》的规定,对应收融资租赁款进行终止确认和减值的相应处理。根据上述规定,出租人应收融资租赁款后续计量的账务处理如下:

(1)确认利息收入时:
借:应收融资租赁款——未实现融资收益
    贷:租赁收入、其他业务收入等

(2)收到应收融资租赁款时:
借:银行存款等
    贷:应收融资租赁款——租赁应收款

(3)确认应收融资租赁款减值损失:
借:信用减值损失(按预期信用损失模型计量)
    贷:应收融资租赁款减值准备

值得一提的是,将应收融资租赁款或其所在的处置组划分为持有待售类别的,应当按照《企业会计准则第42号——持有待售的非流动资产、处置组和终止经营》进行会计处理。

**【实务题6-6】** 沿用实务题6-4的资料,乙公司作为出租人就某栋建筑物的某一楼层与甲公司签订了为期10年的租赁合同,该楼层的账面价值为360 000元,公允价值为390 000元。合同有关条款和其他资料如下:

(1)该租赁为期10年。

(2)租赁期内租赁付款额为每年50 000元,年初支付当年所有款项。

(3)为获得该项租赁,出租人发生初始直接费用330元,为向此租赁的房地产中介支付的佣金。

(4)作为对承租人的激励,出租人同意为承租人报销5 000元的佣金并承担7 000

元的装修费。

（5）租赁内含利率为5%。

（6）在租赁期开始日，承租人得出结论认为不能合理确定将行使续租选择权，应将租赁期确定为10年。

根据上述资料，做出乙公司的相关会计处理。

【解析】

(1)租赁期开始日的会计处理。

租赁收款额＝承租人需支付的固定付款额及实质固定付款额－租赁激励
　　　　　＝50 000×10－12 000
　　　　　＝488 000（元）

租赁投资总额＝出租人应收的租赁收款额＋未担保余值
　　　　　　＝488 000＋0＝488 000（元）

租赁投资净额＝按照租赁内含利率计算的租赁投资总额的现值
　　　　　　＝(50 000－12 000)＋50 000×(A,5%,9)
　　　　　　＝38 000＋50 000×7.107 8
　　　　　　＝393 390（元）

未实现融资收益＝租赁投资总额－租赁投资净额
　　　　　　　＝488 000－393 390＝94 610（元）

①租赁开始日的初始确认：

借：应收融资租赁款——租赁收款额　　　　　　　488 000
　　贷：应收融资租赁款——未实现融资收益　　　　　94 610
　　　　融资租赁资产　　　　　　　　　　　　　　360 000
　　　　资产处置损益　　　　　　　　　　　　　　 30 000
　　　　银行存款　　　　　　　　　　　　　　　　  3 390

②为承租人报销佣金并承担装修费：

借：应收融资租赁款——租赁收款额　　　　　　　 12 000
　　贷：银行存款　　　　　　　　　　　　　　　　 12 000

③收到第1年的租金：

借：银行存款　　　　　　　　　　　　　　　　　 50 000
　　贷：应收融资租赁款——租赁收款额　　　　　　 50 000

(2)租赁开始日后的会计处理，有关计算见表6-3。

表 6—3　　　　　　　　租赁投资净额及融资收益相关计算表　　　　　　　单位:元

| 年　度 | 租赁投资净额<br>年初金额<br>① | 收回租赁收款额<br>② | 融资收益<br>③=(①-②)×5% | 租赁负债<br>年末金额<br>④=①-②+③ |
| --- | --- | --- | --- | --- |
| 1 | 393 390 | 38 000 | 17 770 | 373 160 |
| 2 | 373 160 | 50 000 | 16 158 | 339 318 |
| 3 | 339 318 | 50 000 | 14 466 | 303 784 |
| 4 | 303 784 | 50 000 | 12 689 | 266 473 |
| 5 | 266 473 | 50 000 | 10 824 | 227 297 |
| 6 | 227 297 | 50 000 | 8 865 | 186 162 |
| 7 | 186 162 | 50 000 | 6 808 | 142 970 |
| 8 | 142 970 | 50 000 | 4 649 | 97 619 |
| 9 | 97 619 | 50 000 | 2 381 | 50 000 |
| 10 | 50 000 | 50 000 | 0 | 0 |
| 合　计 | — | 488 000 | 94 610 | — |

① 第 1 年年末:

　　借:应收融资租赁款——未确认融资收益　　　　　　　　　　17 770

　　　　贷:租赁收入　　　　　　　　　　　　　　　　　　　　　　　17 770

② 第 2 年:

　　借:银行存款　　　　　　　　　　　　　　　　　　　　　　　50 000

　　　　贷:应收融资租赁款——租赁收款额　　　　　　　　　　　　50 000

　　借:应收融资租赁款——未确认融资收益　　　　　　　　　　14 466

　　　　贷:租赁收入　　　　　　　　　　　　　　　　　　　　　　　14 466

③ 第 3 年至第 9 年的账务处理比照第 2 年的账务处理,此处省略。

④ 第 10 年:

　　借:银行存款　　　　　　　　　　　　　　　　　　　　　　　50 000

　　　　贷:应收融资租赁款——租赁收款额　　　　　　　　　　　　50 000

### (二)经营租赁的会计处理

经营租赁下,由于与租赁资产所有权相关的所有风险和报酬并未转移给承租人,因此,出租人仍应将租出资产作为自有资产核算,从而不涉及租出资产的终止确认问题,并需要继续为租出资产计提折旧;同时要对发生的初始直接费用、租赁收款额等问题进行确认与计量。具体内容包括:

### 1. 租赁收款额

租赁期内,采用直线法或其他系统合理的方法,将租赁收款额分期确认为租金收入。企业确认各期租金收入时,借记"银行存款""其他应收款"等科目,贷记"租赁收入""其他业务收入"等科目。

### 2. 发生的初始直接费用

出租人在经营租赁业务中发生的初始直接费用,应予以资本化,在租赁期内按与确认租金收入的相同基础分期计入当期损益。支付初始直接费用时,借记"长期待摊费用"等科目,贷记"银行存款"等科目;在租赁期内分期计入各期损益时,借记"管理费用"等科目,贷记"长期待摊费用"等科目。

### 3. 对租出资产的后续计量

一方面,租出的若是固定资产,按类似资产的折旧政策计提折旧;租出的若是其他资产,根据适用准则进行摊销。另一方面,应根据资产减值准则对租出资产进行减值处理。

**知识链接**

经营租赁的出租方,可能是专营租赁公司,也可能是非专营租赁的企业。两者对经营租出资产租赁业务进行相关的会计确认时,采用的会计科目可能会有所不同。以租金收入为例,专营租赁公司,其租金收入属于主营业务收入;而一般工业企业经营租出资产的租金收入,则确认为其他业务收入。

**【实务题6-7】** 20×1年11月初,甲企业由于场地搬迁,向非专营租赁的乙企业租入一套写字间,租赁期限为4个月,租金总计50 000元。乙企业提供的激励措施是允许甲企业使用该写字间5个月,并从第2个月起每月支付租金。在租赁开始日,甲企业用银行存款支付4 000元简易装修费以及6 000元押金,乙企业对租出资产按成本模式进行后续计量,按直线法每月计提折旧3 000元。若不考虑其他因素,出租人乙企业该如何进行账务处理?

**【解析】** 根据上述资料,乙企业应进行如下账务处理:

(1)收到押金时:

借:银行存款　　　　　　　　　　　　　　　60 000
　　贷:其他应付款　　　　　　　　　　　　　60 000

(2)租期内第1个月确认租金收入:

借:其他应收款　　　　　　　　　　　　　　10 000
　　贷:其他业务收入　　　　　　　　　　　　10 000

(3)租期内第 2 个月至第 5 个月每月收取租金：

| | | |
|---|---|---|
| 借：银行存款 | 12 500 | |
| 　贷：其他业务收入 | | 10 000 |
| 　　　其他应收款 | | 2 500 |

(4)每月计提折旧：

| | | |
|---|---|---|
| 借：其他业务成本 | 3 000 | |
| 　贷：投资性房地产累计折旧 | | 3 000 |

(5)租赁期满退回押金：

| | | |
|---|---|---|
| 借：其他应付款 | 6 000 | |
| 　贷：银行存款 | | 6 000 |

## 三、租赁的列报与披露

### （一）承租人的列报与披露

#### 1. 报表列报

在资产负债表中，承租人应当单独列示使用权资产和租赁负债。承租人在资产负债表中设置"使用权资产"项目，反映资产负债表日承租人企业持有的使用权资产的期末账面价值。该项目根据"使用权资产"科目的期末余额减去"使用权资产累计折旧"和"使用权资产减值准备"科目的期末余额后的金额填列。承租人还需在资产负债表中设置"租赁负债"项目，反映资产负债表日承租人企业尚未支付的租赁付款额的期末账面价值。本项目应根据"租赁负债"科目的期末余额填列。自资产负债表日起一年内到期应予以清偿的租赁负债的期末账面价值，在"一年内到期的非流动负债"项目反映。

在利润表中，承租人应当分别列示租赁负债的利息费用与使用权资产的折旧费用项目反映。租赁负债的利息费用在"财务费用"项目列示。

在现金流量表中，偿还租赁负债本金和利息所支付的现金应当计入筹资活动现金流出项目，支付的采用不确认使用权资产和租赁负债的简化处理方法的短期租赁付款额和低价值资产租赁付款额等，应当计入经营活动现金流出项目。

#### 2. 附注披露

（1）承租人应当在附注中披露与租赁有关的下列信息：各类使用权资产的期初余额、本期增加额、期末余额以及累计折旧额和减值金额；租赁负债的利息费用；计入当期损益的按租赁准则规定简化处理的短期租赁费用和低价值资产租赁费用；未纳入租赁负债计量的可变租赁付款额；转租使用权资产取得的收入；与租赁相关的总现金流出;售后租回交易产生的相关损益;其他按照《企业会计准则第 37 号——金融工具列报》应当披露的有关租赁负债的信息。

(2)选择采用不确认使用权资产和租赁负债,从而对短期租赁和低价值资产租赁的信息进行简化处理的,应当披露这一事实。

(3)承租人应当根据理解财务报表的需要,披露有关租赁活动的其他定性和定量信息。此类信息包括:租赁活动的性质,如对租赁活动基本情况的描述;未纳入租赁负债计量的未来潜在现金流出;租赁导致的限制或承诺;售后租回交易除售后租回交易相关损益之外的其他信息;其他相关信息等。

### (二)出租人的列报与披露

#### 1. 报表列报

出租人应当根据资产的性质,在资产负债表中列示经营租赁资产。

#### 2. 附注披露

(1)出租人应当在附注中披露与融资租赁有关的下列信息:销售损益、租赁投资净额的融资收益以及与未纳入租赁投资净额的可变租赁付款额相关的收入;资产负债表日后连续五个会计年度每年将收到的未折现租赁收款额,以及剩余年度将收到的未折现租赁收款额总额;未折现租赁收款额与租赁投资净额的调节表。

(2)出租人应当在附注中披露与经营租赁有关的下列信息:租赁收入,并单独披露与未计入租赁收款额的可变租赁付款额相关的收入;将经营租赁固定资产与出租人持有自用的固定资产分开,并按经营租赁固定资产的类别提供《企业会计准则第 4 号——固定资产》要求披露的信息;资产负债表日后连续五个会计年度每年将收到的未折现租赁收款额,以及剩余年度将收到的未折现租赁收款额总额。

(3)出租人应当根据理解财务报表的需要,披露有关租赁活动的其他定性和定量信息。此类信息包括:租赁活动的性质,如对租赁活动基本情况的描述;对其在租赁资产中保留的权利进行风险管理的情况;其他相关信息等。

## 第三节 本章课程思政案例及延伸阅读

新旧会计准则的过渡和衔接过程,涉及很多行业的会计处理等方面的变化,尤其对租赁业务较多的企业相对影响更大。为了更加深入地了解新准则的变化带来的影响,本章课程思政案例和延伸阅读侧重介绍租赁准则的历史变革,并分析新准则的实施对企业的影响、调整和应对策略。

## 一、本章课程思政案例

### （一）案例主题与思政意义

#### 1. 案例主题

通过案例分析，全面了解新租赁准则的历史沿革及修订原因。

#### 2. 思政意义

在深入了解新租赁准则历史沿革的基础上，以历史、发展、辩证的眼光看待会计准则的修订等会计问题。同时在分析、处理复杂经济业务时，应透过现象看本质，根据经济业务的经济实质进行会计处理。

### （二）案例描述与分析

【案例描述】

#### 我国租赁准则的历史沿革[①]

2001年1月1日，财政部首次颁布了《企业会计准则——租赁》（简称"2001版租赁准则"）。2006年2月，为实现与国际会计准则的基本趋同，财政部颁布《企业会计准则第21号——租赁》（简称"2006版租赁准则"）。2016年，国际会计准则理事会（IASB）发布《国际财务报告准则第16号——租赁》（简称"IFRS16"）。为保持我国企业会计准则与国际财务报告准则的持续全面趋同，财政部修订形成了新的租赁准则《企业会计准则第21号——租赁》（简称"2018版租赁准则"），该准则已于2019年1月1日起正式执行。本书结合租赁准则的出台和修订背景，纵向阐释我国租赁准则变迁的历史，将历次出台的租赁准则进行对比分析，并结合时代背景归纳概括各版租赁准则的内容与特色。

1980年，我国借鉴西方发达国家的经营方式和管理经验，引入了租赁业务。1981年4月，中国国际信托投资公司和日本东方租赁公司在我国境内设立了第一家中外合资的融资租赁公司；同年7月，其与内资机构合作成立中国第一家金融租赁公司。这两家租赁公司的成立标志着我国现代租赁业的开始。这一时期，我国租赁公司少，租赁交易业务量小，对融资租赁的功能尚未认识清楚，有关租赁的会计制度还不健全。当时会计处理的基本原则为租赁的固定资产所有权属于出租人，承租人不得将租赁资产入账，也不确认相应的负债，各期所付租金确认为当期费用。这一时期租赁的会计

---

[①] 耿建新，武永亮. 租赁准则的历史沿革与中外比较[J]. 财会月刊，2020(10)：60-65. 注：本书对部分内容进行了调整。

核算方式与同时期国际会计准则中关于经营租赁的处理原则相同,即租赁资产所有权归出租方所有,不区分租赁方式,无法反映租赁业务的经济实质。随着租赁业务的稳步增长以及租赁公司的相继成立,财政部于1985年颁发了《关于国营工业企业租赁固定资产有关会计处理问题的规定》和《关于国营工业企业租赁费用财务处理的规定》两个文件。这两个文件将租赁方式划分为融资租赁与临时租入两种,对于融资租赁的固定资产,承租人应将企业租入的固定资产入账,并确认相应的负债。这是我国首次将租赁方式进行区分的文件,既参考了国际通用的租赁会计核算原则,又考虑到我国企业融资租赁固定资产管理的实质。1993年7月,《企业会计准则》《企业财务通则》和新的分行业会计制度实施,租赁会计涉及的承租人和出租人两个方面的会计处理,分别体现在各行业会计制度有关融资租入固定资产的规定以及主要规范出租方会计处理的《金融企业会计制度》的有关规定中。总体而言,此时的会计处理规定较为简单,尚未作为独立的准则进行发布。对我国租赁准则的真正探讨与剖析,应从2001版租赁准则的颁布开始。

为规范租赁公司的运行,2000年6月中国人民银行颁布了《金融租赁公司管理办法》。2001年1月1日,财政部首次颁布的《企业会计准则——租赁》开始实施。2001版租赁准则对于租赁的定义、分类、计量、特殊事项和披露要求进行了明确规定,规范了我国租赁行业的会计处理,提高了租赁信息的可比性与稳健性,基本实现了与国际租赁准则的接轨。然而,受限于我国当时的实际情况,2001版租赁准则也呈现出了明显的过渡性特征。例如该准则指出,如果租赁资产占企业资产总额的比例不大,承租人在租赁开始日仍可按最低租赁付款额记录租入资产和长期应付款。此外,该准则允许未确认融资费用通过直线法或年数总和法进行分摊。由此可见,2001版租赁准则在与国际准则接轨的同时,考虑了我国市场经济与从业人员的实际情况。整体而言,在当时特定的市场条件下,2001版租赁准则能够有效规范租赁业务的会计处理,进而提高了租赁信息的可比性与有用性。

2001年以后,随着与租赁相关的法律、会计制度、税收、监管等方面的不断完善,加上国内租赁公司的经验积累和对国外先进经验的借鉴吸收,我国租赁行业渐渐步入成熟、健康的发展轨道。2006版租赁准则的修订体现了与国际会计准则趋同的特征,比如采用公允价值的计量属性,同时也更能体现收入费用相配比的原则和会计核算可比性原则。然而,2006版租赁准则也增加了企业租赁业务会计处理的复杂性,比如融资租赁下承租人对未确认融资费用的分摊问题以及必须采用实际利率法进行分摊,每个资产负债表日都要重新计算摊余成本。由此可见,2006版租赁准则对企业财会人员素质提出了更高的要求,增加了会计处理的难度以及会计判断的主观随意性。总体而言,2006版租赁准则从一个侧面反映了我国会计准则体系正逐渐趋向完善。

随着市场经济的不断发展,我国租赁行业的发展越来越迅速,前景越来越光明。与此同时,租赁准则关于划分租赁类型的弊端也日益凸显。具体而言,当租赁业务被划分为经营租赁时,承租人无须将其纳入资产负债表,给企业提供了利用租赁方式操纵会计信息的机会,从而加剧了会计信息的不对称性。为提高租赁信息的可比性以及适应我国经济的新发展形势,财政部于2018年12月发布了2018版租赁准则。2018版租赁准则基本实现了与IFRS16的趋同,更好地适应了日益复杂的租赁业务发展形势,抑制了企业通过经营租赁进行表外融资的行为,提高了企业财务报告的会计信息质量,缓解了会计信息的不对称性,但2018版租赁准则涉及诸多专业判断,对会计从业人员的职业能力提出了更高的要求。2018版租赁准则的出台不仅意味着承租人的会计处理发生了重大变更,而且对我国税法和监管制度也提出了新的要求。此外,实施准则产生的"高昂"成本体现了我国努力提高报表可比性,缓解企业与投资者之间信息不对称的决心。

【案例分析】

从租赁准则的发展历史和修订过程看,会计准则体系具有动态包容性,是与时俱进的。我们应该用发展的眼光看待我国经济、金融等领域的相关问题,运用辩证唯物主义的世界观和方法论把握事物发展的规律。建立在现代科学和先进社会实践的基础上,并随着科学和实践的发展而不断丰富发展的辩证唯物主义是人类认识发展史的科学总结,是科学认识事物、研究事物的客观方法。在研究我国各项会计准则的修订过程中,我们应结合不同的时代背景,以历史的、发展的和辩证的眼光看待相关问题,同时更需要透过现象看到经济业务的本质。

(三)案例讨论与升华

【案例讨论】

根据上述资料,并结合你所学和了解的有关新、旧租赁准则的相关内容,你认为新准则的修订对哪些行业的影响较大?同时对已经实施以及尚未实施新租赁准则的企业,有哪些意见或者建议?

【案例升华】

习近平总书记在党的十九大报告中指出:"经过长期努力,中国特色社会主义进入了新时代,这是我国发展新的历史方位。"在这个新时代,"一带一路"建设是我国日益走近世界舞台中央、不断为人类作出更大贡献的一个重要方面,充分彰显了中华文化自信。"一带一路"倡议的提出,旨在为国际社会搭建合作共赢新平台,从而推动共同发展。全面开放的新格局、新的世界合作发展模式,必然给国际会计带来更多的机遇与挑战。

随着"一带一路"倡议的实施,经济全球化不断深化,金融创新层出不穷,会计业务的边界不断拓展。从会计行业发展的角度看,要积极应对中国社会经济环境和世界格局的新变化,主动思考会计行业可能出现的各种新变化、当前存在的问题以及未来所需要扮演的角色。从会计人自身的角度看,要不断自我反省、自我批判,对现代会计的认识需要逐步从感性层面过渡到理性层面,逐渐培养和提高自身的会计自觉,从业务知识、职业技能、职业敏感性、自我发展等角度不断提升自己。

## 二、本章延伸阅读

### 延伸阅读1 租赁准则的中外比较[①]

#### (一)与国际租赁准则对比

2016年1月,国际会计准则理事会正式颁布了IFRS16,该准则已于2019年1月1日开始执行。总体而言,2018版租赁准则与IFRS16的规定基本一致,前者只是针对我国的实际情况进行了局部调整,两者呈现出一定的差异性。

(1)适用范围有所不同。由于我国土地使用权的特殊性,承租人以出让、划拨或转让方式取得的土地使用权不由租赁准则规范,而是适用于无形资产会计准则,而在国际准则规制下土地使用权的租赁则适用于IFRS16。

(2)计量模式上存在差异。2018版租赁准则只允许承租人按照成本模式计量使用权资产,简化了计量模式,而IFRS16允许承租人采取其他计量模式计量使用权资产。具体而言,如果承租人采用公允价值模式计量投资性房地产,那么投资性房地产定义的使用权资产也应采用公允价值模式进行计量;如果承租人采用重估模式计量不动产、厂房和设备,那么承租人也可以选择对所有与该类不动产相关的使用权资产采用重估模式进行计量。当承租人按照其他计量模式确认使用权资产时,也应按照对应的准则进行披露。

#### (二)与美国租赁准则对比

2016年2月,美国财务会计准则委员会(FASB)颁布了最新版的租赁准则(简称"ASC842")。2018版租赁准则与ASC842在许多方面是一致的,包括租赁定义、租赁业务表内确认、承租人租赁负债的计量等,但是也存在一些差异,我们对此展开详细分析。

(1)2018版租赁准则与ASC842对于承租人租赁类型的划分要求不同。2018版

---

① 耿建新,武永亮.租赁准则的历史沿革与中外比较[J].财会月刊,2020(10):60-65.注:本书对部分内容进行了调整。

租赁准则要求承租人统一按照融资租赁方式进行会计处理(豁免情况除外),而ASC842则延续之前的租赁分类规则,保留了要求承租人区分融资租赁和经营租赁的规定。ASC842保留承租人分类规定是因为,承租人不需要采用新的会计确认方法,也不用进行重大的流程变革,就可以保持美国会计准则与税收和监管报告要求的一致,降低准则的实施成本。

(2)2018版租赁准则与ASC842对于出租人开始确认租赁收入的时点不一致。2018版租赁准则要求出租人在租赁开始时确认销售收入,ASC842则不允许出租人在租赁开始时确认融资租赁销售收入,而是需要递延到整个租赁期内确认收入,这样规定是为了保证租赁开始时确认销售利润的做法与美国的新收入准则口径相一致。

(3)2018版租赁准则与ASC842对于一些特殊业务的规定存在差异。这些特殊交易包括转租赁、重估可变租赁付款额和售后租回交易。①在对转租赁进行分类时,2018版租赁准则规定参照租赁的所有权资产确认转租赁分类,而ASC842规定参照标的资产确定转租赁分类。由此可见,2018版租赁准则强调转租赁前后会计处理的一致性,而ASC842更加重视中间出租人业务的实质。②2018版租赁准则规定,当合同现金流的变化来源于参考指数或比率发生变化时,需重新估计租赁负债;而ASC842规定,仅当独立于指数或利率变化以外的其他原因引起租赁负债重估时,才需重估租赁负债。2018版租赁准则旨在准确反映租赁期间的租赁负债,而ASC842认为此时的重估成本大于其收益。③2018版租赁准则要求承租人仅确认在售后租回结束时与标的资产剩余权利相关的销售利得金额,即承租人仅销售了售后租回结束时标的资产的剩余权利。而ASC842规定,承租人对于销售资产的利得或损失的处理应当与标的资产的其他类型的处理一致,即承租人销售了全部标的资产。

**延伸阅读2　实施新租赁准则的影响调研简报[①]**

2019年1月1日,《企业会计准则第21号——租赁(2018)》(以下简称"CAS21")在境内外同时上市的企业以及在境外上市并采用国际财务报告准则或企业会计准则编制财务报告的企业实施。国际上同期实施的《国际财务报告准则第16号——租赁》以及《香港财务报告准则第16号——租赁》与CAS21基本趋同,美国公认会计原则下的租赁准则在承租人的主要处理方面与CAS21原理类似。下文将前述准则统称为"新租赁准则"。

新租赁准则要求承租资产负债入表并持续核算,且对于租赁的定义、租赁期等概念做出了进一步明确规定,因此预期对于某些大量依赖承租资产运营的行业可能存在

---

[①] EY安永.实施新租赁准则的影响调研简报[EB/OL].(2020-07-28)[2022-12-03]. http://baijiahao.baidu.com/s?id=1673426816842379900&ufr=spider&for=pc.

重大影响。

新租赁准则在国内采取分批实施的安排,因此充分了解2019年其执行情况,能够为后续将要执行该准则的企业提供经验和参考。考虑到新租赁准则主要对承租人的影响较大,而上述国内外准则在承租人的核算方面具有相似性,因此我们选择了包括A+H股在内的284家境外上市中资企业的2019年年报进行调研。

1. 2019年度主要财务数据影响

新租赁准则的主要影响体现为承租人的使用权资产和租赁负债入表,从而使资产负债规模扩大,对资产负债率、资产收益率等指标造成压力。同时,对损益表的影响体现为折旧和利息费用的计提。相比原准则下的租赁费用,由于新准则下的部分损益影响以利息的方式体现,因此在一定程度可能给承租人的毛利,或息税前利润带来利好,但同时也加大了对利息保障倍数等指标的压力。表6-4列示所有样本公司使用权资产、租赁负债,以及相关租赁负债产生的利息的影响。

表6-4　　2019年所有样本公司使用权资产、租赁负债等产生的利息影响

|  | 2019年12月31日 ||| 2019年度 ||
|---|---|---|---|---|---|
|  | 使用权资产占总资产的比例 || 总租赁负债占总负债的比例 || 租赁负债产生的利息占利息支出的比例 ||
|  | 最低值 | 最高值 | 最低值 | 最高值 | 最低值 | 最高值 |
| 交通运输 | 0.00% | 71.39% | 0.00% | 66.71% | 0.00% | 100.00% |
| 文娱教育 | 0.00% | 47.54% | 0.00% | 77.86% | 0.00% | 100.00% |
| 零售 | 0.85% | 42.76% | 1.61% | 70.17% | 0.00% | 100.00% |
| 消费品 | 0.00% | 17.69% | 0.00% | 29.27% | 0.00% | 100.00% |
| 电信服务 | 0.80% | 10.69% | 1.12% | 15.98% | 1.61% | 94.23% |
| 租赁及其他金融 | 0.00% | 25.98% | 0.00% | 11.79% | 0.00% | 92.69% |
| 能源 | 0.00% | 11.28% | 0.00% | 21.96% | 0.00% | 61.89% |
| 工业 | 0.00% | 5.40% | 0.00% | 6.32% | 0.00% | 97.22% |
| 生物医药 | 0.00% | 3.91% | 0.00% | 10.54% | 0.00% | 55.48% |
| 房地产 | 0.06% | 1.28% | 0.08% | 1.56% | 0.00% | 10.66% |
| 公用事业 | 0.00% | 1.38% | 0.00% | 1.86% | 0.00% | 2.77% |
| 建筑 | 0.02% | 0.03% | 0.03% | 0.62% | 0.03% | 1.30% |
| 金融 | 0.04% | 0.42% | 0.00% | 0.57% | 不适用 | 不适用 |

同行业的不同公司之间,由于存在资产负债规模、业务模式、具体衔接办法等方面的差异,可能在相关财务报表科目上体现出不同程度的影响。例如交通运输、电信服

务、能源等行业中,以基础设施为主业的公司涉及大量租赁资产;零售、文娱教育行业中,经营模式依赖于大型资产(投资物业、酒店)的公司租赁资产也较多。

我们后续选择 2019 年年末受使用权资产、租赁负债等指标影响显著的三个行业,即交通运输业、零售业和文娱教育业作为代表性行业做进一步分析。

2. 代表性行业的进一步分析

(1)交通运输业

在所选取的样本公司中,交通运输业上市公司共 48 家,分为航空、海运、陆运、港口和机场 5 个子行业,所披露的主要租赁物包括飞机及发动机、运输船舶、港务设施/库场设施、广告牌、机械设备等。2019 年 12 月 31 日交通运输业样本公司的主要财务数据如表 6-5 和表 6-6 所示:

表 6-5　　　　2019 年 12 月 31 日交通运输业样本公司的主要财务数据(1)

|  | 使用权资产占总资产的比例 || 一年内到期的租赁负债占流动负债的比例 || 租赁负债占非流动负债的比例 || 总租赁负债占总负债的比例 ||
|---|---|---|---|---|---|---|---|---|
|  | 低点 | 高点 | 低点 | 高点 | 低点 | 高点 | 低点 | 高点 |
| 航空 | 0.00% | 48.90% | 0.00% | 29.60% | 0.00% | 85.07% | 0.00% | 66.71% |
| 海运 | 0.11% | 40.06% | 0.00% | 15.49% | 0.00% | 20.71% | 0.02% | 55.68% |
| 陆运 | 0.00% | 19.68% | 0.00% | 0.90% | 0.00% | 87.56% | 0.00% | 15.17% |
| 港口 | 0.00% | 71.39% | 0.07% | 3.11% | 0.00% | 27.68% | 0.07% | 23.32% |
| 机场 | 1.02% | 12.31% | 1.42% | 2.72% | 0.00% | 0.03% | 1.20% | 11.51% |

表 6-6　　　　2019 年 12 月 31 日交通运输业样本公司的主要财务数据(2)

|  | 租赁负债产生的利息占利息支出的比例 || 使用权资产折旧占成本费用总额(营业成本+销售费用+管理费用)的比例 ||
|---|---|---|---|---|
|  | 低点 | 高点 | 低点 | 高点 |
| 航空 | 0.00% | 90.40% | 0.00% | 10.87% |
| 海运 | 0.00% | 77.80% | 0.14% | 5.62% |
| 陆运 | 0.00% | 100.00% | 0.00% | 1.05% |
| 港口 | 0.00% | 21.60% | 0.00% | 18.65% |
| 机场 | 26.34% | 43.40% | 2.51% | 3.04% |

由表中数据可见,交通运输业中,航空、港口、海运公司受新租赁准则的影响更为突出,个别样本公司的比例为零是由于其财务报表中未单独披露相关数据。航空业主要租赁物是飞机及发动机、房屋和建筑物、其他设备等,海运业主要租赁物是运输船

舶、货柜轮、码头等,港口业主要租赁物是港务设施、库场设施等,这些租赁物资产价值较高,且与公司经营业务密切相关难以替代,因此租赁期通常较长。

此外,个别公司存在转租赁业务,尽管有大量租赁负债,但由于转租赁构成融资租赁,因此所确认的使用权资产随着转租终止确认,并未体现在财务报表中。

个别公司尽管大量依赖承租资产,但由于租金中包含较多可变租赁付款额,例如:与吞吐量挂钩的租金、与实际收入挂钩的租金等模式,因此实际入表的资产负债规模并不大。

(2)零售业

在所选取的样本公司中,有17家属于零售业,包括百货商店、超市和其他3个子行业,所披露的主要租赁物包括物业、楼宇、土地使用权、汽车等。2019年12月31日零售业样本公司的某些财务比例情况如表6—7和表6—8所示:

表6—7　　　　2019年12月31日零售业样本公司的某些财务比例情况(1)

|  | 使用权资产占总资产的比例 || 一年内到期的租赁负债占流动负债的比例 || 租赁负债占非流动负债的比例 || 总租赁负债占总负债的比例 ||
| --- | --- | --- | --- | --- | --- | --- | --- | --- |
|  | 低点 | 高点 | 低点 | 高点 | 低点 | 高点 | 低点 | 高点 |
| 百货商店 | 35.90% || 14.35% || 72.53% || 57.11% ||
| 超市 | 13.38% | 42.76% | 4.01% | 22.20% | 33.60% | 98.63% | 10.68% | 70.17% |
| 其他 | 0.85% | 18.58% | 0.44% | 22.31% | 1.05% | 100.00% | 1.61% | 34.86% |

表6—8　　　　2019年12月31日零售业样本公司的某些财务比例情况(2)

|  | 租赁负债产生的利息占利息支出的比例 || 使用权资产折旧占成本费用总额(营业成本+销售费用+管理费用)的比例 ||
| --- | --- | --- | --- | --- |
|  | 低点 | 高点 | 低点 | 高点 |
| 百货商店 | 84.19% || 14.76% ||
| 超市 | 27.95% | 100.00% | 1.58% | 13.56% |
| 其他 | 0.00% | 97.21% | 0.38% | 6.77% |

由表6—7、表6—8可见,新租赁准则对零售业的公司影响普遍较大,主要是由于此类公司通常需要租赁经营场所,尤其以自营连锁店铺为主要模式的公司,对租赁资产的依赖性更大。

(3)文娱教育业

所选取的样本公司中,有59家属于文娱教育业,分为休闲、文化和教育3个子行业。其中,休闲包括酒店、餐馆和休闲设施等细分行业,文化包括电影与娱乐、出版等细分行业。所披露的主要租赁物包括酒店设施、物业与楼宇、宿舍和校园、汽车等。2019年12月31日文娱教育业样本公司的部分财务数据的影响情况如表6-9和表6-10所示:

表6-9　　　　2019年12月31日文娱教育业样本公司的部分财务数据(1)

|  | 使用权资产占总资产的比例 || 一年内到期的租赁负债占流动负债的比例 || 租赁负债占非流动负债的比例 || 总租赁负债占总负债的比例 ||
| --- | --- | --- | --- | --- | --- | --- | --- | --- |
|  | 低点 | 高点 | 低点 | 高点 | 低点 | 高点 | 低点 | 高点 |
| 休闲 | 0.00% | 47.54% | 0.00% | 37.71% | 0.00% | 100.00% | 0.00% | 77.86% |
| 文化 | 0.28% | 6.70% | 0.38% | 6.96% | 0.37% | 100.00% | 0.37% | 12.85% |
| 教育 | 1.14% | 35.75% | 0.00% | 18.70% | 0.00% | 100.00% | 0.00% | 50.10% |

表6-10　　　　2019年12月31日文娱教育业样本公司的部分财务数据(2)

|  | 租赁负债产生的利息占利息支出的比例 || 使用权资产折旧占成本费用总额(营业成本+销售费用+管理费用)的比例 ||
| --- | --- | --- | --- | --- |
|  | 低点 | 高点 | 低点 | 高点 |
| 休闲 | 0.00% | 97.13% | 0.00% | 26.97% |
| 文化 | 1.29% | 100.00% | 0.26% | 3.53% |
| 教育 | 0.00% | 100.00% | 0.00% | 13.33% |

## 复习思考题与练习题

### 一、复习思考题

1. 简述租赁的定义。
2. 承租人如何对租赁进行分类?
3. 简述融资租赁的判断标准。
4. 如何进行使用权资产的初始计量和后续计量?
5. 简述租赁收款额、租赁投资总额以及租赁投资净额之间的关系。

### 二、练习题

1. 资料:承租人甲公司就某栋建筑物的某一层楼与出租人乙公司签订了为期10

年的租赁协议,并拥有5年的续租选择权。有关信息如下:

(1)初始租赁期内的不含税租金为每年50 000元,续租期间为每年55 000元,所有款项应于每年年初支付;

(2)为获得该项租赁,甲公司发生的初始直接费用为20 000元,其中,15 000元为向该楼层前任租户支付的款项,5 000元为向促成此租赁交易的房地产中介支付的佣金;

(3)作为对甲公司的激励,乙公司同意补偿甲公司5 000元的佣金;

(4)在租赁期开始日,甲公司评估后认为,不能合理确定将行使续租选择权,因此,将租赁期确定为10年;

(5)甲公司确定租赁内含利率为每年5%。为简化处理,假设不考虑相关税费影响。

要求:做出甲公司相关业务账务处理。

2.资料:承租人甲公司与出租人乙公司签订了为期7年的商铺租赁合同。每年的租赁付款额为450 000元,在每年年末支付。甲公司确定租赁内含利率为5.04%。在租赁期开始日,假定甲公司按租赁付款额的现值所确认的租赁负债为260 000元。

要求:做出甲公司在租期第一年年末的账务处理。

# 第七章 债务重组

## 本章概述

本章在概述债务重组定义与方式的基础上,结合实务题对债权人和债务人的会计处理等债务重组事项进行重点分析,同时结合思政案例与延伸阅读进行内容拓展。

## 思政目标

了解企业债务重组的背景和"纾困"方式,增强风险管理意识,并强化社会责任。

## 育人元素

培养变通思维。

## 第一节 债务重组概述

在市场经济条件下,由于竞争激烈、环境变化等各种因素的影响,有些企业可能会出现一些暂时性或严重的财务困难,致使资金周转不灵,难以按期偿还债务。在这种情况下,作为债权人,一是可以通过法律程序,要求债务人破产,以清偿债务;二是可以通过互相协商,以债务重组的方式做出某些让步,从而减轻负担,渡过难关。

### 一、债务重组的定义

债务重组是指在不改变交易对手方的情况下,经债权人和债务人协定或法院裁定,就清偿债务的时间、金额或方式等重新达成协议的交易。其中,债务重组涉及的债权和债务是指《企业会计准则第 22 号——金融工具确认和计量》规范的金融工具。

> **知识链接**
>
> 2019 年 5 月 16 日,财政部发布了《关于印发修订〈企业会计准则第 12 号——债务重组〉的通知》(财会〔2019〕9 号),对《企业会计准则第 12 号——债务重组》进行了修订。修订后的新债务重组准则自 2019 年 6 月 17 日开始生效,企业应对 2019 年 1 月 1 日至生效日之间发生的债务重组交易,按照新债务重组准则规定进行调整;2019 年 1 月 1 日之前发生的债务重组交易不需追溯调整。

相对于债务人而言的"债务"重组,对于债权人而言实际上是"债权"重组。为简化表述,我们通常用"债务重组"表述债务人与债权人之间的债务、债权重组事项。同理,通常用"债务重组损益"表述债务人、债权人双方在债务、债权重组中产生的利得或损失。债务重组的主体是债权、债务双方。债务重组的内容是债务清偿时间、金额或方式等。债务重组的结果是债权、债务双方就被重组的债权、债务重新达成协议。债务重组的依据是相关债权、债务双方的协定或法院的裁定。

## 二、债务重组的方式

债务重组的方式主要包括债务人以资产清偿债务、债务人将债务转为权益工具、修改债权和债务的其他条款以及一种以上方式的组合。

### (一)债务人以资产清偿债务

债务人以资产清偿债务,是指债务人转让其资产给债权人用以清偿债务的债务重组方式。债务人用以清偿债务的资产,通常包括已在资产负债表中确认的资产(比如库存现金、应收账款、长期股权投资、投资性房地产、固定资产、在建工程、无形资产等),也可能包括不符合确认条件而未在资产负债表中确认的资产(比如债务人以未确认的内部品牌清偿债务,债权人在获得的商标权符合无形资产确认条件的前提下作为无形资产核算)。在少数情况下,债务人还可能以处置组清偿债务。这种重组方式,导致债权人将债权转为其他形式的资产。

### (二)债务人将债务转为权益工具

债务人将债务转为权益工具,是指债务人将债务转为股本或实收资本等权益工具的债务重组方式。这种重组方式,导致债权人将债权转为股权。

### （三）修改债权和债务的其他条款

修改债权和债务的其他条款，是指除上述两种方式以外的修改债权和债务其他条款的债务重组方式。这种重组方式主要有调整债务本金、改变债务利息、变更还款期限等。与以资产清偿债务和将债务转为权益工具的结果是终止确认相关债权与债务不同，修改其他条款的债务重组方式的结果是形成重组债权和重组债务。

### （四）组合方式

债务重组实务中也有可能采取以上几个方式的组合，即同时采用以资产清偿债务、将债务转为资本以及修改债权和债务其他条款几种方式来清偿债务的债务重组方式。比如，将债务的一部分以资产清偿，一部分转为资本，其余部分则修改债务其他条款。

## 三、债务重组会计的主要内容

债务重组的当事人包括债务人、债权人两个会计主体。重组的结果可能导致双方相关债权、债务的终止确认，也可能导致相关偿债资产的出让与受让，还可能导致相关权益工具及权益工具投资的确认，更有可能导致重组损益的确认。也就是说，不同的重组方式将涉及相关资产、负债、所有者权益的变动。与之相关的确认与计量，无疑是学习债务重组会计的重点。因此，债务重组会计的问题主要包括：作为重组对象的债权、债务应如何转销；债务人如何计量出让的资产，是否需要进行资产转让损益的确认与计量；债务人如何确认与计量债务转成的权益工具；债权人如何确认与计量所取得的金融资产或非金融资产；重组双方是否有可能涉及对重组损益的确认与计量，如果涉及，应如何进行会计处理。上述问题我们将在本章后续内容中进行详细阐述。

# 第二节　债务重组重要条款的理解与会计处理

## 一、债权人的会计处理

### （一）以资产清偿债务或将债务转为权益工具的确认与计量

#### 1. 受让的金融资产的初始计量

债权人受让的金融资产（包括以资产清偿债务中受让的金融资产以及将债务转为的其他权益工具投资），应当按照《企业会计准则第 22 号——金融工具确认和计量》的规定进行确认和计量。金融资产初始确认时按公允价值计量。

### 2. 受让的非金融资产的初始计量

债权人受让的非金融资产和将债务转为权益工具的重组方式中,债权转为的对联营企业或合营企业的长期股权投资,原则上都按成本进行初始计量,这里的成本主要包括放弃债权的公允价值和可直接归属于相关资产的其他成本。

> **知识链接**
>
> 债务重组中债权人受让的存货,其成本包括放弃债权的公允价值和使该资产达到当前位置和状态所发生的可直接归属于该资产的税金、运输费、装卸费、保险费等其他成本;受让的投资性房地产,其成本包括放弃债权的公允价值和可直接归属于该资产的税金等其他成本;受让的固定资产,其成本包括放弃债权的公允价值和使该资产达到预定可使用状态前所发生的可直接归属于该资产的税金、运输费、装卸费、安装费、专业人员服务费等其他成本;受让的无形资产,其成本包括放弃债权的公允价值和可直接归属于使该资产达到预定用途所发生的税金等其他成本;受让的或债权转为的对联营企业或合营企业的权益性投资,其成本包括放弃债权的公允价值和可直接归属于该资产的税金等其他成本。

### 3. 对所放弃债权或转为权益工具的债权的终止确认

以资产清偿债务或者将债务转为权益工具方式进行债务重组的,债权人应当在确认相关资产的同时对所放弃债权按账面价值进行终止确认;所放弃债权的公允价值与其账面价值之差,计入当期损益。

> **知识链接**
>
> 就债权人而言,债务重组的会计处理中需计入当期损益的金额,都计入"投资收益"科目。

因此,债权人的相关会计处理如下:
(1)如果债务人采用金融资产抵债:
  借:相关金融资产(公允价值为基础)
    投资收益(差额)
   贷:应收账款等放弃的债权(账面价值)
(2)如果债务人采用非金融资产抵债:
  借:原材料等受让资产
    投资收益(差额,也可能在贷方)

贷:应收账款等放弃的债权(账面价值)
　　　　　银行存款等(其他成本)
(3)债权转为权益工具:
①如果转为长期股权投资:
　借:长期股权投资
　　　投资收益(差额,也可能在贷方)
　　　贷:应收账款等放弃的债权(账面价值)
　　　　　银行存款等(其他成本)
②如果转为其他权益工具投资:
　　借:其他权益工具投资(公允价值为基础)
　　　　投资收益(差额)
　　　　贷:应收账款等放弃的债权(账面价值)

### (二)修改其他条款方式的确认和计量

如果修改其他条款导致全部债权终止确认,债权人应当按照修改后的条款以公允价值计量重组债权,重组债权的确认金额与终止确认债权的账面价值之差,计入当期损益;如果修改其他条款未导致债权终止确认,债权人应根据相关债权的分类,继续以摊余成本、公允价值计量且其变动计入其他综合收益或以公允价值计量且其变动计入当期损益进行后续计量。以摊余成本计量的债权,应当根据重新议定合同的现金流量变化情况,重新计量该重组债权的账面余额,并将相关利得或损失计入当期损益。

因此,债权人的相关会计处理如下:
(1)如果全部债权终止确认:
　　借:重组债权(按修改后的条款,以公允价值计量)
　　　　投资收益(差额)
　　　　贷:应收账款等债权(账面价值)
(2)如果被重组债权未终止确认的,对以摊余成本计量的债权:
　　借或贷:应收账款等(重新计量账面余额,需调整的金额)
　　　　　贷或借:投资收益

### (三)以多项资产清偿债务或组合方式的确认和计量

一方面,首先债权人应当首先按照《企业会计准则第22号——金融工具确认和计量》规定确认和计量受让的金融资产和重组债权;其次按照受让的金融资产以外的各项资产的公允价值比例,对放弃债权的公允价值扣除受让金融资产和重组债权确认金额后的净额进行分配;最后在此基础上再将可直接归属于相关资产的其他成本计入有关资产的账面价值。另一方面,债权人应将所放弃债权的公允价值与其账面价值之间的差额,计入当期损益。

综上所述,无论采用哪一种重组方式,债权人对所放弃的债权,都应按其账面价值进行终止确认;对受让的资产(金融资产除外)、转成的权益工具投资,都需按放弃债权的公允价值和可直接归属于相关资产的其他成本进行初始计量;对受让的金融资产和确认的重组债权,则都需按金融工具会计准则的规范以其自身的公允价值为基础进行初始计量;会计处理时产生的差额,计入当期损益。

## 二、债务人的会计处理

### (一)以资产清偿债务的确认与计量

债务人应当在转让的相关资产和所清偿的债务符合终止确认条件时予以终止确认,所清偿债务账面价值与转让资产账面价值之间的差额计入当期损益。

**知识链接**

对债务人而言,债务重组的会计处理中需计入当期损益的金额,根据具体情况,分别计入"投资收益"科目或"其他收益——债务重组收益"科目。债务人使用"其他收益——债务重组收益"科目的情形有两种:一是以非金融资产清偿债务或者以包括金融资产和非金融资产在内的多项资产清偿债务时,不需要区分资产处置损益和债务重组损益,也不需要区分不同资产的处置损益,而是将所清偿债务账面价值与出让资产账面价值之间的差额,计入"其他收益——债务重组收益"科目;二是采用组合方式清偿债务时,除非此时仅涉及金融工具,否则,债务重组损益计入"其他收益——债务重组收益"科目。

因此,债务人的相关会计处理如下:
(1)如果债务人采用金融资产抵债:
 借:应付账款等债务(账面价值)
  贷:出让的相关金融资产(账面价值)
   投资收益
(注意:如果有与出让金融资产相关的累计在"其他综合收益"中的利得或损失,也应结转至当期损益或留存收益。)
(2)如果债务人采用非金融资产抵债:
 借:应付账款等债务(账面价值)
  其他收益(差额,也可能在贷方)

贷：原材料等（账面价值）
　　　　银行存款等（其他成本）

### （二）将债务转为权益工具的确认与计量

　　债务人应当在所清偿债务符合终止确认条件时予以终止确认。债务人初始确认权益工具时应当按照权益工具的公允价值计量，权益工具的公允价值不能可靠计量的，应当按照所清偿债务的公允价值计量，所清偿债务账面价值与权益工具确认金额之间的差额，应当计入当期损益。

　　因此，债务人的相关会计处理如下：
　　借：应付账款等债务（账面价值）
　　　　资本公积、盈余公积等
　　　　投资收益（也可能在贷方）
　　贷：股本等（一般按照权益工具的公允价值计量）
　　　　银行存款等（发行费用）

### （三）修改其他条款方式的确认和计量

　　如果修改其他条款导致全部债务终止确认，债务人应当按照公允价值计量重组债务，重组债务的确认金额与终止确认债务的账面价值之差，计入当期损益；如果修改其他条款未导致债务终止确认，债务人应对未终止确认的债务进行分类，继续以摊余成本、公允价值计量且其变动计入当期损益或其他适当方式进行后续计量。对于以摊余成本计量的债务，应当根据重新议定合同的现金流量变化情况，重新计量该重组债务的账面价值，并将相关利得或损失计入当期损益。

　　因此，债务人的相关会计处理如下：
（1）如果全部债权终止确认：
　　借：应付账款等债务（账面价值）
　　　　投资收益、其他收益（差额，也可能在贷方）
　　贷：重组债务
（2）如果被重组债权未终止确认的，对以摊余成本计量的债权：
　　借或贷：投资收益（重新计量账面余额，需调整的金额）
　　贷或借：应付账款等

### （四）以多项资产清偿债务或组合方式的确认和计量

　　以多项资产清偿债务或者组合方式进行债务重组的，债务人应当按照公允价值确认和计量权益工具及重组债务，将所清偿债务的账面价值减去所转让资产的账面价值、所确认的权益工具和重组债务的入账价值之和的差额，计入当期损益。

综上所述,无论采用哪一种重组方式,债务人对所清偿或所重组的债务都应按其账面价值进行终止确认,对出让的资产也按账面价值进行终止确认;而对转成的权益工具和确认的重组债务则需按金融工具会计准则的规范以其自身的公允价值为基础进行初始计量;会计处理时产生的差额,计入当期损益。

### 三、债权人和债务人会计处理举例

#### (一)以资产清偿债务

**1. 以金融资产清偿债务**

【**实务题7-1**】 甲企业20×1年4月1日向乙企业购入一批原材料,价格为6 000 000元,增值税780 000元,货款及税款共6 780 000元,原定三个月后付清,甲企业有按期偿还债务。双方于20×1年7月29日签订债务重组协议。该协议规定,甲企业将以其持有的一项确认为以公允价值计量且其变动计入当期损益的金融资产(对丙企业的股票投资)和一项确认为长期股权投资(对丁企业的股权投资)来抵偿所欠乙企业的6 780 000元应付账款。该金融资产的账面价值为400 000元,重组前已确认的公允价值变动损失为10 000元,重组当日的公允价值为390 000元;该长期股权投资的账面价值为6 000 000元,重组当日的公允价值为5 530 000元。20×1年7月30日双方办理了两项股权的转让手续。甲、乙企业分别支付7 000元、4 000元的相关费用。不考虑其他相关税费。

假设乙企业将受让的股权投资分两种情况:作为长期股权投资和作为以公允价值计量且其变动计入其他综合收益的金融资产,分别做出甲、乙公司的相关会计处理。

【**解析**】 根据上述资料,甲、乙企业20×1年7月30日的相关账务处理如下:
(1)债权人乙企业:
①如将受让资产作为长期股权投资:

 借:长期股权投资            6 784 000
  贷:应收账款             6 780 000
    银行存款             4 000

②如将受让资产作为以公允价值计量且其变动计入其他综合收益的金融资产:

 借:其他权益工具投资           5 924 000
   投资收益              860 000
  贷:应收账款             6 780 000
    银行存款             4 000

(2)债务人甲企业:

| 借:应付账款 | 6 780 000 |
|---|---|
| 贷:交易性金融资产 | 390 000 |
| 长期股权投资——丙企业 | 6 000 000 |
| 银行存款 | 7 000 |
| 投资收益 | 383 000 |

### 2. 以非金融资产清偿债务

(1)以存货抵债

【实务题7-2】 甲企业20×1年4月1日向乙企业购入一批原材料,价格为6 000 000元,增值税780 000元,货款及税款共6 780 000元,原定三个月后付清,甲企业有按期偿还债务。假设双方于20×1年8月30日签订的债务重组协议规定,甲企业以其所生产的一批A商品偿还此项债务。该批商品的账面价值为4 500 000元,市价为5 000 000元,增值税税率为13%。甲企业20×1年8月31日支付2 000元的运费将该批商品交付给乙企业,乙企业将其作为原材料核算。不考虑其他相关税费,分别做出甲、乙公司的相关会计处理。

【解析】 根据上述资料,甲、乙企业20×1年8月31日的相关账务处理如下:

①债权人乙企业(假设其应收账款的公允价值等于账面价值):

| 借:原材料 | 6 130 000 |
|---|---|
| 应交税费——应交增值税(进项税额) | 650 000 |
| 贷:应收账款 | 6 780 000 |

②债务人甲企业:

| 借:应付账款 | 6 780 000 |
|---|---|
| 贷:库存商品 | 4 500 000 |
| 应交税费——应交增值税(销项税额) | 650 000 |
| 银行存款 | 2 000 |
| 其他收益——债务重组收益 | 1 628 000 |

(2)以固定资产抵债

【实务题7-3】 甲企业20×1年4月1日向乙企业购入一批原材料,价格为6 000 000元,增值税780 000元,货款及税款共6 780 000元,原定三个月后付清,甲企业有按期偿还债务。假设债务重组协议规定,甲企业20×1年5月26日以其一项固定资产抵偿该项债务,该固定资产的账面原始价值为640 000元,累计已提折旧600 000元,经评估确认的净值为5 900 000元;甲企业支付了2 000元的拆卸及运输费,乙企业支付了3 000元的安装费用之后,将该设备作为固定资产交付使用。不考虑其他相关税费,分别做出甲、乙公司的相关会计处理。

**【解析】** 根据上述资料,甲、乙企业20×1年5月26日的相关账务处理如下:

(1)债权人乙企业:

①注销被重组的债权并受让固定资产:

  借:在建工程                 6 780 000

    贷:应收账款               6 780 000

②支付安装费用:

  借:在建工程                   3 000

    贷:银行存款                  3 000

③将固定资产交付使用:

  借:固定资产                 6 783 000

    贷:在建工程                6 783 000

(2)债务人甲企业:

①将固定资产转入清理:

  借:固定资产清理               5 800 000

    累计折旧                  600 000

    贷:固定资产                 6 400 000

②支付清理费用:

  借:固定资产清理                2 000

    贷:银行存款                  2 000

③用固定资产抵偿债务:

  借:应付账款                 6 780 000

    贷:固定资产清理               5 802 000

      其他收益——债务重组收益        978 000

(3)以无形资产抵债。

**【实务题7-4】** 20×1年6月18日,甲公司向乙公司销售一批商品,应收乙公司款项的入账金额为95万元。甲公司将该应收款项分类为以摊余成本计量的金融资产。乙公司将该应付账款分类为以摊余成本计量的金融负债。20×1年10月18日,双方签订债务重组合同,乙公司以一项作为无形资产核算的非专利技术偿还该欠款。该无形资产的账面余额为100万元,累计摊销额为10万元,已计提减值准备2万元。10月22日,双方办理完成该无形资产转让手续,甲公司支付评估费用4万元。当日,甲公司应收款项的公允价值为87万元,已计提坏账准备7万元,乙公司应付款项的账面价值仍为95万元。假设不考虑相关税费。

要求:做出债权人和债务人的相关会计处理。

**【解析】**

(1)债权人的会计处理。

20×1年10月22日,债权人甲公司取得该无形资产的成本为债权公允价值87万元与评估费用4万元的和,合计91万元。甲公司的账务处理如下:

| 借:无形资产 | 910 000 |
| --- | --- |
| 坏账准备 | 70 000 |
| 投资收益 | 10 000 |
| 贷:应收账款 | 950 000 |
| 银行存款 | 40 000 |

(2)债务人的会计处理。

乙公司10月22日的账务处理如下:

| 借:应付账款 | 950 000 |
| --- | --- |
| 累计摊销 | 100 000 |
| 无形资产减值准备 | 20 000 |
| 贷:无形资产 | 1 000 000 |
| 其他收益——债务重组收益 | 70 000 |

## (二)债务转为权益工具

**【实务题7-5】** 甲企业20×1年6月30日因向乙企业购入一批原材料(价格为1 000 000元,增值税为130 000元)而开出面值为1 130 000元的6个月期的商业汇票。20×1年10月30日,甲企业与乙企业签订了债务重组协议。该协议规定,甲企业以180 000股本企业普通股抵偿所欠乙企业的债务。甲企业的普通股面值为1元,每股市价为5元。甲企业支付1 000元的发行费用,乙企业支付1 000元的相关费用,并办理股票登记手续。不考虑其他相关税费。分别假设乙企业将转成的权益工具为长期股权投资,分类为以公允价值计量且其变动计入当期损益的金融资产,做出甲、乙企业相关会计处理。

**【解析】**

(1)乙企业将债权转为股权:

①如果将转成的股权作为长期股权投资核算:

| 借:长期股权投资——甲企业 | 1 131 000 |
| --- | --- |
| 贷:应收票据 | 1 130 000 |
| 银行存款 | 1 000 |

②如果将转成的股权分类为以公允价值计量且其动计入其他综合收益的金融资

产：

借：其他权益工具投资　　　　　　　　　　901 000
　　投资收益　　　　　　　　　　　　　　230 000
　　贷：应收票据　　　　　　　　　　　　　　　1 130 000
　　　　银行存款　　　　　　　　　　　　　　　　　1 000

(2)甲企业将债务转为权益工具：

借：应付票据　　　　　　　　　　　　1 130 000
　　贷：股本　　　　　　　　　　　　　　　　　180 000
　　　　资本公积——股本溢价　　　　　　　　720 000
　　　　银行存款　　　　　　　　　　　　　　　1 000
　　　　投资收益　　　　　　　　　　　　　　229 000

## 四、债务重组的相关披露

债务重组双方应在财务报表中对债务重组的相关信息予以披露。

### （一）债权人应披露的信息

债权人应当在附注中披露与债务重组有关的下列信息：

(1)根据债务重组方式，分组披露债权账面价值和债务重组相关损益。

(2)债务重组导致的对联营企业或合营企业的权益性投资增加额，以及该投资占联营企业或合营企业股份总额的比例。

### （二）债务人应披露的信息

债务人应当在附注中披露与债务重组有关的下列信息：

(1)根据债务重组方式，分组披露债务账面价值和债务重组相关损益。

(2)债务重组导致的股本等所有者权益的增加额。

## 第三节　本章课程思政案例及延伸阅读

在企业面临债务困境时，金融实体发挥主业优势，助力企业"纾困"。为扩展本章内容的理解，本章思政案例及延伸阅读侧重于介绍债务重组在实务中的运作情况。

## 一、本章课程思政案例

### （一）案例主题与思政意义

**1. 案例主题**

了解债务重组在企业风险管理实务中的应用。

**2. 思政意义**

通过了解实务中企业进行债务重组的背景以及资产管理公司的作用，培养科学管理精神、风险管理意识与变通思维。

### （二）案例描述与分析

**【案例描述】**

四大资管公司襄助上市公司"御寒"[①]

2018年以来，某四大资产管理公司已介入10多家上市公司的债务重组及资本运作。除国资平台、地方政府、金融机构之外，另一股重要的资本力量已出手为身处困境中的部分A股公司"排忧解难"。其介入上市公司的债务重组及资本运作，正以迅疾之势，以多种方式履行"服务实体经济、化解金融风险"的职责使命。

从具体案例看，各大资产管理公司的运作手法不一，多为量身定制的一揽子方案，涉及债转股、资产收购、融资、重组等深度战略合作。从陷入困境的上市公司角度看，金融、资管机构不仅提供了充沛的流动资金，更是借助外部资本的"全面体检"来反思公司经营战略。

细致梳理某四大资产管理公司投资、合作、服务的对象，我们不难发现其选择的上市公司（大股东）大多存在较重的债务负担，急需外部力量施以援手摆脱困局。

事实上，在国家大力推进供给侧结构性改革，全面落实"去产能、去库存、去杠杆、降成本、补短板"的大背景下，四大资产管理公司都以"服务实体经济、化解金融风险"作为任务使命，高度重视对处于困境的上市实体企业的全面服务。

某报记者翻查四大资产管理公司的2017年年报发现，在聚焦不良资产主业的同时，各大资管公司正加快主业转型升级，由不良资产为主转向不良资产和问题机构并重，并加强债转股和并购重组板块业务。

以A基金公司的运作为例，作为债转股实施主体的新能基金，是X资管专门发起设立的降杠杆投资管理合伙企业（有限合伙）下属的子基金（下称"降杠杆基金"），而降

---

[①] 徐锐.量体裁衣 四大资管公司襄助上市公司"御寒"[EB/OL]. (2018-10-15)[2022-08-16]. https://company.cnstock.com/company/scp.gsxw/201810/4283471.htm.

杠杆基金是信达资产服务本轮市场化债转股业务的专设投资平台。

X资管明确表示，未来将充分发挥金融资产管理公司的独特优势，运用多种方式防范和化解实体企业风险，服务实体经济，把积极稳妥降低企业杠杆率工作向纵深推进。

同样，在B食品公司因违规开具商业票据、对外担保等事项而陷入困境时，Y资管也于近期及时出手施援。在Y资管看来，对困境实体企业的救助是公司贯彻上级精神、充分发挥集团金融工具箱协同优势，通过盘活存量资产，切实服务实体经济发展、有效防范化解金融风险的有益尝试。

"金融资管公司介入困境的投资策略是，在尽职调查基础上，选取有阶段性还款困难但尚有核心资产的企业，提取出有较大升值空间的生产要素，采用资产重整或债务重整等综合手段，获得增值运作收益。这种模式处置周期较长，方案较为个性化。"熟悉金融资产管理运作的金融业人士对记者表示，随着经济转向高质量发展阶段，以及供给侧结构性改革的进一步深化，中国金融资产管理行业将发挥更积极的作用，未来盈利空间较大。

**【案例分析】**

近几年，随着宏观经济形势的变化、供给侧结构性改革的持续推进，金融、经济政策不断优化调整。2021年中央经济工作会议明确提出，要继续按照稳定大局、统筹协调、分类施策、精准拆弹的方针，抓好风险处置工作。化解风险要有充足资源，研究制定化解风险的政策，要广泛配合，完善金融风险处置机制。化解企业的重大风险，恢复企业的再生能力，维护社会的稳定，需要市场主体和政策层面共同努力、多管齐下。

问题企业陷入债务困境是由多方面因素造成的。在当前国家推动供给侧结构性改革的背景下，聚焦主业、理性投资、重视技术等将成为企业发展的内生动力。救助问题企业，需要该企业调整发展思路以适应当前的内外部环境，直面问题，面对现实，在市场化的机制下与金融债权人或投资人合作，完成自身的纾困或整体重组。

### （三）案例讨论与升华

**【案例讨论】**

根据上述资料以及所学知识，你认为企业在什么情况下会存在债务重组的需求？

**【案例升华】**

债务重组渗透着中华优秀传统文化的智慧——"变通"。《易经》曰："易穷则变，变则通，通则久。是以自天祐之，吉无不利。"《易经》中的"变通"强调要顺应事物的发展规律，从而使自己处于有利的位置。在资金周转出现困难、无力偿还债务的情况下，债务人与债权人协商债务偿还方式，例如延期偿还，通过其他资产来抵偿，或不进行偿还而转为债权人对其的投资,这些都体现了变通的思想。

从债务人发生财务困难到债务重组纾困的过程体现了道家的辩证思想——"祸兮,福之所倚;福兮,祸之所伏。"它对风险管理的启示在于:一方面,福中有祸,管理者必须居安思危,做好风险防范工作;另一方面,祸中有福,危中有"机",管理者应临危不惧,冷静思考风险中的机遇,推动风险转化为发展的动力。

## 二、本章延伸阅读

延伸阅读1　万邦达(300055)——债务重组公告[①]

万邦达:关于债务重组的公告

公告日期 2021—01—25

证券代码:300055　　　　证券简称:万邦达　　　　公告编号:2021—006

北京万邦达环保技术股份有限公司

本公司及董事会全体成员保证公告内容真实、准确、完整,没有虚假记载、误导性陈述或重大遗漏。

北京万邦达环保技术股份有限公司(以下简称"公司")于2021年1月25日召开第四届董事会第十六次会议及第四届监事会第十五次会议,审议通过了《关于债务重组的议案》,同意公司和全资子公司乌兰察布万邦达环保科技有限公司(以下简称"乌兰察布万邦达")与乌兰察布市集宁区人民政府(以下简称"集宁区政府")签订《项目回购协议书》(以下简称"债务重组协议"),本次项目回购形成债务重组,现将有关情况公告如下:

(一)债务重组概述

2015年5月,经公司第二届董事会第二十八次及第二十九次会议审议通过,公司与集宁区政府就乌兰察布市集宁区供水、排水、供热环保工程项目签订了BOT特许经营协议,就该区污水处理厂项目经营权转让签订了TOT协议(以上统称"上述协议"),协议总额为24.96亿元。2015—2017年为项目集中建设期,2017—2021年逐步进入运营期后,集宁区政府按前述合同约定支付款项,截至2021年12月31日,公司投资建设上述协议所涉及的项目累计现金投资支出为15.19亿元,公司累计收到款项3.79亿元,投资建设上述协议所涉及的项目资产及相关特许经营权的资产账面价值合计19.90亿元。

公司基于加快盘活资产、防范经营风险、提升主营业务发展能力等综合原因,经与集宁区政府友好协商,同意签署债务重组协议,由集宁区政府以13.41亿元回购上述

---

[①] 新浪财经.万邦达:关于债务重组进展的公告[EB/OL].(2021—02—01)[2022—02—03]. http://vip.stock.finance.sina.com.cn/corp/view/vCB_AllBulletinDetail.php?stockid=300055&id=6885146.

协议中所涉及的项目资产及相关特许经营权。同时,上述款项不包含双方正在运行中的合作项目对外应付款款项合计约为2.13亿元(暂定,以审计部门审定金额为准),该部分对外应付款仍依据项目原有运行方式,由集宁区政府及相关主管部门审核结算,乌兰察布万邦达根据上述审核结算情况,对符合条件的施工单位先行支付,乌兰察布万邦达支付后再与集宁区政府以实际支付金额等额进行结算。

该事项已经公司第四届董事会第十六次会议及第四届监事会第十五次会议审议通过,独立董事发表了独立意见,该事项尚需提交公司股东大会审议。

### (二)债务重组对方的基本情况

公司拟实施债务重组的交易对方为乌兰察布市集宁区人民政府,它与公司不存在关联关系,本次债务重组不构成关联交易。集宁区人民政府不存在与上市公司及上市公司前十名股东在产权、业务、资产、债权债务、人员等方面的关系,不存在其他可能或已经造成上市公司对其利益倾斜的其他关系。

### (三)债务重组方案

截至2021年12月31日,公司在上述协议所涉及的项目资产及相关特许经营权的资产账面价值合计198 953.92万元。根据集宁区政府化债政策并结合项目实际情况,集宁区政府拟以134 065.75万元回购上述协议中所涉及的项目资产及相关特许经营权,其中99 995.84万元现金将于2021年1月31日前支付,剩余34 069.91万元将于2021年12月31日前以现金或资产方式完成支付;同时,上述款项不包含双方正在运行中的合作项目对外应付款,款项合计约为21 282.71万元(暂定,以审计部门审定金额为准),该部分对外应付款仍依据项目原有运行方式,由集宁区政府及相关主管部门审核结算,乌兰察布万邦达根据上述审核结算情况,对符合条件的施工单位先行支付,乌兰察布万邦达支付后再与集宁区政府以实际支付金额等额进行结算。

### (四)债务重组协议的主要内容

(1)根据集宁区政府化债政策并结合项目实际情况,集宁区政府决定以134 065.75万元(暂定,以政府审定金额为准)向公司和乌兰察布万邦达回购本次债务重组所涉及的项目资产及相关特许经营权。

(2)上述款项不包含双方正在运行中的合作项目对外应付款21 282.71万元(暂定,以审计部门审定金额为准),仍依据项目原有运行方式,由集宁区政府及相关主管部门审核结算,乌兰察布万邦达根据上述审核结算情况,对符合条件的施工单位先行支付,乌兰察布万邦达支付后再与集宁区政府以实际支付金额等额进行结算。

(3)集宁区政府于2021年1月31日前,支付公司99 995.84万元。剩余回购款34 069.91万元(暂定,以政府审定金额为准),公司同意集宁区政府对此笔款项以现金或资产方式,于 2021 年 12 月 31 日前完成支付。

(4)本次债务重组所涉及资金的收款方为乌兰察布万邦达。

### (五)本次债务重组的审议意见

1. 董事会意见

2021 年 1 月 25 日,公司第四届董事会第十六次会议审议通过了《关于债务重组的议案》,董事会同意本次债务重组事项并将该议案提交至公司股东大会审议。

2. 监事会意见

2021 年 1 月 25 日,公司第四届监事会第十五次会议审议通过了《关于债务重组的议案》,监事会经核查认为:公司本次债务重组有利于降低公司财务风险,优化公司现金流状况,提高公司经营效率,符合公司和全体股东的利益,不存在违背法律法规及规范性文件的情形。

3. 独立董事意见

公司独立董事经认真核查,就本次债务重组发表了独立意见。公司独立董事认为:本次债务重组有利于进一步优化公司现金流状况、降低项目回款风险,同时为公司未来业务发展提供充足的资金支持。本次债务重组符合公司及全体股东的利益,不存在损害公司股东特别是中小股东的利益的情形。

综上所述,公司独立董事一致同意本次债务重组的相关事项,并同意公司董事会将本次债务重组事项提请公司股东大会审批后实施。

### (六)债务重组的目的和对公司的影响

1. 降低企业风险,提升发展能力

2017 年下半年以来,我国收紧了对由政府主导 PPP 项目的监管力度。作为 PPP 项目较为集中的环保行业,有不少企业因此留下了巨额应收款,最终引发财务危机,甚至发生暴雷事件。本次回购,公司在保证投入资金不损失的情况下,完成了对乌兰察布 PPP 项目的退出,化解了项目在未来可能导致的回款、资产减值等风险,进一步优化公司现金流状况,为公司未来发展提供充足的资金支持,提升了企业的发展能力。

2. 巩固核心业务,优化产业布局

随着乌兰察布 PPP 项目的退出,公司将进一步降低工程业务的占比,并聚焦工业水处理及运营、危固废处理和化工新材料的生产和销售业务。在工业水处理领域,公司立足于高难度废水技术的研发、应用,为煤化工、石油化工等大型能源企业提供综合处理服务;同时,加强核心技术在其他污水处理领域的应用。

在危固废处理领域,面对国家不断提升的处置要求,公司将加强处理能力,不断提升处理技术,巩固地区领先优势。此外,随着惠州伊斯科原料供应量的逐步提升,公司将在资金、市场开拓等方面给予其更多支持。公司将以工业水处理及运营、危固废处理和化工新材料的生产和销售为三大发展驱动力,带动公司业务的稳定发展与专业技术的创新突破。

3. 提醒投资者关注投资风险

如本次债务重组实施,公司实施项目所涉资产可收回金额为15.54亿元。由于项目所涉资产可收回金额低于公司账面价值,因此公司需计提资产减值损失,减值金额为4.36亿元。鉴于债务重组协议中约定的剩余回购款3.41亿元将于2021年12月31日前支付,考虑其时间价值,按同期银行贷款利率进行折现,计提减值损失0.14亿元,合计计提减值损失4.50亿元。该事项将对公司20×1年度净利润产生重大影响,敬请广大投资者注意投资风险。

4. 维护上市公司和股东利益

本次债务重组有利于盘活公司资产,改善公司资产结构,提升公司资产质量,维护上市公司和全体股东的利益。

### (七)备查文件

(1)公司第四届董事会第十六次会议决议。

(2)公司第四届监事会第十五次会议决议。

(3)独立董事关于第四届董事会第十六次会议相关事项的独立意见。

特此公告。

北京万邦达环保技术股份有限公司董事会

## 延伸阅读2　不良资产运用债务重组手段处置优势分析[①]

当前,国内经济处于增速换挡期、资本结构动态调整阶段,拥有较多的不稳定性与不确定性。在宏观经济波动及企业管理经营不善等内外部因素的作用下,部分公司债务规模迅速扩大,资不抵债现象日益增多,逐渐陷入不良资产债务窘境,严重冲击了当地稳定的经济环境。资产管理公司作为金融风险的"防火墙",其在处置不良资产方面起到了盘活资产、防范金融风险以及维护金融稳定的关键作用,尤其是当今不良资产市场迈入新周期,不良资产处置模式不断受到革新,诸如债务重组、"互联网+不良资产"处置、产融结合基金等创新模式随之应运而生。其中,债务重组方式作为最普遍的不良资产处置手段之一,与其他常规性处置手段相比,对债务人、资产管理公司、相关商业银行以及当地政府均有积极作用,有助于实现多方互利共赢的良好局面。

---

① 张海霞.不良资产债务重组业务问题探究[J].财会通讯,2020(20):108-111.

修改其他债务条件、资产清偿等不良资产债务重组处置手段在我国颁布的《企业会计准则第 12 号——不良资产债务重组》第 3 条中有明确规定,具体如下:修改其他债务条件方式是指两方经沟通对利息、本金、期限等标准进行小幅度、小规模的修改或调整,涉及降低或免去应付而未付的利息、延长还款期限以及缩减债务本金等内容,该方式有助于减轻债务人的还款压力,促进债权人与债务人保持密切的合作关系。然而债权人延长债务人的偿债期限会助长债务人的拖债心理,在一定程度上也加大了债权实现的风险性。

资产清偿方式是指债务人为清偿其债务向债权人转让部分资产予以抵债的行为,又称作"以物抵债"方式,债务人用于偿债的资产通常涵盖固定资产(机器设备等)、存货(实物资产、现金资产、商品产品等)、金融资产(债券、股票等)以及无形资产等。债权人与债务人无循环往来的债务关系,并且属于双边债务的情况更适合于资产清偿方式。同时,采用非现金资产抵债方式应注意获得相关部门的资产转让批准,避免对我国的税收收入产生不良影响。

债务转为资本方式又称作债转股,是指债务人与债权人针对资金与债务进行沟通,债权人为债务人垫付资金,债务人将公司的部分所有者权益转让至债权人手中。若债权人未在约定的期限内收到债务人的偿还款项,利用债转股可化解部分不良资产,进而协助资管企业提升总体业绩。债转股方式通常适用于债务人与债权人保持良好的合作关系,债务人受经济环境、自身运转不力等影响出现暂时性财务困难的情况,因该种方式操作过程繁杂,需依靠文化水平高、技术过硬的人才作为保障。

混合方式实施的债务重组,即组合运用两种或三种债务重组方式对企业的不良资产进行处置。不良资产的处置易受外部环境与债务重组手段的影响,一种方式很难解决问题,需要根据外部经济环境与企业不良资产的实际情况选择混合债务重组方式,该方式灵活多样,弥补了单一方式偿债的缺陷,并且极大地提高了不良资产处置的成功率,有助于实现资产价值回收的最大化。

不良资产运用债务重组手段进行处置,对资产管理公司、债务人以及地方政府等利益相关者具有较大优势。对于资产管理公司而言,一是资产管理企业因处置不良资产方式多样,其选择面更广,并且从会计处理视角出发,债务人会因债务重组产生额外的重组收益,按照新企业会计准则规定,产生的重组收益会纳入公司的营业外收入,从而吸引债务人的青睐,进而提升不良资产处置的成功率。二是通过债转股或其他债务重组方式处置抵债资产,将变现取得的收益与采用直接回收现金手段取得的收益相比,前者明显高于后者,且在新绩效评价体系中对提升公司的经营业绩有一定积极作用。三是债务重组方式与公开转让、诉讼追偿以及直接追偿等手段相比,前者因处置不良资产所产生的费用支出相对较低,因此,更能提高企业的利润水平与获利能力。

四是债务公司的重组与各种市场化手段有一定促进关系,对于国有公司实现改革与脱困战略目标、建立现代化企业制度,以及改善经营机制具有重要作用;与此同时,国家政策的出台、市场的调控均对公司债务重组的成功起到积极效果。就债务人而言,公司的财务状况会因采用债务重组方式处置不良资产而获得收益即重组收益,在一定程度上对改善公司的财务状况较为显著。采用债务重组方式对不良资产进行处置有助于改善公司的资本结构、化解公司的债务负担,为公司的未来发展扫除部分障碍,使公司的发展更具有动力。对于利益相关者而言,他们能从债务人还款脱困中获得经济收益。对于当地政府而言,通过债务重组能有效解决当地企业的债务问题,确保当地经济的稳步增长,创造和谐稳定的市场竞争环境。

# 复习思考题与练习题

## 一、复习思考题

1. 什么是债务重组?
2. 债务重组的方式有哪些?
3. 债务人如何处理债务重组损益?

## 二、练习题

1. 资料:甲企业20×1年4月1日向乙企业赊购一批原材料,价格为300 000元,增值税为39 000元,货款及税款原定两个月后付清。因甲企业出现严重的资金周转困难,无法按合同规定如期足额偿还债务,双方于20×1年7月10日签订债务重组协议,乙企业同意甲企业以在5日之内支付32 000元现金的方式了结此项债务。甲企业20×1年7月14日用转账支票支付了320 000元给乙企业。

要求:根据上述资料,做出甲、乙企业20×1年7月14日的相关账务处理。

2. 资料:甲企业20×1年4月1日向乙企业购入一批原材料,价格为6 000 000元,增值税为780 000元,货款及税款共6 780 000元,原定三个月后付清,甲企业有按期偿还债务。假设债务重组协议规定,甲企业以其一项专利权抵偿该项债务,该项无形资产的账面原始价值为7 400 000元,已累计摊销350 000元,已计提减值准备50 000元。不考虑相关税费。

要求:根据上述资料,做出甲、乙企业20×1年4月1日的相关账务处理。

# 第八章 破产清算会计

## ▶ 本章概述

本章概述破产清算会计概念、程序和特征,总结破产清算会计的主要内容,并结合实务题对破产清算会计涉及的主要会计科目和重要会计处理进行重点分析,最后结合思政案例与延伸阅读进行内容拓展。

## ▶ 思政目标

了解个人破产制度以及个人债务集中清理制度的相关背景,增进制度自信,强化诚信守法意识。

## ▶ 育人元素

树立公正、法治、诚信价值观。

## 第一节 破产清算会计概述

破产清算会计是财务会计的一个重要分支,它以宣告破产企业为会计主体,对其破产清算期间的各经济事项进行确认、计量、记录和报告,以反映破产企业的资产对债务清偿过程和结果。

### 一、破产清算会计的概念

破产清算会计也称破产会计,它服务于企业破产这样一个特定法律状态和法律程序。企业被依法宣告破产的,应依法实施破产清算。

> **知识链接**
>
> 《中华人民共和国企业破产法》规定,以下三种情况下有关方面可提出破产清算申请:(1)企业法人不能清偿到期债务,并且资产不足以清偿全部债务或者明显缺乏清偿能力的,债务人可以向人民法院提出重整、和解或者破产清算申请;(2)债务人不能清偿到期债务,债权人可以向人民法院提出对债务人进行重整或者破产清算的申请;(3)企业法人已解散但未清算或者未清算完毕,资产不足以清偿债务的,依法负有清算责任的人应当向人民法院申请破产清算。

## 二、破产清算的程序

经人民法院受理破产申请后宣告企业破产的,破产企业就进入破产清算程序。企业清算的程序主要包括以下几个环节:

### 1. 成立清算机构

《中华人民共和国企业破产法》(以下简称"破产法")规定,人民法院裁定受理破产申请的,应当同时指定管理人。管理人可以由有关部门、机构的人员组成的清算组担任,或者由依法设立的律师事务所、会计师事务所、破产清算事务所等社会中介机构担任。人民法院根据债务人的实际情况,可以在征询有关社会中介机构的意见后,指定该机构具备相关专业知识并取得执业资格的人员担任管理人。管理人依照破产法规定执行职务,向人民法院报告工作,并接受债权人会议和债权人委员会的监督。管理人主要履行以下职责:接管债务人(破产企业)的财产、印章和账簿、文书等资料;调查债务人财产状况,制作财产状况报告;决定债务人的内部管理事务;决定债务人的日常开支和其他必要开支;在第一次债权人会议召开之前决定继续或者停止债务人的营业;管理和处分债务人的财产;代表债务人参加诉讼、仲裁或者其他法律程序;提议召开债权人会议;人民法院认为管理人应当履行的其他职责。

### 2. 组织清算

管理人接管破产企业后在组织破产清算工作的过程中,应当按照债权人会议通过的或者人民法院依法裁定的破产财产变价方案,适时变价出售破产财产;用破产财产优先清偿破产费用和共益债务;依序清偿所欠职工的各项负债、所欠税款以及普通破产债权。

### 3. 终结清算

破产人无财产可供分配的,管理人应当请求人民法院裁定终结破产程序。管理人在最后分配完结后,应当及时向人民法提交破产财产分配报告,并提请人民法院裁定终结破产程序。人民法院应当自收到管理人终结破产程序的请求之日起 15 日内作出是否终结破产程序的裁定。裁定终结的,应当予以公告。管理人应当自破产程序终结之日起 10 日内,持人民法院终结破产程序的裁定,向破产人的原登记机关办理注销登记。

### 三、破产清算会计的基本特征

与持续经营前提下的常规财务会计相比,破产清算会计具有以下几个特征:

#### 1. 以非持续经营为前提

企业清算的会计确认计量与报告,其显著特征是以非持续经营为前提。若企业宣告解散或法院宣告企业破产,被清算企业就要走向终结,不再持续经营。企业清算期间会计确认、计量与报告的内容主要是财产的变卖、债务的清偿、清算费用的支付以及清算损益的结转等与清算相关的特有业务。以非持续经营为前提,决定了破产清算的企业在清算期间采用的计量性、设置的会计科目、清算财务报表的编制时点及呈报内容等,均与持续经营情况下不同。

#### 2. 以清算价值、清偿价值等作为计量属性

与持续经营前提下根据具体情况对资产、负债采用历史成本、重置成本、公允价值、可变现净值、现值等计量属性不同,清算会计分别采用清算净值、清偿价值对被清算企业的资产、负债进行计量。在破产清算中,破产资产清算净值是指在破产清算的特定环境下和规定时限内,最可能的变现价值扣除相关的处置税费后的净额。破产负债清偿价值是指在不考虑破产企业的实际清偿能力和折现等因素的情况下,破产企业按照相关法律规定或合同约定应当偿付的金额。

> **知识链接**
>
> 最可能的变现价值,应当为公开拍卖的变现价,但有两项例外:一是债权人会议另有决议的,最可能变现价值应为其决议的处置方式下的变现价值;二是国家规定不能拍卖或限制转让的,则应以按照国家规定的方式处理后的所得作为变现价值。

#### 3. 会计科目体系存在显著差异

一方面,资产、负债类的会计科目有适当的简并。另一方面,在破产清算中,不再使用所有者权益类会计科目以及持续经营前提下的损益类会计科目,取而代之的是"清算净值""清算净损益"等会计科目。

#### 4. 财务报表编制时点与列报内容不同

一方面,与持续经营情况下企业需在资产负债表日编制财务报表不同,破产清算

会计的财务报表编制时点不再是每个会计期末。企业经法院宣告破产后，应在破产报表日编制清算财务报表。这里的破产报表日是指法院或债权人会议要求的时点，这些时点包括破产宣告日、债权人会议确定的编报日、破产终结申请日等。另一方面，与持续经营情况下企业财务报表反映的内容不同，破产清算财务报表包括清算资产负债表、清算损益表、清算现金流量表、债务清偿表及相关附注。

### 四、破产清算会计的主要内容

破产企业破产清算的会计确认、计量与报告，主要包括以下几项内容：
(1)将破产企业会计科目余额结转至清算机构新设的会计科目体系中；
(2)处置破产财产；
(3)清偿破产费用；
(4)清偿破产债务；
(5)核算其他相关收益、费用与支出；
(6)核算并结转清算净损益；
(7)在破产报表日编制清算财务报表。

## 第二节　破产清算会计重要条款的理解与会计处理

### 一、设置的会计科目

破产企业的会计档案等财务资料经法院裁定由破产管理人接管的，应当在企业被法院宣告破产后，可以比照原有资产、负债类会计科目，根据实际情况设置相关资产、负债类科目。值得注意的是，对于破产企业，管理人还要增设相关负债类、清算净值类和清算损益类等会计科目，以便反映清算过程及其结果。破产企业还可以根据实际需要，在一级科目下自行设置明细科目。

破产清算企业会计科目体系及其核算的内容见表8-1，破产企业可根据具体情况增设、减少或合并某些会计科目。

表 8-1　　　　　　　　　　破产清算的会计科目及其核算内容

| 科目类别 | 科目名称 | 核算内容 |
| --- | --- | --- |
| 相关资产、负债类科目 | 比照原有会计科目,根据实际情况设置相关资产、负债类会计科目,并将有关资产、负债入账 | |
| 增设的负债类科目 | 应付破产费用 | 核算破产企业在破产清算期间发生的破产法规定的各类破产费用 |
| | 应付共益债务 | 企业在破产清算期间发生的破产法规定的各类共益债务 |
| 增设的清算净值类科目 | 清算净值 | 核算破产企业在破产报表日结转的清算净损益科目余额以及破产企业资产与负债的差额 |
| 增设的清算损益类科目 | 资产处置净损益 | 核算破产企业在破产清算期间处置破产资产产生的、扣除相关处置费用后的净损益 |
| | 债务清偿净损益 | 核算破产企业在破产清算期间清偿债务产生的净损益 |
| | 破产资产和负债净值变动净损益 | 核算破产企业在破产清算期间按照破产资产清算净值调整资产账面价值以及按照破产债务清偿价值调整负债账面价值产生的净损益 |
| | 其他收益 | 核算除资产处置、债务清偿之外,在破产清算期间发生的其他收益 |
| | 破产费用 | 核算破产企业在企业破产清算期间发生的破产法规定的各项破产费用,主要包括破产案件的诉讼费用;管理、变价和分配债务人资产的费用;管理人执行职务的费用、报销和聘用工作人员的费用 |
| | 共益债务支出 | 核算破产企业清算期间发生的破产法规定的共益债务相关的各项支出 |
| | 其他费用 | 核算破产企业破产清算期间发生的除破产费用、共益债务支出和所得税费用之外的各项其他费用 |
| | 所得税费用 | 核算破产企业破产清算期间发生的企业所得税费用 |
| | 清算净损益 | 核算破产企业破产期间结转上述各类清算损益科目余额 |

## 二、破产清算会计账务处理

### (一)破产清算会计账务处理的主要内容

破产清算会计账务处理内容相对复杂,其主要内容如表 8-2 所示。

表 8—2　　　　　　　　　　　破产清算会计账务处理的主要内容

| 业务类别 | 账务处理内容 |
| --- | --- |
| 破产清算期间主要业务的账务处理 | 破产宣告日原有余额的结转与调整；<br>追回、处置破产资产；<br>处理未入账资产、负债；<br>履行未完毕合约；<br>确认发生的破产费用；<br>确认共益债务支出；<br>清偿债务；<br>处理收到的利息、股利、租金等孳息 |
| 破产报表日的相关账务处理 | 对破产资产、负债进行重新计量；<br>提存应交所得税；<br>结转清算损益类科目余额 |

### （二）破产清算会计各类业务的账务处理

**1. 破产宣告日原有余额的结转与调整**

在破产宣告日，管理人需根据破产企业移交的科目余额表，将原科目余额结转计入新设的会计科目中。具体做法如下：

（1）将大多数原资产、负债余额转入新设的相关资产、负债科目。

（2）原"应付账款""其他应付款"科目余额中，属破产法规定的破产费用的余额，转入"应付破产费用"科目；属于破产法规定的共益债务的余额，转入"应付共益债务"科目。

（3）原"商誉""长期待摊费用""递延所得税资产""递延所得税负债""递延收益"等资产、负债类科目余额，转入"清算净值"科目。

（4）原"股本""资本公积""盈余公积""其他综合收益""利润分配"等科目的余额，转入"清算净值"科目。

（5）破产宣告日，管理人还应对破产企业拥有的各类资产（包括原账面价值为零的已提足折旧的固定资产、已摊销完毕的无形资产等）登记造册，估计其清算净值，按照破产资产清算净值对各资产科目余额进行调整；同样，也要对各类负债进行核查，按照破产债务的清偿价值对各负债科目余额进行调整。有关资产、负债的余额调整，要相应调整"清算净值"科目。

**2. 追回、处置破产资产**

（1）破产管理人依法追回相关破产资产的，按照追回资产的破产财产清算净值，借记相关资产科目，贷记"其他收益"科目。

（2）收回各种应收款项、出售各项破产财产时，应按照收到的款项，借记"现金""银行存款"等科目；按处置资产的账面价值，贷记"应收账款""应收票据""长期股权投资"

"存货""固定资产""在建工程""无形资产"等科目;按应缴纳的税费,贷记"应交税费"科目;按上述处理的差额,借记或贷记"资产处置净损益"科目。

(3)国家收回划拨的土地使用权时,根据国家给予的补偿金额,借记"现金""银行存款"等科目,贷记"其他收益"科目。

### 3. 处理未入账的资产、负债

(1)破产清算期间通过清查、盘点等方式取得的未入账资产,应当按照取得日的破产资产清算净值,借记相关资产科目,贷记"其他收益"科目。

(2)破产清算期间通过债权人申报发现的未入账债务,应当按照破产债务清偿价值确定计量金额,借记"其他费用"科目,贷记相关负债科目。

### 4. 履行未完毕合约

(1)破产清算期间,破产企业作为买入方继续履行尚未履行完毕的合同的,按照收到的资产的破产资产清算价值,借记相关资产科目;按照相应的增值税进项税额,借记"应交税费"科目;按照已支付或应支付的款项,贷记"现金""银行存款""应付共益债务""预付款项"等科目;按照上述各科目的差额,借记"其他费用"或贷记"其他收益"科目。

(2)破产清算期间,破产企业作为卖出方继续履行尚未履行完毕的合同的,按照应收或已收的金额,借记"现金""银行存款""应收账款"等科目;按照转让资产的账面价值,贷记相关资产科目;按照上述各科目的差额,借记"其他费用"或贷记"其他收益"科目。

### 5. 确认发生的破产费用

破产企业在企业破产清算期间发生的破产法规定的各项破产费用,如处置破产财产产生的评估、变价、拍卖等费用,破产案件的诉讼费用,管理、变价和分配债务人资产的费用,管理人执行职务的费用、报销和聘用工作人员的费用等,应确认为破产费用。发生这些破产费用时,借记"破产费用"科目,贷记"现金""银行存款""应付破产费用"等科目。

### 6. 确认共益债务支出

共益债务,是指在人民法院受理破产申请后,破产企业为全体债权人的共同利益而管理、变卖和分配破产财产而负担的债务,主要包括因管理人或者债务人(即破产企业)请求对方当事人履行双方均未履行完毕的合同所产生的债务、为债务人继续经营而应当支付的劳动报酬和社会保险费用以及由此产生的其他债务、管理人或者相关人员执行职务致人损害所产生的债务、债务人财产致人损害所产生的债务。

破产企业发生各项共益债务支出时,借记"共益债务支出"科目,贷记"现金""银行存款"或"应付共益债务"等科目。

### 7. 清偿债务

(1)清偿已入账的破产费用和共益债务。清偿已入账的应付破产费用时,借记"应付破产费用"科目;按实际支付金额贷记"现金""银行存款"等科目;按两者之差额,借记或贷记"破产费用"科目。清偿已确认的共益债务时,按已确认负债的账面价值,借记"应付共益债务"科目;按实际支付金额,贷记"现金""银行存款"等科目;按两者之差额,借记或贷记"共益债务支出"科目。

(2)清偿与职工薪酬、税款、应付账款等有关的破产债务。支付按照批准的职工安置方案应支付的所欠职工的工资和医疗、伤残补助、抚恤费用,应当划入职工个人账户的基本养老保险、基本医疗保险和其他社会保险费用以及法律、行政法规规定应支付给职工的补偿金时,按已确认负债的账面价值,借记"应付职工薪酬"科目;按实际支付金额,贷记"现金""银行存款"等科目;按两者之差额,借记或贷记"债务清偿净损益"科目。

支付所欠税款时,按已确认负债的账面价值,借记"应交税费"科目;按实际支付金额,贷记"现金""银行存款"等科目;按两者之差额,借记或贷记"债务清偿净损益"科目。

清偿破产债务时,如果用货币资金清偿破产债务,按实际支付金额,借记"应付账款"等科目,贷记"现金""银行存款"等科目;如果用非货币性资产清偿破产债务,按清偿的价值,借记"应付账款"等科目,按货币性资产的账面价值,贷记有关资产科目,按两者之差额,借记或贷记"债务清偿净损益"科目。

(3)破产企业在破产清算终结日,剩余债务不再清偿的,按其账面价值,借记相关负债科目,贷记"其他收益"科目。

### 8. 破产清算期间其他业务的处理

破产企业收到的利息、股利、租金等孳息,借记"现金""银行存款"等科目,贷记"其他收益"科目。

#### 知识链接

破产企业清偿债务时,并不是所有的清偿债务账务处理中都会涉及"债务清偿净损益"科目,比如破产清算终结日不再清偿的剩余债务就转入"其他收益"科目。破产清算企业的"其他收益"科目,核算破产清算期间破产企业处置破产资产、偿还破产债务之外的各种收益,包括:追回资产收益、收到的国家收回土地使用权支付的补偿款、处理未入账资产以及履行未完毕合约涉及的收益、破产清算终结日不再清偿的剩余债务以及收到的利息、股利、租金等孳息。破产清算企业的"其他费用"科目,核算破产企业破产清算期间发生的除破产费用、共益债务支出和所得税费用之外的各项费用,主要包括:处理未入账负债以及履行未完毕合约涉及的费用。

### 9. 破产报表日的相关账务处理

(1)对破产资产、负债进行重新计量。为了编制破产清算期间的财务报表,企业应当对所有资产项目按其在破产报表日的破产资产清算净值进行重新计量,借记或贷记有关资产科目,贷记或借记"破产资产和负债净值变动净损益"科目;应当对所有负债项目按破产债务清偿价值进行重新计量,借记或贷记有关负债科目,贷记或借记"破产资产和负债净值变动净损益"科目。

(2)提存应交所得税。企业有已实现的应纳税所得额的,考虑可以抵扣的金额后,对据此应该提存的应交所得税,借记"所得税费用"科目,贷记"应交税费"科目。

(3)结转清算损益类科目余额。企业应当将"资产处置净损益""债务清偿净损益""破产资产和负债净值变动净损益""其他收益""破产费用""共益债务支出""其他费用""所得税费用"科目余额结转至"清算净损益"科目,并将"清算净损益"科目余额结转至"清算净值"科目。

【实务题8-1】 甲公司因经营不善连年亏损,出现严重资不抵债,经全体股东大会讨论决定申请破产。经人民法院裁定,甲公司自20×1年7月1日起进行破产清算。该公司20×1年6月30日的财务状况见表8-3。

表8-3　　　　　　　　　　甲公司清算前资产负债表

编制单位:甲公司　　　　　　20×1年6月30日　　　　　　单位:万元

| 资　产 | 期末数 | 负债和所有者权益 | 期末数 |
| --- | --- | --- | --- |
| 流动资产: |  | 流动负债: |  |
| 货币资金 | 20 | 短期借款 | 1 000 |
| 交易性金融资产 | 40 | 应付账款 | 1 820 |
| 应收账款 | 960 | 预收款项 | 0 |
| 其他应收款 | 0 | 应付职工薪酬 | 500 |
| 预付款项 | 0 | 应交税费 | 300 |
| 存货 | 600 | 其他应付款 | 0 |
| 流动资产合计 | 1 620 | 非流动负债: |  |
| 非流动资产: |  | 应付债券 | 0 |
| 债权投资 | 100 | 长期借款 | 1 100 |
| 长期股权投资 | 170 | 负债合计 | 4 720 |
| 投资性房地产 | 0 | 所有者权益: |  |
| 固定资产 | 700 | 股本 | 1 000 |
| 在建工程 | 0 | 资本公积 | 0 |

续表

| 资　产 | 期末数 | 负债和所有者权益 | 期末数 |
|---|---|---|---|
| 无形资产 | 0 | 盈余公积 | 50 |
| 递延所得税资产 | 130 | 未分配利润 | −3 050 |
| 非流动资产合计 | 1 100 | 所有者权益合计 | −2 000 |
| 资产合计 | 2 720 | 负债及所有者权益总计 | 2 720 |

注:固定资产账户余额为800万元,累计折旧账户余额为100万元。

在破产清算期间,甲公司发生如下业务:

(1)对存货、固定资产按清算净值调整账面余额,存货的清算净值为590万元,固定资产的清算净值为500万元。

(2)确认应支付的破产财产的评估、变卖等费用15万元。

(3)将持有的金融资产和长期股权投资以210万元全部出售;将存货以590万元的价格处置;将固定资产以500万元的价格处置。收回应收账款960万元。

(4)确认应支付的破产案件诉讼费用、聘用工作人员的工资等各项破产费用。

(5)用现金支付各项破产费用。

(6)偿付应付职工薪酬500万元,上缴应缴各项税费400.3万元。

(7)将剩余货币资金按36.6%的比例偿还应付账款、借款等债务。

(8)20×0年11月30日破产清算终结日,对不再清偿的债务余额进行结转。

(9)结转清算损益类科目余额,并结清"清算净值"科目。

不考虑其他相关税费,甲公司如何进行破产清算的账务处理?

【解析】 根据上述资料,与甲公司破产清算有关的账务处理如下(单位:万元):

(1)破产宣告日原有余额的结转与调整:

借:金融资产投资　　　　　　　　　　　　　　140
　　贷:交易性金融资产　　　　　　　　　　　　　40
　　　　债权投资　　　　　　　　　　　　　　　100
借:累计折旧　　　　　　　　　　　　　　　　100
　　贷:固定资产　　　　　　　　　　　　　　　100
借:存货　　　　　　　　　　　　　　　　　　600
　　贷:原材料、库存商品等　　　　　　　　　　600
借:短期借款　　　　　　　　　　　　　　　1 000
　　长期借款　　　　　　　　　　　　　　　1 100
　　贷:借款　　　　　　　　　　　　　　　　2 100
借:股本　　　　　　　　　　　　　　　　　1 000

|  |  |  |
| --- | --- | --- |
| 盈余公积 |  | 50 |
| 清算净值 |  | 2 130 |
| 贷:利润分配 |  | 3 050 |
| 递延所得税资产 |  | 130 |

(2)破产清算期间对有关资产账户余额进行调整：

|  |  |  |
| --- | --- | --- |
| 借:破产资产和负债净值变动净损益 |  | 210 |
| 贷:存货 |  | 10 |
| 固定资产 |  | 200 |

(3)确认应支付的破产费用,支付破产费用：

|  |  |  |
| --- | --- | --- |
| 借:破产费用 |  | 45 |
| 贷:应付破产费用 |  | 45 |
| 借:应付破产费用 |  | 45 |
| 贷:银行存款 |  | 45 |

(4)处置破产财产,收回应收债权：

|  |  |  |
| --- | --- | --- |
| 借:银行存款等 |  | 1 300 |
| 资产处置净损益 |  | 100 |
| 贷:存货 |  | 590 |
| 固定资产 |  | 500 |
| 金融资产投资 |  | 140 |
| 长期股权投资 |  | 170 |
| 借:银行存款 |  | 960 |
| 贷:应收账款 |  | 960 |

(5)偿还破产债务：

①偿付应付职工薪酬：

|  |  |  |
| --- | --- | --- |
| 借:应付职工薪酬 |  | 500 |
| 贷:银行存款 |  | 500 |

②上缴应缴各项税费：

|  |  |  |
| --- | --- | --- |
| 借:应缴税费 |  | 300 |
| 贷:银行存款 |  | 300 |

③清偿应付账款和各项借款：

|  |  |  |
| --- | --- | --- |
| 借:应付账款 |  | 666 |
| 借款 |  | 769 |
| 贷:银行存款 |  | 1 435 |

④破产清算终结日,对不再清偿的债务余额进行结转:

  借:应付账款               1 154

   借款                1 331

   贷:其他收益              2 485

(6)结转清算损益类科目余额:

  借:其他收益               2 485

   贷:破产费用                45

    资产处置净损益             100

    破产资产和负债净值变动净损益      210

    清算净损益              2 130

(7)结转清算净损益:

  借:清算净损益              2 130

   贷:清算净值               2 130

### 三、破产清算财务报表的含义及种类

为了向法院、债权人会议等报表使用者反映破产企业在破产清算过程中的财务状况、清算损益、现金流量变动和债务清偿情况,破产企业应当在破产报表日编制清算财务报表,并由破产管理人签章。

破产企业的财务报表包括清算资产负债表、清算损益表、清算现金流量表、债务清偿表及相关附注。清算资产负债表中要反映破产企业在破产报表日,资产的破产资产清算价值以及负债的破产债务清偿价值,资产项目和负债项目的差额在报表中作为清算净值列示。清算损益表反映破产企业在清算期间发生的各项收益、费用。清算现金流量表反映破产企业在破产清算期间货币资金余额的变动情况。债务清偿表反映破产企业在破产清算期间发生的债务清偿情况。

## 第三节 本章课程思政案例及延伸阅读

  破产制度是商品经济和市场经济发展的产物,并随着社会主义市场经济的发展而逐渐完善。本章课程思政案例及延伸阅读侧重于对破产清算相关法律、制度等内容的扩展,有助于理解和把握破产清算过程中相关制度。

## 一、本章课程思政案例

### （一）案例主题与思政意义

**【案例主题】**

通过相关案例了解我国个人破产制度和个人债务集中清理制度的相关背景,以及执行情况。

**【思政意义】**

了解个人债务集中清理制度的出台背景、执行情况以及个人破产制度的微观运行理论,强化诚信意识。

### （二）案例描述与分析

**【案例描述】**

给"诚实而不幸"的人生按下"重启键"[①]

**案例一：**

奉化人老徐原本衣食无忧,但因为替朋友担保了几笔借款陷入了债务的泥沼。被纳入失信"黑名单"、被限制高消费,面对沉重的债务和日复一日的利息,老徐疲惫又绝望。得知宁波正在开展个人债务集中清理工作,老徐马上向奉化区法院提出了申请。法院经审查后裁定受理。

根据个人债务清理方案,老徐将分3期偿还债务,如果按约履行,债权人的借款本金可以实现100%清偿,借款利息则将被豁免。目前,老徐已按约履行了第1期款项,行为考察期提前结束,法院也将老徐从失信被执行人名单中除名。老徐的生活终于有了曙光！

2021年6月,宁波市中级人民法院出台《关于推进个人债务集中清理工作实施方案》。截至2021年9月,全市法院共受理个人债务集中清理案件14件,结案2件。老徐的案子便是其中一例。

**案例二：**

申请人贾某对外债务较多,其中进入司法程序且尚未履行的债务达90万余元,但贾某名下无其他财产,执行阶段将面临"执行不能"的困局。象山县法院裁定受理贾某提起的个人债务集中清理申请后,指定浙江信大律师事务所担任此案管理人。管理人对贾某名下的财产、债权及家庭成员等进行了详尽调查,同时统计出共有5名债权人

---

[①] 高敏. 浙江法制报. 给"诚实而不幸"的人生按下"重启键"[EB/OL]. (2021-09-09)[2023-02-20]. http://zjfzb.zjol.com.cn/html/2021-09/09/content_2764939.htm.

主张债权。

在案件处理过程中,贾某表现出较强的还债意愿,并积极主动配合法院各项工作,法院也认定贾某无规避债务的可能。经过法院、管理人、债权人、债务人多方、多轮沟通与协调,法院一揽子处理了各债权人的债权,清偿比例达 50%,各债权人均表示在受偿后同意放弃剩余债权和利息。

达成债务清理方案后,贾某积极向亲友筹措资金,偿还给 5 名债权人。到目前为止,债权人已拿到欠款 45 万余元。而长达十年的债务一朝清理完毕,贾某终于摆脱了债务枷锁。法院裁定终结清理程序,仅用时 43 天。

**【案例分析】**

2019 年 2 月 27 日,最高人民法院发布《关于深化人民法院司法体制综合配套改革的意见》,首次提出"研究推动建立个人破产制度"。国家发展改革委财金司有关负责人就《加快完善市场主体退出制度改革方案》答记者问时亦明确提出:"改革方案提出分步推进建立自然人破产制度。需要强调两点:首先,个人破产制度是为陷入严重财务困境但诚实守信的个人提供债务重组机会,促进债务人继续创业创新,同时起到防范居民部门债务风险、维护社会稳定的作用,前提是任何人不得恶意逃废债;其次,建立个人破产制度是一项涉及面广、复杂程度高的系统性工作,需立法先行而后逐步推开,当前重点任务是在充分建立社会共识基础上推动个人破产立法。"

因此,我国并没有立刻设计和推广全国范围层面的个人破产法的出台,而是希望在一些经济比较发达、适合试点改革的地区如浙江省、成都市等地先推行个人债务集中清理制度,在社会形成需要个人破产制度的共识以及司法实践形成丰富的个人债务清理经验的基础上,再推出统一的个人破产法律。

让债权人看到债权得以实现的希望,同时也让"诚实而不幸"的债务人的负债压力得以缓解、回归正常生活,个人债务集中清理打破以往由"债权人申请执行,债务人被强制执行"的固有格局,以一次性打包处理的方式,向所有债权人清偿债务,保障各债权人公平清偿的合法权益,并让他们有可能在短期内获得全额或一定比例的债权。

个人债务集中清理是在善意文明执行的理念下实现执行程序的高效退出,为营造宽容失败、鼓励创新的社会氛围起到先导和启蒙作用。个人债务集中清理实施的对象,必须是"诚实而不幸"的人,对于因赌博等不良因素导致不能偿还债务的,这种"不幸"是咎由自取的结果,社会不会宽恕,法院更不会宽容。个人债务集中清理中通过的方案,债务人必须诚信履行,一旦出现逃废债、规避执行等有违诚实信用的行为,一律终止个人债务集中清理程序,恢复对原生效法律文书的执行,恢复对债务人采取纳入失信被执行人名单等强制执行措施。

破产法的"诚实而不幸"债务人本位,体现了社会主义核心价值观之"诚信"。破产法律制度保护的对象是"诚实而不幸"的债务人,破产免责制度也仅适用于该类群体,不诚信的债务人则是破产惩戒对象。诚信原则是破产制度的基石,破产制度也是诚信体系建设的重要组成部分。破产制度对于建立公平受偿的竞争秩序和信用体系具有重要作用。

### (三)案例讨论与升华

**【案例讨论】**

根据上述案例以及相关描述与分析,思考和讨论给"诚实而不幸"的人生按下"重启键"对社会、债权人以及债务人的意义分别是什么?

**【案例升华】**

个人破产制度微观层面的运行理论是:信用公平[①]。所谓的信用公平理论是指以信用为尺,度量破产免责的对象,让债权人和债务人获得公平感,避免心理失衡,从而激励债权人和债务人在个人破产程序中的行为。以《企业破产法》为例,企业法人是虚拟人格,企业可以通过破产制度退出市场,注销法人资格,因此无论是存量财产清算还是重整增量财产分配都强调公平。企业破产制度中所有规定都是为了保护债权人、债务人和投资者公平博弈的权利。自然人则不同,破产制度可以限制自然人诸多权益,却不能消灭自然人,自然人会继续存续。显然,无论如何分配债务人的既有财产和未来收益,只要未全额偿还债务,债权人感受到的公平有限。为了平衡债权人的不公平感,需要利用公平、客观的个人信用体系来度量债务人的行为是否诚信,判断债务人是否可以获得债务免责,来保障债权人不会因为债务人的欺诈行为而失去收回债权的可能性,进而增加债权人的公平感。

## 二、本章延伸阅读

**延伸阅读　永辉超市参股公司被法院受理破产清算申请公告[②]**

证券代码:601933　　　　证券简称:永辉超市　　　　公告编号:临-2020-50

**永辉超市股份有限公司**

**关于参股公司被法院受理破产清算申请的公告**

本公司及董事会全体成员保证本公告内容不存在任何虚假记载、误导性陈述或者重大遗漏,并对其内容的真实性、准确性和完整性承担个别及连带责任。

---

[①] 刘冰.论我国个人破产制度的构建[J].中国法学,2019(04):223-243.
[②] 中国证券网.永辉超市:关于参股公司被法院受理破产清算申请的公告[EB/OL].(2020-12-09)[2022-12-25]. https://yonghui.com.cn/upload/Inv/6769394.pdf.

永辉超市股份有限公司(以下简称"公司"或"本公司")近日接到参股公司上海上蔬永辉生鲜食品有限公司(以下简称"上蔬永辉"或"申请人")的通知,其收到《民事裁定书》[(2020)沪03破359号],上海市第三中级人民法院裁定受理上蔬永辉的破产清算申请。

### (一)破产清算事项概述

上蔬永辉为本公司参股公司,本公司持股比例为32.14%。

1. 破产清算申请简述

(1)申请人:上海上蔬永辉生鲜食品有限公司。住所地:上海市宝山区纪蕴路588号北区3号楼南楼3217室。

(2)破产清算申请事由:申请人上蔬永辉以不能清偿到期债务、明显缺乏清偿能力为由向上海市第三中级人民法院申请破产清算。

2. 法院裁定时间:2020年12月4日

3. 裁定书主要内容

上海市第三级中级人民法院查明:

根据申请人财务报表,截至2020年10月31日,公司账面资产总计733 281 147.63元,负债总计858 894 111.50元,所有者权益-125 612 963.87元。经初步审查,截至2020年11月18日,公司现有在职职工七百余名;因拖欠供应商货款引发多起诉讼,已经判决或调解的供应商诉讼31起,涉及诉讼标的总计28 444 651.71元;未结诉讼36起,涉及标的金额39 466 424.45元;涉及强制执行案件8起。申请人已不能清偿到期债务并且明显缺乏清偿能力。

上海市第三中级人民法院认为:申请人上蔬永辉的企业法人不能清偿到期债务,并且资产不足以清偿全部债务,可以提出破产清算申请。现申请人的资产负债及对外诉讼等情况表明,上蔬永辉公司不能清偿到期债务且资产不足以清偿全部债务,符合破产清算条件,依照《中华人民共和国企业破产法》第二条第一款、第七条第一款、第十条第二款,《最高人民法院关于适用〈中华人民共和国企业破产法〉若干问题的规定(一)》第三条之规定,裁定受理上蔬永辉的破产清算申请。

### (二)本次裁定对公司的影响

截至2019年底,公司对上蔬永辉的长期股权投资账面净值为0元,上蔬永辉的破产清算不会对公司2020年及以后年度的投资收益产生影响。除上述投资外,截至公告日,上蔬永辉及其子公司尚欠公司251.22万元款项未结清,该款项预计在上蔬永辉破产清算后收回的可能性极小,公司将对该款项全额计提减值准备。

本公司将根据后续进展情况及时履行信息披露义务,敬请广大投资者注意投资风险。特此公告。

永辉超市股份有限公司董事会

二〇二〇年十二月九日

## 复习思考题与练习题

### 一、复习思考题

1. 什么是破产清算会计？
2. 简述破产清算会计的主要特征。
3. 简述破产清算会计的主要程序。
4. 简述破产清算会计账务处理的主要内容。
5. 破产清算财务报表主要涉及哪些内容？

### 二、练习题

资料：ABC公司为高新技术企业，因经营管理不善，严重亏损，不能清偿到期债务，经法院宣告破产。清算组在破产清算期间业务（部分）如下：

(1) 债权人申报发现且经法院认可的未入账债务（应付账款）450 000元；

(2) 变卖原材料取得货款540 000元，相关的增值税销项税额91 800元，该原材料的账面价值423 800元；

(3) 处置各项固定资产的收入1 200 000元，存入银行，各项固定资产的账面原值总额1 038 000元，累计折旧164 000元，未计提资产减值准备；

(4) 通过清查、盘点等方式取得的未入账的资产（存货）42 000元；

(5) 支付处置破产资产发生的各类评估、拍卖等各种费用32 000元。

假定ABC公司适用的所得税税率为25%，不考虑其他因素。

要求：计算ABC公司破产清算相关会计分录。

# 参考文献

[1]中华人民共和国财政部.企业会计准则[M].上海:立信会计出版社,2022.

[2]中华人民共和国财政部.企业会计准则案例讲解[M].上海:立信会计出版社,2022.

[3]中华人民共和国财政部.企业会计准则应用指南[M].上海:立信会计出版社,2022.

[4]毛新述.中级财务会计[M].北京:清华大学出版社,2020.

[5]郭建华,李玉华.中级财务会计[M].北京:中国人民大学出版社,2019.

[6]陈立军.中级财务会计[M].5版.北京:中国人民大学出版社,2020.

[7]中国证券监督管理委员会会计部.上市公司执行企业会计准则案例解析[M].北京:中国财政经济出版社,2019.

[8]洞炎.系统性财务造假揭秘与审计攻略[M].上海:上海财经大学出版社,2018.

[9]肖星.一本书读懂财报[M].杭州:浙江大学出版社,2019.

[10]张新民.从报表看企业:数字背后的秘密[M].3版.北京:中国人民大学出版社,2017.

[11]朱光明.企业财务会计[M].大连:东北财经大学出版社,2018.

[12]傅荣.高级财务会计[M].5版.北京:中国人民大学出版社,2020.

[13]中国注册会计师协会.会计[M].北京:中国财政经济出版社,2022.

[14]理查德·哈蒙德.新零售的增长策略[M].杭州:浙江教育出版社,2020.